for John

Enjoy the read!
Hope to see you
on the road - in SA!

Toshie
14/2/2010

Die Bike-boek

die vryheid, die vreugde,
die vrees

Saamgestel deur Tobie Wiese

TAFELBERG

Eerste uitgawe in 2009 deur Tafelberg, 'n druknaam van NB-Uitgewers,
Heerengracht 40, Kaapstad
www.tafelberg.com
© 2009 (Tafelberg)

Die gedig deur Boerneef kom uit die bundel *Mallemole* (1962)

Tipografie deur Nazli Jacobs
Omslagontwerp deur Anton Sassenberg
Redigering deur Francois Smith
Proeflees deur Faan Pistor
Geset in Trump
Gedruk en gebind deur CTP Boekdrukkers, Kaapstad

Eerste uitgawe, eerste druk 2009

ISBN: 978-0-624-04737-7

Die boek word opgedra
aan alle motoriste wat bikers raaksien.

"The sense of freedom associated with riding one of
these machines is difficult to describe to one not smit-
ten, but it combines the glory of flight, the childhood
thrill of coasting down a wonderful winding road or steep
hill, the sensual pleasure of controlling a machine pos-
sessed of enormous power and the romance of the soli-
tary stranger cruising into a new town . . ."

– MIKE FARRELL, *akteur en motorfietsryer*

Inhoud

Voorwoord

Wonderlike dinge het al met my onder die stort gebeur, selfs wanneer ek alleen was. Een daarvan was die idee vir hierdie boek wat geïnspireer is deur die stories – waaragtig én twyfelagtig, maar altyd aangrypend – wat 'n mens hoor waar bikers bymekaar is. Die beste deel van hul vertellings gaan telkens oor die belewenis, oor hoe dit *is*: die sublieme en die bloedstollende, die oorgawe aan die oomblik en die natuur (daar buite en hier binne), die spel met die natuur se wette. Daarom verdien dié stories – 'n mens sou dit onkonvensionele reisverhale kon noem – om oorvertel en wéér beleef te word, veral ook deur nie-bikers. Maar dié essays gaan ook oor meer as dit; oor die hele "subkultuur" rondom motorfietse: die allure van vryheid en gevaar, van vermeende viriliteit en 'n plesierige broederskap; oor die verslawing van opwinding vir sommige en die spirituele belewing van die rit vir ander . . . Iemand vertel selfs wat is fout met ons bikers!

Blaai om, klim op en ry saam!

TOBIE WIESE
tobiewiese@mweb.co.za

Varkleerbaadjie en klinknaelbroek
ek is Baaiplek se skorriekoning
styfspanblous en nog stywerspanbroek
sys my morrie my morriedoring
dis sy en ek en ek en sy
wat die mouterbaik so heluitry
ons is een van Baaiplek se baie pare
raasbekskorrieenmorriesnare
maar ek is ammal se skorriekoning
en sys my lekkerdingmorriedoring
blits in die fles en blits innie lyf
wisenwragtag dan neuk dit styf
gee pad daar voor hier kom die koning
styf handommielyf sit my lekkerdingdoring

BOERNEEF

Vir die lekker

Dis hoekom, dommie!

DEON MEYER

"Wat is dan so lekker aan motorfietsry?" vra hulle, met dieselfde uitdrukking waarmee kinders die eet van Brusselse spruite bevraagteken.

Hoe beantwoord jy dit? Want as jy sê "alles", ontlok dit net dieper fronse en groter wanbegrip. Daarom het ek jare lank geglo ek kan aan skeptici dié intense, nimmereindigende genot in woorde beskryf deur genoeg voorbeelde van die lekker te gee. En ek het gewoonlik begin by die storie van die olifant:

Ek en Dave Briggs is eers laatmiddag deur die Chirundu-grenspos Zimbabwe binne, danksy die Zambiese doeaneman se gekarring met ons bagasie. Dave op 'n K75, ek op my ou R1100GS. Ons moes voor sononder by Kariba wees, want in die noorde van Zimbabwe ry jy nie in die donker op 'n motorfiets nie. Dis bokke en bosvarke, beeste en perde, om nie eens te praat van die voetgangers nie.

Toe draai ons maar die krane effens oop. En net voor die afdraaipad na die Mana Pools Nasionale Park, teen 150 km/h, in die sagte, goue lig van 'n Afrika-vroegaand, kom ons om 'n wye kronkel en skielik is die reuse-olifantbul hier reg voor ons, besig om die pad met rustige tred oor te steek.

Daar was eintlik net een keuse, want dit was te laat om te rem: Ons sou voor sy slurp moes verby, op die klein stukkie teer wat nog tussen ivoor en die kant van die pad oop was. En vir daardie enkele oomblik, vasgevang soos 'n serebrale Kodak *moment*, was ons hier regs langs hom, voor hom, kon ons die plooie op die skurwe vel sien, die onmoontlike lang wimpers, die groot, sagte swart oog en, ek sweer, ons kon sy olifantreuk ruik.

"So, dis die adrenalien?" sal hulle ná die olifantstorie vra, want hulle het nodig om dit te etiketteer en te verpak en in 'n verstaanbare vakkie in te druk.

Ja, dit is soms oor die adrenalien, sal ek geduldig antwoord. Om teen maksimum spoed jou tweewiel deur die Franschhoek-pas te laat leun sodat die voetrus vonke uit die teerpad skuur, is suiwer, onverdunde adrenalien. Maar dis nie waaroor dit eintlik gaan nie.

"Nou wat is jou ding?"

"Avontuurtoerfietse." En dan maak jy al reg vir die verduideliking, want jy sien daar is 'n gestoei om begrip.

Dit is motorfietse, vertel ek, wat só gebou is dat hulle net so lekker op teer as op grond kan ry. Selfs deur die ruuste van ruwe Afrika, soos daardie Zoeloe-voetpaadjie oor die Makatini-vlakte waar Jan du Toit ons heen geneem het, doringtakke wat hier teen jou skouers klap, slote, draaitjies, stroompies . . .

Dis rygoed met dratasse en plek vir 'n tent en slaapsak en gaslamp en proviand, met gemak vir die lang teerpad, 'n breë, ferm sitplek en 'n skerm om die ergste wind weg te hou. Op die grondpad staan jy, vir beter beheer en ook dan is die ontwerp van voetpenne en handvatsels só dat jy dit ure lank kan doen.

"Amper soos vier-by-vier," gaan daar 'n lig op.

Net lekkerder, sal ek antwoord.

"O?"

Dan vertel ek van my en Jan se vroegoggendrit deur die Namib. Die koel woestynluggie kan jy voel teen jou vel, teen jou klere. Die vae reuk van vaalgras en kokerboom en klam sand in my neus. Ons ry van Aussenkehr af, vat 'n droë lopie die klowe in tot bo-op die berg, waar die plato met 'n sagte ronding hier voor jou oopmaak en jy die versneller kan draai tot dit voel of die wiele hier onder jou sweef. 'n Trop springbokke wat skielik deel in die baldadigheid, wat hier van skuins agter verskyn en saam met ons hardloop en bokspring, pronk en speels hul koppe gooi en net so vinnig weer verdwyn, sodat ons stilhou en die enjins afsit en woordeloos glimlag oor dié magiese oomblik.

Of om saam met my vrou deur die Baviaanskloof se riviere te plas en al ons sintuie is betrokke: Jy hoor die sjoerrrr, sien die spattende druppels wat silwerig in die son blink, jy ruik die vrugbaarheid van water en grond, jy voel deur die handvatsels die klipperige bodem en dan die koue, nat bergwater wat tot hier bo, waar die valhelm oopgemaak is, teen jou gesig spat.

Jy kan kom waar selfs 'n 4x4 nie kan nie – die sandvoetpaadjies tussen Melkbosstrand en die Weskuspad, die spookagtige bloekombos op Jan se plaas by Amersfoort, die swemgat by Gerhard Groenewald-hulle se Klipbokkop-bergoord anderkant Worcester.

Ek vertel, met groeiende geesdrif, van die dik, wit sand van Mosambiek, daardie onmoontlike tweespoor-roete na Ponta Mamoli, van hoe jy saam met kameelperde deur die Pongola-wildtuin kan galop, anderkant Rhodes Lesotho se boepens met modderige bergpaadjies kan nateken. Ek wil so graag hê hulle moet verstaan, hulle moet aansteek, hulle moet net een keer deel in die kameraderie van vier of vyf of ses motorfietse in 'n snelkonvooi, of die sensasie voel van 'n glyende agterwiel wat jy met die krag van die versneller reguit trek deur 'n draai in die Knysna-woude.

Maar nie almal snap dit nie. Ek sê dit nooit, maar ek dink dit is geneties. Ek verbeel my daar was 'n miljoen jaar gelede al primitiewe mense wat 'n wildpaadjie teen 'n berghang sien uitslinger het en hier binne iewers daardie ononderdrukbare drang gevoel het om hom te gaan uitstap. Om te sien wat aan die ander kant is. Om aan te hou stap, nog berge en valleie en vlaktes oor.

En dit, vermoed ek, is waar die hart van die saak lê: daardie gees van afgeleë plekke wil ontdek, van wegkom van die gedruis en gedrang, jou oë met nuwe horisonne voed. En die enigste rede waarom hulle dit in die Steentydperk te voet gedoen het, was omdat avontuurtoerfietse nog nie bestaan nie.

Ek het al vrede gemaak daarmee dat my antwoorde nie oortuig nie. Daarom, as ek deesdae gevra word: "Wat is dan so lekker aan motorfietsry?" glimlag ek hoflik en stuur die gesprek in 'n ander rigting, soos die ekonomie of die stand van sake in Irak.

En netnou, as ek by die huis kom, sal ek en Anita die padkaart uithaal en 'n nuwe, vae lyn op die kaart gaan soek.

DEON MEYER (50) ry sedert hy veertien jaar oud is motorfiets. Hy is 'n heeltydse skrywer van spanningsromans, woon in die Kaap en toer graag saam met sy vrou, Anita, op Suider-Afrika se grondpaaie met hul BMW 1200 Adventure. Sy ander groot liefde is om die bergpaadjies van die Bo-Karoo met sy BMW 450X te verken. Sy groot droom is om van Alaska tot by Tierra del Fuego in Argentinië met 'n motorfiets te ry.

Hoe drie *softies* manne geword het

ALBÉ GROBBELAAR

'n Eerste toer met 'n motorfiets, daardie heel eerste wáre bike-*trip*, is soos jou eerste liefde. Jy vergeet dit nooit nie. Jy onthou die fynste detail. En jy koester die herinneringe vir altyd.

Hoe presies die hele ding begin het, kan ek nie meer onthou nie. Wat ek wel weet, is dat ons al drie gatvol was. Nie liggies keelvol nie, behoorlik gatvol.

Daar was al die gewone frustrasies. Die ewige gejaag. Lang ure op kantoor. Mislukte huwelike. ("I hear from my ex on the back of my cheques . . .") Die feit dat ons vinnig op pad veertig toe was, moes ook 'n rol gespeel het. Daardie skielike besef een oggend wanneer jy wakker word dat jy nooit vir die Bokke sal uitdraf nie. Die jong Richard Gere in die badkamerspieël wat oornag in 'n ou Tommy Lee Jones verander het.

Sakke onder die oë. 'n Stywe nek. 'n Seer knie. Daar's baie tekens.

Die ergste is die geleidelike bewuswording dat jou twee getroue karperde – ambisie en prestasie – wat kort tevore nog opwaarts mobiel saam gebeur het in die tuig, mekaar iewers by 'n vurk in die pad verloor het.

Dit was Van Aardt, die enigste een wat voorheen 'n bietjie motorfietsgery het, wat die wiel aan die rol gesit het. "Boys," sê hy een aand uit die bloute langs 'n braaivleisvuur, "hoekom koop ons nie vir ons bikes nie?" Dit was 'n paar oomblikke doodstil. Gilbert het 'n diep trek aan sy Gauloise gevat, en toe ongeërg geantwoord: "Why not?"

En skielik was dit asof die lewe betekenis gekry het. Dinge het net weer sin gemaak, daar was 'n gemeenskaplike doel. En twee maande later, ná lang redenasies en ure se huiswerk doen en naslaan en rondbel, was ons die trotse eienaars van drie stokou toerfietse uit die tagtigerjare.

Mý fiets het ek op Kroonstad gaan haal. 'n Dieprooi 1981-Yamaha XS1100H. Derdehands, teen R7 000 steeds die grootste *bargain* van my lewe. 'n Monster van 'n masjien. Ek ry breëbors oor na my bond-genote toe om te gaan spog. Gilbert: "Gaan jy 'n karavaan sleep?" Die Yammie is so swaar dat twee mense hom beswaarlik kan regop kry as hy omval, iets wat 'n paar keer sou gebeur.

Van Aardt koop 'n BMW, 'n donkergroene, 'n R100RT, toevallig ook 'n '81-model soos myne. En Gilbert tel êrens 'n 1982-Honda CB750F op, 'n *sports tourer,* soos hy ons trots inlig voordat hy uitge-rek vertel van die voordele van sy ketting-aandrywing teenoor ons dryfas-aandrywing. Hy't die fiets pikswart laat verf, ten duurste. Om te pas by sy swart denim, swart T-hemp, swart baadjie en swart val-helm, sou ons later agterkom.

Kyk, laat ons nie doekies omdraai nie: Nie een van ons trio het selfs net naastenby voldoen aan die definisie van 'n "gebore biker" nie. Die lewe het van ons sagtehand-stadsjapies gemaak. Lessenaar-manne wat met pakke en dasse in lugversorgde kantore werk en saans agter die toe deure van binnekamers gesigrome aanwend.

Nou was ons biker-brekers wat 'n winter-*trip* Weskus toe beplan het. 'n Professor, 'n dokter en 'n uitsaaier. 'n Syferman, 'n medisyne-man en 'n radioman. Kreatiewe, kompeterende korrelkoppe. Een vir almal, en elkeen vir homself!

Die goeters wat 'n mens saamvat op so 'n *trip,* is 'n storie op sig-self. Ek het in 'n stadium 167 items op my lys getel. Nuwe *long johns* en ou *leathers.* Marlboro's en muskadel. Kussings. Draad. Gom. Sok-kies. Sjokolade. *Spanners.* Slaapsakke. Seile. Brandewyn. Biltong. 'n Bekfluitjie. En boeke.

In die geneesheer se volgepropte seilsakke die héle versameling (in hardeband!) van *The Complete Works of e e cummings.*

I kid you not. Hy't sowaar nie 'n énkele pilletjie vir selfs sooi-brand of hoofpyn ingepak nie. Om van gips en verbande en inspui-tings nie eens te praat nie.

Hoe beskryf 'n mens die metamorfose as jy met ou *army boots,* 'n afgeleefde leerbaadjie, gebleikte denim en 'n lawwe lap op die kop op 'n groot bike klim en die langpad vat? Álles verander wanneer jy daai bandana met Rambo-arms weerskante van jou kop vasknoop. Jy dink anders. Jy loop anders. Jy kyk anders. Jy práát selfs anders. En jy haal jou Camel Regulars anders uit die pakkie (niemand waag dit om iets soos Infinite Lights op 'n bike-*trip* te vat nie!). Jou hele aura verander.

By die vulstasie op Pofadder – ons het net stilgehou en die valhelms afgehaal om petrol in te gooi – kom daar 'n kar aangery, 'n mooi vrou in haar dertigs in 'n Mercedes. Toe sy die draai vat om by die garage in te stoot, sien sy ons. Dit was asof 'n slang (pofadder?) haar gepik het. Sy ruk die stuurwiel terug, swaai om en gee vet, straataf.

Wanneer laas het enigeen van ons sulke respek ingeboesem?

Een van die wonderlikste gewaarwordinge vroeg al op die *trip* was die besef dat jy as biker anoniem reis. In Bloem ken almal vir almal. Hier in die wilde weste is jy onbekend. Naamloos en titelloos. Op Port Nolloth trek ons met ons vier dae oue stoppelbaarde en vuil klere voor die enigste restaurant in. *Rev* die bikes 'n paar keer windgat voor die ingang. Gilbert stamp die deur oop en ons stap in asof die plek aan ons behoort. Ek loer versigtig of daar nie 'n paar regte brekers by die kroeg sit nie, maar ons is vandag gelukkig. Ons bestel drie dubbels.

Toe begin die speletjie wat daarna elke aand in elke eetplek gespeel sou word. Die kelnerin moet raai wie of wat ons regtig is. Diamantdelwers? Diepseeduikers? Speurders dalk? Moerse macho.

"Is Oom nie 'n onderwyser nie?" het 'n pragtige witkoppie die aand op Springbok gevra. Die professor het byna 'n oorval gekry. Oom!

Dat drie volwasse mans, elk 'n redelik gerespekteerde individu op sy gebied (so't ons graag geglo), ure lank soos klein seuntjies kan baklei oor wie se bike die mooiste is, wie se brandstofverbruik die laagste, of wie se knipmes die skerpste! Die argument oor Gilbert se Leatherman versus my SOG-Powerlock is nou nog onopgelos.

Jy toets meer as net jou fisieke uithouvermoëns op so 'n *trip*. Met twee sulke beterweterige bike-*partners* was dit net 'n kwessie van tyd voordat die vonke sou spat. (Oukei, ek is seker nie altyd 'n engeltjie nie.) Dit was die oggend toe ons op Koiingnaas aankom, ná die eerste skof van die dag oor 'n moeilike stuk grondpad van Kleinzee af, dat ek die Yammie by die petrolpomp laat omfoeter. Van Aardt help om die swaar fiets weer staan te maak terwyl Gilbert smalend staan en toekyk.

"Fiets bietjie te swaar vir jou?" tart hy my.

Ek byt op my tande maar bly stil en haal my SOG uit om die gekrapte *pannier*, wat met die omvalslag losgekom het, met 'n stuk bloudraad te probeer vasmaak.

"Wil jy nie 'n régte tool leen nie?" torring hy, en haal leedvermakerig sy Leatherman uit.

Ek voel hoe die bloed in my nek opstoot. Hy grinnik.

"Fokkof!" grom ek, en ek bedoel dit.

Toe klim hy op sy fiets en hy fokkof.

Ons ander twee gooi petrol in (én olie, die Yamaha is 'n "one tank one tin"-bike) en ry toe maar op ons eie verder. Gilbert is nêrens.

Dit het 'n paar weke tevore kwaai gereën in Namakwaland en die grondpaadjie, wat op die kaart 'n fraai, sekondêre rooi strepie was, is 'n nagmerrie. Diep spoelslote wat afgewissel word deur lang sandstroke. Seker so 20 kilometer van Kamieskroon af, in die hartjie van die Skilpad-reservaat, tref ons 'n stuk sand wat seker goed 200 meter lank is. Van Aardt gaan eerste in, en ek agterna.

Twee lammers ter slagting. Dis nie óf nie, dis bloot wánneer.

Op die presiese oomblik toe die professor so twintig treë voor my neerslaan en met 'n sierlike boog oor sy *handlebar* duik, toe begin die Yammie onbeheersd sy gat rondgooi. Ek hou nog so vier, vyf treë uit, pluk links, pluk regs, en toe ploeg ek ook 'n voor in die pad. Die petrol loop in 'n stroom bo by die vol tenk uit en syfer in die sand weg.

Toe ons uiteindelik die fietse regop het in die veld langs die pad en plat op die sand gaan sit om 'n sigaret aan te steek, sien ons die eerste keer die paradys weerskante van die pad.

Dis elfuur in die oggend, dis windstil, die son skyn helder, en so ver soos die oog kan sien, is dit net blomme. Pienk, geel, oranje, pers, blou: 'n reënboog van plate en plate kleure tot anderkant die horison, in elke rigting. Blommeland het ons aan die boesem gedruk. En seker gemaak ons neem kennis van haar kleuredos!

Ons haal darem uiteindelik redelik ongeskonde Kamieskroon, waar ons toebroodjies en 'n bier op die hotelstoep bestel. Van Gilbert is daar geen teken nie. Die heler en sy Honda is huis toe, neem ons aan. *Que Sera, Sera*, dink ek toe ons die N7 suidwaarts vat. Wat moet wees, moet dan maar wees. *Ten little Indians* . . .

Dis sterk skemer toe ons by Vanrhynsdorp afdraai vir petrol. Toe ons by die eerste garage indraai, sien ons die swart bike. En langsaan, bene gekruis, staan hy en teug aan sy Gauloise asof niks gebeur het nie.

"Wa' slaap ons vanaand?" vra hy. Een vir almal, en almal vir een.

Daar was 'n aand in die hotel op Clanwilliam, waar een van my genote vir die kroegmeisie uit ons gesamentlike poel 'n *tip* in die hand gestop het wat méér was as wat al drie groot *rump steaks* sáám gekos het! En steeds alleen bed toe is. Daar was Lambertsbaai se hawe, die Muisbosskerm se kreef. En Victoria-Wes, met geen teken van Mannetjies Roux nie. Wel 'n laaitie by die pomp wat bewonderend na die hooggelaaide Yamaha staan en kyk en vra: "Kan ek maar op die scootertjie klim?"

Daar was die episode met Van Aardt en die skaaplorrie wat op 'n draai in die bergpas op die pad na Nieuwoudtville reg voor hom ingery het. Toeka se BMW's het nie ABS-remme gehad nie. Ons kon die geskokte, bewende man se skouerspasma – hy kon nie sy arms roer nie – net met 'n dubbele dop skoon brandewyn laat skietgee. Daar was my pap band tussen De Aar en Philipstown toe die ander twee bliksems my net so gelos en verder gery het. En Gilbert se Groot Val toe ruiter en perd, met die laatmiddagson reg van voor, die randsteen van die berugte sirkel by die Vanderkloofdam teen amper 100 km/h getref het. Dit was op die laaste dag. Sy swaer moes van Bloemfontein af met 'n bakkie kom om hom én die fiets te kom haal.

Die hele toer het net 'n week geduur. Dit was iewers in die middelnegentigerjare. Van die res van daardie jaar, of selfs van die volgende jaar, kan ek min onthou. Maar ons bike-*trip* deur Blommeland voel soos gister. Van die wegtrek af op daardie vroeë Vrydagoggend in

Augustus is elke emosie, elke geur, elke karakter langs die roete, al die oornagplekke, elke pad, elke val, elke gesprek in ons geheues ingegraveer.

"Theatre of the mind" is die uitdrukking wat radiomense graag gebruik. Hierdie drama het drie draaiboeke. En daar is heelwat klemverskille. Maar al drie stories het een ding gemeen: Drie dromers wat – al was dit net agt dae lank – weer waarlik *man* geword het.

ALBÉ GROBBELAAR (53) is 'n ouduitsaaier wat deesdae 'n bietjie boer, 'n bietjie skryf, 'n bietjie klasgee, 'n bietjie geld verloor op die aandelebeurs en baie bike ry! Ná twaalf jaar in die saal van sy geliefde Yammie het hy opgegradeer na 'n BMW 1150GS en toe Jan (Staal) du Toit se Amersfoort-kursus gaan bywoon. Hard geval en seergekry, maar opgeklim en weer gery. Nou's hy 'n grondpadman met net één leuse: *Stand Up, Look Up and Open Up!*

Minstens tien bikes vir my

SIMON FOURIE

Ek het minstens tien bikes nodig. En dis nie die hele storie nie. Ek het tien van hulle *gereeld* nodig.

Die ander 135 is deel van 'n versameling klassieke Japannese motorfietse van die jare 1960 tot 1969. Hulle verteenwoordig my laat tienerjare en daardie deel van die geskiedenis toe die Japannese die motorfietswêreld ingeval en oorstroom het met goedkoop, goeie en betroubaarder fietse – maar dis 'n ander storie.

Glo my, ek het minstens tien motorfietse nodig. Laat ek hulle voorstel, nie in enige spesifieke volgorde nie.

Terloops, een van die domste vrae wat ek al gehoor het, is: "Wat is jou beste of gunsteling-bike?" Daar is nie so iets nie, want daar is soveel verskillende soorte wat soveel verskillende doeleindes dien dat jy hulle nie kan vergelyk nie. Wat is 'n boer se "gunsteling-voertuig" – sy trekker of sy 4x4-bakkie of sy luukse motor?

En hou in gedagte dat al die groot vervaardigers die verskillende *soorte* motorfietse maak wat ek nodig het, en dat my keuse nie noodwendig deesdae die beste in daardie kategorie is nie. Hulle was egter toe ek hulle gekoop het, en toe was hulle spesifiek die beste vir waarvoor ek hulle nodig gehad het. Op die oomblik bestaan my lysie van tien uit die volgende: drie BMW's, twee Kawasaki's, twee KTM's, 'n Harley, 'n Yamaha en 'n Suzuki.

Eerstens het ek 'n fiets nodig om mee rond te ry, soos wat 'n huisvrou of 'n student of 'n sakeman 'n motor nodig het om te kom waar hulle wil wees. Daarvoor het ek 'n KTM 690 Motard. Hy't 'n eensilinder-enjin, is lig, vinnig en smal en word ook gebruik in motard-renne op die kort bane met lekker baie draaie.

Ek gebruik hom om kort en skerp draaie deur die verkeer te maak en by kruisings oor sypaadjies te ry wanneer die karre so ingeprop is dat jy nie kan verbykom nie. Hy's ook ideaal wanneer ek nou en dan deur 'n park of 'n stuk veld moet padgee voor 'n loeiende polisiemotor wat hopelik 'n kaper of rower probeer vang. Die manne in blou is tog sekerlik nie op my spoor nie!

Dan het ek ook 'n vinnige superfiets nodig, net soos motorryers hul Ferrari's en Porsches nodig het. Dis waar die Kawasaki ZX10 in die prentjie kom. Hy was toe ek hom gekoop het die vinnigste van al die Japannese 1 000 cc-superfietse en dus 'n logiese keuse. Ek gebruik hom vir Sondagoggende se *breakfast runs* en om in 'n naweek weg te breek na waar die manne gaan ontspan. Mpumalanga met sy lekker draaie is ons Gautengers se speelplek, net soos elke deel van die land syne het – van Gordonsbaai tot Outeniqua en Port Elizabeth, van Kokstad tot Bulwer en Stanger, en van Clarens tot in die Magaliesberg . . .

'n Man moet soms jaag. Daarom het ek ook 'n baanfiets nodig, om resies te jaag in 'n verskeidenheid van klasse, of vir opleiding by die renbane. Daarvoor het ek nog 'n Kawasaki ZX10 gekoop. Ons in Gauteng is geseën met Kyalami en die Midvaal-baan op ons voorstoep en Phakisa by Welkom net 'n paar uur van hier af. Party motorfietsryers gebruik hul padfietse hiervoor, maar val jy op die baan, beteken dit jou staatmaker is 'n tyd lank buite aksie en dan moet jy elke dag ure lank in die verkeer sit en wag om by die werk te kom of vir die Gautrein om te begin loop, wat ook al eerste gaan gebeur.

Nommer 4 is 'n toerfiets vir die lang pad, met sytasse vir bagasie, gemaklike sitplekke vir die bestuurder en 'n passasier, goeie ergonomie en 'n groterige windskerm om my gemaklik te hou terwyl 'n mens redelik regop sit. Maar op 63 is ek steeds te jonk vir dié soort ding en die lang, reguit paaie frustreer my heluit. Ek verkies paaie met draaie en passe en om daar te kom word die Harley op die bakkie gelaai. Op pad daarheen en om die pad korter te maak, luister ek na Creedence se "Bad Moon Rising" , Pavarotti se "Nessum Dorma" , die eerste note van Beethoven se Vyfde Simfonie, Queen se "Bohemian Rhapsody" , Elvis se "Peace in the Valley" , Janis Joplin se "Lord, Won't You Buy Me a Mercedes-Benz" , Gé Korsten se "Liefling" , "Ou Ryperd" deur die een of ander oom, en so aan. In ieder geval, daar is baie toerfietse om van te kies. Almal weet van Harley-Davidson en bikers wat een gehad het, sal jou tot die dood toe verveel met stories oor hoe goed die ou dae op een was.

My Harley-storie is dat ek eens op 'n tyd een gehad het, 'n 1 200 cc-Sportster wat spoedig 'n 1 340 cc-enjin gehad het met allerlei woema-goed aan die binnekant en 'n uitlaatpyp wat nie meer ffft-ffft-ffft gemaak het nie, maar blaff-blaff-blaff. Hy het die probleem opgelos van hoe om Donovan, wat toe twaalf jaar oud was, by die skool te kry. Hy is gereeld op sy 50 cc deur die *cops* gevang, want hy was nog te jonk vir 'n rybewys. Hy het die gereelde ritte huis toe agter in die vangwa geniet, asook die preek wat ek en hy – met koppe omlaag – daarna van die polisieman gekry het.

Dit het egter vervelig begin raak en ek wou nie die familienaam verder in die skande steek nie. Die trotse Fourie-naam is immers Suid-Afrika toe gebring deur 'n viriele kleinboer, Louis Fourie van Frankryk, wat 21 kinders by twee vroue verwek het. (Hy het seker nie 'n bike gehad nie!)

Maar terug by Donovan. Ek het 'n goeie idee hoe polisiemanne se koppe werk en was soos gewoonlik reg. Hulle dink dis net vervelige, wetsgehoorsame ouballies wat Harleys ry en nie seuns in graad 7 nie. Donovan is nooit weer voorgekeer nie.

My vyfde fiets – wat ek ook nodig het – is 'n bromponie. 'n Vierslag-Yamaha 125. Dit is vir vinnige, kort uitstappies (brood en melk) wat elke dag gedoen moet word. Dis net vir opklim en ry en ek's terug nog voordat jy met jou motor uit die jaart sou kom.

Ek gebruik my bromponie meestal by die verskillende *rallies* wat ons aanbied. Vir dié wat nie weet nie: Dis waar bikers naweke uit-hang, met musiek, *fun and games* en lekker kuier. Die Rhino Rally by Harrismith (einde Oktober) is die grootste *rally* in die land, dan is daar die Impala by Hartebeespoort (einde Februarie) en die Paradise by Graskop (begin Junie).

Die bromponie is net die regte ding om my die hele naweek vinnig en rats by my bestemmings te bring. Kort-kort bel iemand om te ge-sels of iets te vra, dan draai ek op 'n tiekie, sny oor die gras en tussen die tente deur tot waar ek moet wees. Die klein Yamaha is outomaties; dus het ek 'n hand vry – om foto's te neem, op die selfoon te praat of in die verbygaan een van die meisies se boud te knyp.

Hulle kêrels is altyd groot en sterk en hulle probeer my gewoonlik vang om oor die knypery te "gesels" , maar die ponie versnel vinnig en dit spaar my so 'n geselsery. Dis 'n groot voordeel.

Aan die ander kant is *scooters* ook nuttig om vriende te maak. Hul eienaars is gewoonlik vriendelik en het sterk kudde-instinkte, vandaar groepe soos Scooter 101. Bromponies is in die verlede net-net geduld deur ware bikers wat hulle op die evolusieleer nader aan die kruiwa as die motorfiets geplaas het. Maar dis aan die verander; deesdae ry mense van alle ouderdomme bromponies en onder *dandies*, veral in die Kaap, is dit 'n in ding om op 'n Vespa gesien te word.

Nou het ons nog net oor teerpaaie gepraat. As jy afdraai, is daar 'n hele groot wêreld daar buite van gruis, sand, klippe, modder, dongas, valleie, berge, rivierstrome, woestyne en selfs sneeu. Hier praat ons van twee soorte ryers en twee soorte fietse.

Vir mense wat sagte en maklike grondpaaie verkies, is daar die sogenaamde avontuur-toerfiets. Dis die tweewiel-weergawe van die Sandton- of Bishopscourt-4x4 en hulle word *softroaders* genoem. Daarom is nommer 6 in my versameling van motorfietse wat gereeld gery word, 'n Suzuki V-Strom 1 000 cc wat ideaal is vir pendel en maklike grondpaaie. Jy sit gemaklik regop, daar is hope lae trekkrag en die veerstelsel is sag met 'n lang werklengte.

Maar as jy dit alles en méér wil doen, het jy 'n opregte *off-roader* nodig. Daarom is my nommer 7 'n BMW R1200GS HP2. Myne het drie jaar gelede al R136 000 gekos, maar dis 'n winskoop vergeleke met die plesier wat dit my al besorg het. Dit is spesiaal deur BMW ontwerp om 'n avontuurfiets te wees met veldfiets-eienskappe soos 'n groter *motocross*-tipe voorwiel en 'n veerstelsel met 'n lang werklengte. Dit is aansienlik ligter as die gewone avontuurfietse, maar kan uitdagender paaie – en ook waar daar nie paaie is nie – makliker en teen hoër snelhede baasraak. Sy topsnelheid (volgens die spoedmeter) is om en by 220 km/h en as jy nog nie teen daardie spoed op 'n grondpad gery het terwyl die fiets se stert effens onder jou agterent swaai nie, het jy nog nie geleef nie! Van die manne wat die breedste glimlag op ons Namib Desert Runs van Kuruman na Swakopmund, is die ouens wat HP2's ry.

Dit bring ons by fiets nommer 8, die KTM 525 Enduro. Dit is 'n opregte veldfiets wat die duine met die grootste gemak uitklim. Hy vat oor in die sanderige en modderdele van die roete, want daarvoor is hy beter as die HP2 toegerus. Ek gebruik die Enduro ook om naweke in die bosse rond te ry en af en toe oor Lesotho se berge.

En nou iets heel anders: veteraanfietse. Hiervoor het ek 'n BMW R12 van 750 cc uit die jaar 1935. Hy is volledig en pragtig deur Jan Cornell van Germiston gerestoureer en word gereeld in die "DJ" gebruik. Dit is die jaarlikse gedenkrit vir veteraanfietse wat tussen Durban en Johannesburg gehou word. Net motorfietse van 1936 en vroeër word toegelaat, want dit is die jaar dat die wedren tussen die twee stede die laaste keer gehou is.

Die grootste deel van die rit is op grondpaaie gery, maar die redelik vinnige fietse (vir daardie tyd) was nie daarvoor geskik nie en ongelukke was eerder die reël as die uitsondering. Die ouens het ook nie meer kans gesien vir die loodvergiftiging wat hulle opgedoen het nie, want die boere het hulle glo gereeld van die stoep af onder die donshael gesteek oor al die hekke wat hulle nie toegemaak het nie.

Fiets nommer 10 vervul nie 'n spesifieke rol nie, maar ek ry gereeld met hom. Dit is 'n BMW R1100S Boxer Cup wat die lewenslig as 'n resiesfiets in die Boxer Cup-reeks aanskou het. Daarna het dit geblyk só 'n allesdoener te wees dat ek dit moes hou. Sy tweesilinder-enjin en die uitlaatpype sorg vir 'n manjifieke klank, hy gee van enige spoed af vinnig vet en hanteer goeie en slegte paaie met ewe veel gemak. Hy is soos 'n goeie losvoorspeler in rugby wat alles goed kan doen.

Tien is seker genoeg, maar daar kon meer gewees het.

As ek 'n motorfietsrenjaer was of 'n versnelrenjaer of 'n grondbaanjaer sou daar nog drie fietse vir elkeen van hierdie doeleindes moes bykom. Dan is daar ook nog *choppers*, die driewiel-*trikes* en die spesiaal geboude fietse met V8-enjins. En wat van die *quads*, daardie wonderlike vierwielfietse?

Die lewe is ongelukkig nie lank genoeg met genoeg tyd vir hulle almal nie. Intussen is tien bikes genoeg om vir my 'n hemel op aarde te skep.

⤌

SIMON FOURIE ry al langer as vyftig jaar motorfiets en besit sowat 150 waarvan nie 'n enkele een te koop is nie. Hy reis omtrent net per motorfiets, met 'n paar miljoen kilometer agter die blad (almal natuurlik binne die spoedgrens) en is die redakteur van *Bike SA* en *Quad SA* en die organiseerder van drie motorfietssaamtrekke, asook die Woodstock-musiekfees. Hy en Evert Snyman neem Donderdagmiddae op RSG deel aan 'n radioprogram oor motorfietse en ander euwels.

Vrede op aarde, en op die fiets

ROBERT MATZDORFF

Ek ry môreoggend Johannesburg toe. Wil jy nie saamry nie? Jy het mos familie op Beaufort-Wes. Ek sal jou daar aflaai.

Dis vroegoggend. Halfses, om presies te wees. Die hemel is wolkloos, die aarde windstil, met net 'n ligte briesie. Ek druk die aansitter, en die enjin lewe oombliklik, nes met elke aansitslag die afgelope, oftewel afgelegde, 130 000 kilometer. Ek wag 'n wyle sodat die olie warmer word, deur sy are begin vloei en elke saakmakende pyp, klep en rat smeer.

In rat, die wiele rol, en ons vat die pad: die lang pad van die Moederstad na die Goudstad. Eers stadig, deur die slapende, sluimerende strate van die voorstad. Net nou en dan duik 'n kat oor die pad.

Die enjin se dreuning is 'n gesellige brabbel terwyl ons koers kies na die pad wat ons weldra sal wegvat uit die stad. Met die geringste draai van my regterhand reageer die enjin geesdriftig, nes 'n volbloedperd. Dis al 'n jaar sedert ons laaste langpadtog, en dis asof my ou grote net die stang wil byt en koers kry.

Ek leun na regs vir die aansluiting met die N1, verwissel rat van derde na vierde, dan na vyfde. Teen 110 km/h versmelt die grom van die fiets en die swiep van die lug tot 'n sagte ruising. Ek strek my rug, kom halfpad orent uit die saal, sit terug, en begin ontspan.

Die windskerm, handskoene en baadjie is 'n beskermende bolwerk teen die koel oggendlug. Namate ons die lug klief, die ingerygde huise en opeenvolgende woonbuurte agterlaat, is dit asof ons ook die stad se spanning en stremming die rug toekeer.

Meteens is die laaste stadsligte buite sig. Ek skakel die kollig aan en 'n helder straal skiet vooruit teen byna 300 000 kilometer per sekonde. Ek verwonder my aan die wonder van die wetenskap, die verbysterende spoed van lig, ewe onverklaarbaar as die wonderwerking van swaartekrag.

Onder ons werskaf en woel die kleppe en suiers teen 'n fenomenale spoed, aangedryf deur die ontbranding van petrol en suurstof. Supersterk allooie van yster, wolfram, mangaan, nikkel en etlike ander elemente is gemyn, gesmelt, geraffineer en gemasjineer om hierdie ontwerpwonder te skep. En, al die elemente het hul oorsprong in ontelbare versmeltings van die basiese element, waterstof, in die kern van sterre wat miljoene jare gelede ontplof en hul sterreskrapnel die ruimte ingeskiet het.

Uit die hereniging van die brokstukke is sterre en planete weldra gevorm. Sterre soos die son en planete soos die aarde, wat van meet af aan en steeds voorsien in die ontelbare behoeftes van 'n onbepaalbare verskeidenheid lewensvorme. Was die aarde se wentelbaan om die son ietwat knapper, of ietwat ruimer, sou dit nie moontlik gewees het nie. Dan sou ons pragtige, lewegewende planeet 'n bleek, lewelose woesteny gewees het. Ons leefwêreld dra, in alles, die stempel van verstommende ontwerp: in die eienskappe van elke element, elke mikrobe, elke mens, elke dier, elke plant . . . ja, nes in die ontwerp van 'n motorfiets.

Ek loer na die ritmeter. Dertig kilometer is reeds verby. Die fiets loop asof op spore, en in die draaie is net 'n effense leun van my bolyf nodig om hom op koers te hou. Die vrede is volmaak.

Die enjin is nou goed warm. Voor ons is 'n lang steilte, en dis altyd 'n heerlike sensasie om die versneller oop te draai en te voel hoe die kragtige masjien ons bult-uit vat.

Ek draai die handgreep, die fiets se grom verdiep, die enjinritme versnel en ons skiet vorentoe. Ek voel die motorfiets se krag, hoor sy klank, ervaar sy spoed, beleef die oomblik. My hele lyf tingel en tintel. Dis lekker. Eintlik is dit onbeskryflik – of daar's net te veel gevoelens om te beskryf.

Ons vlieg teen die opdraand uit, oor die kruin, en af teen die helling in die rigting van die Paarl se winkende liggies. Dis geëts teen die donker, massiewe muur van 'n berg wat ons nou-nou sal oorsteek. Bokant die swart silhoeët is die naglig aan't wyk voor die nuwe dag.

Binne minute is ons deur die buitewyke van die Paarl. Die dubbelrybaan vernou tot 'n tweerigtingpad en daar's al hoe meer beurende, swaar vragmotors op die pad. Ons moet asem ophou wanneer ons verbyskiet sodat ons nie die vieslike uitlaatgasse inasem nie. Otto Diesel, jou bokker!

Die pad kronkel en klim geleidelik terwyl ons die berghang bestyg. Links van ons val die berg skerp na benede; regs styg dit skerp na bo. Ons vleg deur die draaie op die wisselende maat van die kragtige enjin. Tussen die rotswande deur weerklink die uitlaatpyp met 'n magtige grom. Dis verfrissend en stimulerend. Dis asof ons met elke draai al hoe hoër en hoër vlieg, asof in vlug op die gevleuelde Pegasus.

'n Entjie vorentoe is die pas se piek. Die hemelruim is nou sterreloos en diepblou. Ons vlieg voort, op teen die helling, oor die kruin met 'n duik na regs en af in die laagte.

In die verte is nog 'n bergreeks, afgeteken teen die nuwe dag se eerste lig. Die vallei is 'n lappieskombers van landerye en kreupelbos, omsoom deur kliprante, gesnoer deur riviere. Van oos na wes, van die verre gesigseinder tot hier by ons waar die teerpad soos 'n voerband onder die motorfiets se voorwiel ingly, is die panorama ongerep.

Die windskerm, met die bokant net onder ooghoogte, deflekteer die lugstroom bo-oor my kop, en ek sien die wêreld duidelik, sonder belemmering of verwringing. Ek voel soos 'n reus van ouds wat met sy sewemyllaarse en lang treë oor berge en dale stap en uit 'n ander perspektief na die wêreld kyk. Dis lekker.

Ons daal laer en laer teen die berghang af, terwyl ons gereeld "wal gooi" en sierlike draaie maak. Ek tik die ratwisselaar af en haal die motorfiets uit rat, draai die versneller toe en laat die fiets vryloop. Die enjin is meteens rustig, en op die swiep van die wind sweef ons etlike kilometer ver tot waar die berghang uitloop op die vlakte.

Terug in vyfde rat. Asof verfris ná die rustyd, reageer die enjin met ywer en ons versnel binne sekondes van 'n rustige 70 km/h tot 120 km/h. Die verkeer is nou drukker, maar ek laat my dit welgeval. Om 'n motorfiets in verkeer te hanteer is soos om 'n vegvliegtuig tussen passasiersvliegtuie deur te maneuvreer. Motors se bewegings is stadig, byna lomp, wat dit vir 'n motorfietsryer moontlik maak om vinnig tussen hulle rond te beweeg en tussen hulle deur te vleg, met die fiets as 'n verlengstuk van jou ledemate en sintuie.

'n Bewegende motorfiets is verbasend stabiel; dit besit genoeg momentum, naspooreffek en giroskopiese inersie om dit regop te hou en reguit te laat ry, met geen of baie min moeite deur die bestuurder. Op 'n reguit, oop pad kan jy albei hande van die handvatsels afhaal en die fiets sal reguit aanry. Wanneer die pad 'n draai maak, hoef jy net ligweg met jou lyf in dieselfde rigting te leun of teen die handvatsel te druk om die fiets deur die draai te laat swaai. Dit is 'n instinktiewe beweging wat 'n mens al as kind aanleer wanneer jy begin hardloop of op 'n mallemeule speel.

Wanneer ons vinnig hardloop en draai, ontwikkel 'n teenkrag wat ons in die teenoorgestelde rigting as die draai dwing. Ons leer baie gou dat jy net in die rigting van die draai hoef te leun om die effek van hierdie krag teen te werk. Hierdie "teenkrag" is middelpuntvliedende krag en ons gebruik swaartekrag om dit teen te werk. Ons leun genoeg oor om die swaartekrag toe te laat om ons na binne te trek sodat dit die middelpuntvliedende of sentrifugale krag kan teenwerk wat ons na buite druk. Ons bewegende massa kan dan gemaklik deur die draai gaan. Presies dieselfde beginsel geld vir die fiets.

Om motorfiets te ry is 'n bedwelmende ervaring. Daarom bly Wakker Wees! die wagwoord, vir wanneer 'n koffer van 'n bus se dak af vlieg of 'n vragmotor 'n stuk buiteband verloor.

Die pad verdeel in twee dubbelrybane – een noordwaarts, een suidwaarts – waar dit deur die buitewyke van Worcester sny. Langs die pad lyk die botterblombossies kompleet soos oranje en geel verfkolle op die kakiekleurige aarde. In die verbyry kyk ons reg op hulle af en sien die helder kroonblare, volmaak uitgesprei uit die geel blomkern. Dis nóg 'n vreugde van motorfietsry: Jou visie strek van die pad onder jou tot die verste horison; van die bloeiende blomme binne reikafstand tot die golwende wolke en 'n draaiende valk in die verte. Dit alles is jou beskore terwyl jy skoon, vars lug inasem, soms gemeng met die heerlike geur van inheemse veldblomme.

Die dorp is nou agter ons en die dubbelbaanpaaie vernou tot 'n enkele tweerigtingpad. Ons bestyg 'n rantjie en aan die bokant kyk ons af op 'n rivier en spoorlyn aan ons linkerkant. Ek ry stadiger om die toneel te bewonder, en staan op die voetstutte sodat ek die vonkelende water, die boomryke rivieroewers en die netjiese wingerde langsaan goed kan sien. Die prag van die vallei langs die rivierloop is die motoriste glad nie beskore nie.

Die fiets gly gladweg voort. Ek sit gemaklik terug in die saal, meegevoer op 'n towertapyt. Ek wonder hoekom die Arabiere nou juis 'n vlieënde mat gekies het vir magiese vervoer. Hmmm . . . 'n Gedierte soos 'n vlieënde kameel sou seker nie die toets van estetika geslaag het nie.

Die berge het gaandeweg ineengeloop en vorm nou 'n steil helling waarteen die pad oploop in wye draaie. Die steilte, tesame met die skerp draaie, dwing ander voertuie tot 'n slakkepas, maar ons vlieg verby, al leunende deur die draaie, terwyl die enjin lustig sing. Pegasus is op sy stukke.

Die pad raak reguit in die rigting van die plato op die bergkruin 'n entjie vorentoe. Ons beweeg hoër en hoër en reik as 't ware na die hemel. 'n Oomblik is dit asof die voorwiel na die lug kap en weer grondvat wanneer ons die kruin oorsteek. 'n Nuwe vergesig begroet ons, dramaties anders as die geil vallei waardeur ons pas gekom het. Van gesigseinder tot gesigseinder is daar niks nie, behalwe bossieveld. Dis die Groot-Karoo, die halfwoestyn wat 'n groot deel van die Suid-Afrikaanse binneland beslaan. Oor die volgende 1 000 kilometer sal die omgewing min verander.

Die aanskoulike deel van die roete is verby. Dis nou tyd vir rustig raak teen 'n gemaklike snelheid – rondom 115 km/h – en vir oorskakeling na "stuuroutomaat". Ek tik die skakelaar van die klamp wat die versneller oophou en sit my regterhand op die brandstoftenk. Teen die bulte sal ons nou effe spoed verloor en op die afdraande effe versnel, maar dit sorg vir afwisseling vir wat andersins in 'n eentonige sintese van enjindreuning en windsuising kon ontaard.

Met 'n motorfiets op die langpad kan 'n mens se liggaam en gees in 'n groot mate, by wyse van spreke, hul weë skei en tog hul onderskeie funksies bly vervul. Terwyl my gedagtes ver draaie gooi, byna soos in meditasie, verken my oë steeds die wêreld om my en sal hulle my aandag ontbied wanneer dit nodig is. Dis soos die bedryfstelsel van 'n rekenaar, wat meer as een program gelyktydig kan laat funksioneer.

Met my rug regop, heupe en knieë teen 90 grade, arms ontspanne en hande rustend op die stuurstang, is ek gemaklik. En, as my sitvlak of bene of arms dalk mettertyd pla, kan ek heeltemal strek, regop staan, of my voete op die voorste valstawe laat rus. Dit alles, tesame met voldoende beweging en klank om 'n mens se sintuie wakker te hou, bring jou geleidelik in 'n staat wat ten beste bestempel kan word as bewustelike onttrekking – wat juis die oogmerk is van verskeie meditasie-tegnieke.

Hierteenoor is die bestuurder van 'n motor vasgekluister in sy sitplek en geïsoleer van sy omgewing, en veral op lang, vervelige paaie kan dít die bestuurder aan die slaap sus. Die skof wat voorlê – die 200 kilometer tussen Laingsburg en Beaufort-Wes – is juis berug vir die talle padongelukke wat al hier plaasgevind het nadat die bestuurder aan die slaap geraak het.

Noudat ek daaraan dink: As jý wil bene rek, 'n bietjie wil rondskuif of uit die saal wil opstaan, is dit glad nie 'n probleem nie. Tik my net op die skouer en laat my weet, sodat ek bedag kan wees op die gewigsverskuiwing, of stadiger kan ry as jy wil opstaan.

Die pad kronkel tussen 'n reeks koppies deur tot by Laingsburg. Ons hou stil vir brandstof, ontbyt en 'n kort stappie. Dis nogal 'n aantreklike, klein dorpie, skoon en sprankelend in die helder sonlig, met geen teken van die verwoestende oorstroming van 1981 wat talle huise en mense meegesleur het nie. Voorwaar 'n oase in die halfwoestyn.

Uitgerus en gevul is ons weer op pad. Binne oomblikke is die dorp buite sig. Rondom ons is net die droë, stowwerige Karoo. Geen natuurskoon, geen afwisseling, geen aftrek en stilhou nie. Dis ons voorland vir die volgende 200 kilometer. Ek raak stil terwyl die fiets teen 115 km/h oor die teer skeer. Hy hou vanself reguit aan wanneer ek my hande op die tenk laat rus. 'n Instinktiewe leun met die liggaam stuur ons deur die draaie.

Dis tyd vir ontspan en bepeinsing.

Wat lê aan die einde van die grondpad wat regs afdraai? Sou dit die moeite werd wees om Merweville eendag te besoek? Wie is gebore, het geleef en gesterf in die vervalle ou plaashuis neffens die klompie bome wat eens langs 'n vlei gestaan het? Hoekom het die water op-gedroog?

In die Groot- en die Klein-Karoo is talle wye en vlak laagtes, dik-wels met die oorblyfsels van 'n huis in die nabyheid. Dit wys daar was standhoudende water in die middel van die negentiende eeu toe die huise gebou is. Verneukpan, 'n paar honderd kilometer noord, was eens 'n reuse-moerasland wat gewemel het van wild. Toe, in die laat 1880's, het die water byna oornag opgedroog. Bloedige droogtes het miljoene diere laat vrek en duisende boere van hul grond verdryf. Onder hulle was die Dorslandtrekkers wat hul heil en meer genaak-bare omstandighede ver daarvandaan gaan soek het.

Ver vorentoe, aan ons regterkant, dryf 'n donker wolkbank stadig oor die gesigseinder met 'n grys reënsluier wat tot op die aarde hang en die wolke soos 'n sleep volg. Nou en dan flits bliksemstrale, asof dit 'n lewe van hul eie het en inderdaad gode huisves soos die antieke mens geglo het.

Ek't al meermale sulke donderstorms op die lyf geloop en geleer dat dit, ten minste in die somer, nie die moeite werd is om stil te hou en reënklere aan te trek nie. Een oomblik is die lug wolkloos, die volgende sous dit, en binne minute is jy weer kurkdroog. Die ri-siko bestaan natuurlik dat 'n gigavolt-bliksemstraal jou kan klits, maar daar's tye in die lewe wanneer 'n mens maar net moet glo in die Bestiering en moet voortry in die Geloof.

Die pad maak 'n draai en Beaufort-Wes is reg voor ons. Dis 'n ver-rassende groot dorp in die middel van nêrens, en bestaan danksy ver-skeie groot standhoudende fonteine in die omgewing. Die taamlik hoë berge neffens die dorp tap, soos 'n katalisator, reën uit die wolke wat op die platteland maar meesal verbydryf. Net meer as honderd jaar gelede het die laaste migrerende springboktrop deur die dorp gestorm. Die inwoners het op hul stoepe gesit en trompop op die diere losgebrand, en almal het weke lank wildsvleis geëet. Maar die groot droogte – die groot droogword – het tóé al ingetree namate die natuur se ekwilibrium toenemend versteur is.

Ek voel soos 'n skeepskaptein wat die hawe binnevaar terwyl ons die hoofstraat inkom. Ons rol tot rus voor die Masonic Hotel.

Dis waar jy afklim, waar ons moet groet. Jou oë lyk ongewoon. Dromerig. Beteken dit die saamry was vir jou goed, soos vir my? Beteken dit jy wil dit weer doen?

O, ek sien, dit beteken jy wil volgende keer self die stuurstang vat.

ROBERT MATZDORFF (60) is sedert sy geboorte gek na motorfietse. Later het motorfietse sy loopbaan help vorm: Hy het oor hulle begin skryf, wat hom na die joernalistiek en uitgewersbedryf gelei het. Dit het ook gelei tot lewenslange vriendskappe en lewensveranderende ervarings – "some of them beyond the realm of physical principles". Ná 42 jaar en meer as 'n halfmiljoen kilometer van motorfietsry het die opwinding nog nie getaan nie. Hy is die eindredakteur by 'n Kaapse uitgewersmaatskappy en medeskrywer van die boek *Motorcycling Manual for Southern Africa* (1984).

As dit eers in jou bloed is . . .

ZELDA LA GRANGE

Ek dink 'n liefde vir motorfietse is iets waarmee 'n mens gebore word. My een oupa het motorfiets gery en my pa ook, ek het dit dus van albei kante ingekry. Maar waar presies of op watter ouderdom ek leer ry het, weet ek nie.

As kind het ek gereeld vakansies op my oom se plaas buite Ellisras gaan kuier. Hy het *scramblers* gehad en ek was mal daaroor om op hulle te ry. Ek kan nie eens onthou dat ek hulle moes léér ry of dat dit besonder moeilik of maklik was nie. Op 'n dag het ek my net op 'n motorfiets bevind en gery.

Dan het ek ook vriende met motorfietse gehad. My *party trick* was om hulle by my te laat kuier sodat ek dan op hulle motorfietse kon rondrits. Ek het altyd 'n verskoning gehad om die pad te vat iewers heen. Vroeg in my tienerjare het ek ook saam met my pa by vriende van ons in die Kalahari gaan kuier. Hulle het *quad bikes* gehad waarmee ons in die duine gebaljaar het.

Deesdae ry ek ook graag op 'n vriend se plaas in die Waterberge met sy *quad bikes* rond. Omdat dit in 'n beheerde gebied is met geen ander verkeer nie, is dit baie lekker om in die sand met die fiets te speel en so 'n bietjie kanse te vat. Ek het egter al baie seer geval. Ek is versot op die adrenalieninspuiting, maar dan moet jy in ag neem dat dit nie baie vat om my adrenalien te laat pomp nie!

My laaste motorfiets was 'n BMW 1150GS. Ek het 'n vriend met so 'n motorfiets gehad en hy het geweet ek soek iets soortgelyks. Ek wou eintlik iets kleiners, soos 'n 750 cc, koop maar hy het besluit dat ek meer van die 1150 sou hou. Ek het dit nie werklik nodig gehad nie, maar dit sou darem 'n baie opwindende speelding maak.

Die aand nadat die fiets by my huis afgelewer is, het ek nie geslaap nie. Ek het geskrik toe ek sien dit staan die héle motorhuis vol. Ek het nie geweet hoe ek ooit so 'n groot ding gaan beheer nie, maar mettertyd het ek geleer.

Ek dink nie my ouers was bly daaroor nie. My ma se pa is in 'n motorfietsongeluk oorlede toe sy 'n kind was en 'n neef van my het ook op 'n motorfiets verongeluk. My pa het só geval dat albei sy knieskywe en die kraakbeen in albei sy knieë verwyder moes word.

Toe Madiba die eerste keer hoor dat ek 'n motorfiets het, het hy net gesê: "I expected that." Ek weet nie eintlik wat dit moes beteken nie, maar hy het later een dag gevra hoekom ek 'n motorfiets gekoop het as ek dan reeds 'n kar het. Hmmm, dis 'n moeilike vraag.

Die nuwe 1200 is 'n baie ligter motorfiets en as ek 'n paar maande gewag het, sou ek dit waarskynlik eerder gekoop het . . . en die motorfiets dalk nog gehad het. Maar ek is baie impulsief en ongeduldig. Toe ek die oproep kry dat die fiets beskikbaar is, het ek dadelik die bank gebel en 'n dag later die fiets gehad. Ek het nie twee keer gedink nie, maar op dié manier ook al baie duur lesse geleer, soos dat die 1150 tog te swaar was vir my.

Het ek daarmee geval?

Jaaaa . . . baie! Die eerste keer was kort nadat ek die motorfiets gekry het en ek gevra is om mee te werk aan 'n TV-insetsel vir 'n aktualiteitsprogram. Die TV-mense was baie beïndruk daarmee dat ek so 'n groot motorfiets het. Ek en my vriend moes toe op die fietse ry, terwyl die kameraman in die pad lê en ons afneem. Ons was veronderstel om dit meer as een keer te doen, maar toe ons omdraai om weer te probeer, kry ek nie my draai nie en slaan net daar neer. Gelukkig het my vriend my gehelp om die fiets op te tel en gelukkig het die kameraman dit nie gesien nie, maar my ego het baie seergekry.

Ek was maar altyd skrikkerig vir die fiets, maar dis nie 'n slegte ding nie, want 'n mens moenie té veel op jou gemak wees nie. Tog het ek al vinnig daarmee gery en het ek soos enige ryer hier en daar kanse gewaag. Kyk, daar is niks wat so lekker is as om deur die verkeer te vleg en verby stilstaande motors te ry nie, of om weg te trek by 'n verkeerslig en só vinnig só ver voor te wees nie.

My vreesaanjaendste oomblik was my eerste keer op die hoofweg met die motorfiets. Ek het gou besef dat as jy in die regterbaan is, jy vinnig moet ry, anders is jy in almal se pad. Dit was my eerste rit op die hoofweg en ek moes teen 160 km/h 'n draai vat waaraan ek nie gewoond was nie. Ek moes 'n motor in die linkerbaan verbysteek en die motor agter my kans gee om verby te kom. Ek kon eenvoudig nie in die draai inkom nie en het net reguit aangery en op die grond en gras op die middelman beland.

Dit was ongelooflik *scary*. Ek het nie geval nie, maar ek het nog nooit in my lewe so groot geskrik nie. My vriend was briesend. Hy het eers twee afritte verder agtergekom dat ek nie meer daar was nie en het teruggedraai om my te soek. Teen daardie tyd was ek weer op die pad om hom te probeer inhaal. Toe ons mekaar uiteindelik opspoor, het hy op my begin skree sonder om sy *helmet* oop te maak. Dit was net spoeg en wasem teen die gesigskerm en ek kon sien hy was erg ontstoke. Dit was gelukkig ook nogal snaaks, want hy het ná vyf minute se raas self agtergekom dat ek niks kon hoor wat hy sê nie!

Ek het ook al heelwat *off-road* gery, veral in die Amersfoort-omgewing, maar op gewone grondpaaie en nie in kompetisies of op *breakfast runs* nie. Ek sal nie maklik by 'n motorfietsklub aansluit nie. Dis heerlik om 'n ver ent te ry met jou gedagtes as jou enigste geselskap, maar dan op 'n plek aan te kom en saam met vriende te kuier, weer op te klim en alleen te wees met jouself en jou motorfiets.

Wanneer dit kom by motorfietse is daar twee reëls wat ek nooit oortree nie: Moenie drink en motorfiets ry nie en moenie in die aand op ons paaie ry nie. Dis eenvoudig moeilikheid soek.

Ek glo boonop daar moet 'n reël wees dat alle motorbestuurders eers twee jaar motorfiets moet ry voordat hulle 'n rybewys kan kry. As jy eers motorfietsgery het en dan in 'n motor klim, is jy honderd keer so oplettend, konsidererend en geduldig. Ook jou reaksietyd verbeter merkwaardig.

Dit is 'n kuns om in die verkeer op 'n motorfiets te bly en motoriste moet respek hê daarvoor, asook vir ander vervoermiddels soos gewone fietse. Tensy jy op 'n motorfiets gery het, sal jy nie weet wat die uitdagings vir daardie bestuurder is nie.

Ongelukkig het die meeste padgebruikers skynbaar geen respek vir motorfietsryers nie. Hulle moet besef dat nie elke motorfietsryer noodwendig (a) kommin, (b) windgat of (c) onverantwoordelik is nie. Die motorfietsbendes van destyds het by sekere mense 'n bepaalde indruk gelaat, maar baie mense ry motorfiets gewoon omdat dit 'n manier is om hulle uit te leef. Vir ander is dit hulle enigste manier van vervoer, maar ons Suid-Afrikaners dink nie graag verder as wat ons sien nie en maak staat op veralgemenings. Meer mense sal motorfietsry as ander padgebruikers verdraagsamer is en dit sal 'n sneeubal-effek hê waarby almal baat sal vind.

Toe ek die motorfiets gekry het, het ek sowat 21 kilometer van die werk gewoon en dit het my per motor soms tot twee uur geneem om by die werk te kom. Op die motorfiets het dit my in die spitsverkeer 'n halfuur geneem.

Ek het later nader aan my werkplek getrek en dit het dit makliker geraak om by die werk te kom. Stadig maar seker het ek al hoe minder met my motorfiets begin ry. Dit is aangehelp deurdat my vriendekring verander het. Boonop sê my pa toe: "Verkoop jou speelgoed en word groot." Toe het ek my speelgoed verkoop.

Maar ek mis die motorfiets baie, en ek hoop om eendag weer een te besit. Ek ry nog gereeld *quads,* maar ek sal graag 'n 750 wil hê . . . net vir 'n bietjie speel. Ek het geen sin in 'n Harley of iets waarvoor jy moet oppas nie.

My doel met motorfietsry is spoed en genot, om van my stres te ontlaai en natuurlik om motoriste 'n bietjie jaloers te maak omdat ek vinniger as hulle by die werk kan kom!

ZELDA LA GRANGE is sedert 1994 in diens van oudpresident Nelson Mandela. Haar loopbaan het in 1992 in die departement van staatsbesteding begin en in 1994 is sy as tikster in die President se Kantoor aangestel waar sy later tot assistent- privaat sekretaris bevorder is. Kort voor sy aftrede in 1999 het mnr. Mandela haar versoek om in sy diens aan te bly. Zelda ry fiets, motorfiets, stap graag en bestee baie tyd in die bos of in die see. Haar groot droom is om op 'n motorfiets deur Suid-Afrika te toer – "solank daar geen reën of wind op die pad is nie".

Die biologie van biking

PIET OOSTHUIZEN

Ek is nie 'n biker nie. Oorweeg dit ook glad nie om een te word nie. Mý middeljarekrisis gaan oor my vrese oor misdaad, die geveg met die binneband om my middel en die gewonder of ek genoeg gasbottels het om 'n Eskom-verdonkerde winter te oorleef.

Ek ervaar – sover – geen nostalgie oor my jeug nie en ek het geen behoefte om die wind oor my kalerwordende kop te voel waai terwyl ek Sir Lowryspas uitry nie. Ek maak liewer my bakkie se venster toe en sit die lugversorging aan. Miskien is ek (on)gelukkig genoeg om die fase "ek-het-nog-altyd-vir-almal-gesorg-en-wat-nou-van-my" heeltemal mis te loop en het dus nooit die behoefte ontwikkel om te ysterperd na vryheid te soek nie.

Maar ek vermoed daar is dalk 'n ander rede: Ek is te skytbang. Bang vir hoe ek sal lyk in 'n leerbroek. Bang ek val my dood. Nog banger ek val en oorleef dit dalk. 'n Deel van die probleem is seker dat ek elke dag werk met mense wat weer hul lewe moet aanmekaarsit ná traumatiese hoofbeserings. Nie almal as gevolg van motorfietse nie, maar nogtans. Ek sal, as ek dit kan verhelp, eerder die dokter as die pasiënt bly.

In skrille kontras met my versigtige benadering staan my vriend Anthony. Ons is omtrent ewe oud, ewe (on)intelligent en val in dieselfde LSM-groep. Die verskil is, hy het hom reeds een keer half des moers van 'n motorfiets af geval. Ek het maar min simpatie met die pyn in sy skouer waarvan hy dan en wan kla. Hy het gesoek daarna, dan nie?

Die ding is, hy wil nou opsluit wéér 'n motorfiets koop. 'n Harley, nogal. Maar wat my werklik 'n wind laat sluk, is dat sy goeie, liewe vrou, vir wie ek baie bewondering het, hom ondersteun én saam ry!

Wat maak dat 'n op die oog af intelligente mens sy of haar lewe in eie hande neem en doodsveragtend oor die berge en vlaktes jaag? Is dit bloot om te voel hoe dit is om nie in die verkeer vasgevang te sit nie? Of is dit iets anders?

Van my vriende wat sielkundiges is, sal seker 'n mooi psigodina-
miese verduideliking hê: Miskien is dit 'n manier om jou verganklik-
heid te ontken, jou jeug te probeer herwin, om "in beheer" te voel.
Dit het waarskynlik iets met seks te doen: om daardie groot, brullende
stuk penis-verlenging tussen jou bene te voel . . . Freud sou beslis kon
saamgesels. Maar ek vermoed dat ons ook na die biologie moet kyk,
na watter chemiese prosesse, genetiese faktore en basiese dryfkragte
'n rol in hierdie gedrag speel. Ek het nie 'n enkele, perfekte antwoord
nie, maar hier is 'n paar idees oor "die biologie van biking".

Born to be wild

Een moontlikheid is dat sekere mense gewoon gebore word om mo-
torfiets te ry. Al is 'n mens se persoonlikheid die gevolg van 'n kom-
plekse interaksie van jou genetika en die invloede van jou omgewing,
praat ek hier spesifiek van die geneties vasgelegde temperament wat
die basiese onderbou van ons persoonlikheid vorm. Dus, die persoon-
likheidstrekke wat jy van jou biologiese ouers erf, of jy nou wil of nie.

Die Amerikaner Robert Cloninger, wat baanbrekerswerk op dié ge-
bied gedoen het, voer aan dat ons die temperamentele faktore "novelty-
seeking," "harm avoidance" en "reward dependence" as deel van ons
biologiese bedrading (die sogenaamde *hard-wiring*) erf. Elkeen van
hierdie faktore word verbind met sekere breinareas, neuro-oordrag-
stowwe (die chemiese "boodskappers" van die brein wat selle met
mekaar laat gesels) en gedragspatrone.

So sal iemand by wie die faktor "novelty-seeking" (NS) sterk is, ge-
neig wees om plesier te vind uit die voortdurende soeke na nuwe,
opwindende stimuli. Hulle word beskryf as geneig tot impulsiwiteit,
ondersoekende gedrag, onvoorspelbaarheid, uitspattigheid en onbe-
heerstheid. Hierdie mense hou van opwinding en vind genot daarin
om dinge te doen wat die doelpale verskuif. Hulle sal ook makliker
dinge doen wat gevaarlik of "verkeerd" is as dit die belofte van op-
winding inhou. Die adrenalien is alles vir dié "leader of the pack".

Daarenteen sal die persoonlikheid wat ryk is aan "harm avoidance"
(HA) meestal gevaar vermy. Hulle is versigtig, angstig, skaam en geneig

om hulle oormatig te bekommer. Dié met sterk trekke van "reward dependence" is weer ambisieus en het groot deursettingsvermoë.

Al het ons almal aspekte van al hierdie temperament-faktore, is dit seker duidelik dat ons motorfietsentoesias meer waarskynlik ryklik geseën is in die NS-kategorie en min van die HA-gene het.

O, dopamien laat my staan

Dopamien is een van die belangrikste chemiese boodskappers in die menslike brein. Dopamien het allerhande funksies, maar een hiervan het te doen met plesierervaring en beloning, want dit is die chemiese stof in die brein wat 'n mens genot laat ervaar, jou tevrede laat voel en jou 'n ekstatiese ervaring kan laat smaak.

Kortom, dit is die ding in jou kop wat jou laat lekkerkry. Ons almal wil dit graag hê en daarom is dit die dryfveer agter gedrag soos eet, liefde en seks.

Hierdie is alles natuurlike "belonings", maar dit is ook die pad wat alle verslawings volg. Al daardie onnatuurlike "belonings" soos alkohol, sigarette, dagga en kompulsiewe gedrag soos dobbel, ooreet, seksuele verslawing en ander risikogedrag jaag ook daardie ekstra skeutjie dopamien na. Daar is sekere algemene dinge wat vir ons almal die dopamien laat vloei, maar daar is ook persoonlike verskille. Vir een persoon sal die lyf van 'n vrou die dopamien (en testosteroon!) deur sy kop laat bruis, vir 'n ander is dit 'n mooi skildery, 'n lekker stuk biltong of 'n simfonie.

Dit is sekerlik nie vergesog om te dink dat die plesier wat die motorfietsryer uit sy stokperdjie kry, ook te doen het met 'n skop dopamien wat hy kry wanneer hy die pad (en veral die draaie) vat nie. Vir baie is dit 'n Sondagoggend-plesier wat saam met familie en vriende geniet word, maar daar is ook 'n ander kant daaraan. Dit kan 'n probleem raak as ons nie genoeg daarvan kan kry nie en die dopamien-skop tot uitsluiting van ander dinge nastreef. Dan raak dit 'n verslawing en die verslaafde sal net goed voel as hy dinge doen wat dopamien vir hom vrystel. Daarsonder raak hy depressief en geïrriteerd en dit dryf hom telkens weer terug na die aktiwiteit of substans.

Motorfietsry kan dus in een van twee kategorieë val: vir sommige mense is dit 'n episodiese plesier, maar vir ander – en dit is sekerlik vir niemand 'n verrassing nie – kan dit 'n verslawing wees.

Depressie

Kan depressie jou tot motorfietsry dryf? Hmmm. Dit klink na die perfekte verskoning. Gooi weg die Prozac en koop 'n Harley?

Miskien is dit stereotipering, maar die feit is dat depressie by mans anders lyk as by vroue. Die manier waarop depressie tans gediagnoseer word, fokus hoofsaaklik op die simptome wat vroue tipies ervaar: 'n depressiewe gemoed, 'n verlies aan plesier, angstigheid, skuldgevoelens, ensovoorts. Mans is geneig om hul simptome te eksternaliseer: hulle soek die oorsaak – en die oplossing – buite hulself. Vroue voel hartseer, kyk na binne en praat met vriendinne. Mans soek die oorsaak by hul werk, hul familie of vriende en word geïrriteerd, roekeloos en soms aggressief.

Mans gaan soek nie sommer hulp nie en is geneig om hulself te "behandel" met alkohol, oormatige oefening en gevaarlike gedrag. Dit is hier waar die motorfiets goed te pas kom. Daar is baie motorfietsryers en die meeste ry waarskynlik versigtig, maar daar is ook dié wat groot risiko's neem, asof hulle die dood wil tart. Van hierdie ouens ly waarskynlik aan depressie.

Een van die faktore wat met depressie in mans geassosieer word, is testosteroon. Dit het regdeur 'n man se lewe 'n groot effek op hoe hy lyk en wat hy doen. Daar is veral twee stadiums waarin ons merkbare gedragsveranderinge kan sien wat met testosteroon te doen het: in die jong man met die aanvang van testosteroonproduksie en wanneer die vrystelling 'n hoogtepunt bereik, kan dit gedrag drasties beïnvloed. Dit kan ons dryf om allerhande dinge aan te vang waaroor ons in later jare net die kop sal skud en vir mekaar by die braaivleisvuur sal lag. Lawwe dinge, gevaarlike dinge, aggressiewe dinge. Hier het dit ook baie met seksualiteit en dominansie te doen. Later in 'n man se lewe, wanneer die testosteroonvlakke begin daal, kan dit eweneens drastiese effekte hê. Daar word vandag baie geskryf oor die geïrriteerdeman-sindroom (IMS of *Irritable Man Syndrome*), wat eintlik maar depressie is wat verbind word met te lae testosteroonvlakke.

Wat ook al jou motivering vir jou stokperdjie/ysterperd is, die mens bly maar 'n komplekse organisme waar gene, biochemie, omgewing en psige inmekaarvloei. Daar is selde net een verklaring vir menslike gedrag. En iewers kom vrye wil ook in die prentjie.

Ek is nie 'n biker nie, want ek is 'n rasionele man van die wetenskap, 'n geneesheer wat siekte en besering wil voorkom waar ek kan. Vra maar my baie mooi, baie slim vrou – sy is 'n *shrink*. Sy ken my. Nou die dag, net nadat ons die fliek *Motorcycle Diaries* gaan kyk het, oor Che Guevara wat deur Suid-Amerika op 'n bike gereis het, wou ek net gou by die Harley-winkel aanry. Toe sê sy juis vir my: "Hoe goed ken ek jou nie, Piet. Hoe goed ken ek jou nie . . ."

PIET OOSTHUIZEN hang graag in die gange van staatshospitale rond en dwing niksvermoedende mediese studente om te luister na stories oor die wonders van die breinfisiologie. (Amptelik is hy medeprofessor in psigiatrie aan die Universiteit Stellenbosch.) Sommige mense beweer (volgens hom) dat die verskil tussen hom en sy pasiënte is dat die pasiënte darem beter word. Hy ry glad nie motorfiets nie, want hy het op 'n keer 'n leerbroek aangetrek en is toe in Bloemfontein as 'n lid van die Village People aangesien. Sy groot bikedroom het te doen met Pamela Anderson, maar dis onpubliseerbaar (sê hy).

Paaie sonder grense

Met twee wiele weer op die been

GIDEON VAN OUDTSHOORN

Dit was 'n sonnige Januarie-oggend in Randburg. In die straat voor ons huis was 'n intieme groepie van ons bymekaar om te sien hoe die bike opgelaai word: my ouers, my goeie vriend Halil en ek. Die meganiese arm van die vragmotor het die GS van die grond gelig en op sy bak gelaai.

"Hier gaan ons," het ek vir myself gesê, wetende noudat die fiets die rit na Durban se hawe begin het, was daar geen omdraai meer nie. Maar dit het goed gevoel, want nou was daar nie meer ruimte vir twyfel nie. Ek het 'n oomblik self gewonder hoe ek hierby uitgekom het.

Drie jaar tevore, in 2000, het ek as 800 m-atleet vir die Olimpiese Spele gekwalifiseer nadat ek in die vorige vier jaar drie silwermedaljes op die SA Kampioenskappe verower het. Van ongeveer elf jaar het my lewe daarom gedraai dat ek 'n middelafstand-atleet was. Hardloop het vir my vryheid beteken. Dit het my die geleentheid gebied om te presteer en erkenning te kry – dit het iets van my gemaak. Op 'n vreemde manier het ek van kleins af aangetrokke gevoel tot ontbering, terwyl hardloop my fisiek en geestelik kalm laat voel het.

Maar in 2000 het ek ook 'n kniebesering opgedoen wat oorgegaan het tot 'n voetbesering wat ek nie kon afskud nie. Dit het uiteindelik daartoe gelei dat ek die Olimpiese Spele in Sydney daardie jaar misgeloop het. Dit was die grootste teleurstelling van my lewe. Dit het my meer as twee jaar geneem om van 'n voetoperasie te herstel en ek moes uiteindelik daarmee vrede maak dat ek nooit weer 'n goeie atleet sou wees nie. Mettertyd het ek erg depressief geraak.

Ek was van my tiende jaar 'n gereelde motorfietsryer en het al togte na die Weskus, Namibië en Botswana onderneem, maar nooit langer as sewe dae of 5 000 kilometer op 'n keer nie. Namate my negatiewe gedagtes toegeneem het, het ek al hoe meer motorfietstoere onderneem, want dit het my aandag afgelei van my teleurstelling. Ek het verskeie boeke gelees oor avonturiers wat op hul bikes deur die wêreld getoer het. Hul verhale van ontbering en geluk het my gefassineer.

Ek het my glad nie as 'n tipiese biker beskou nie, maar die gedagte om op 'n volgelaaide motorfiets te klim en die wêreld in te ry, het my aangestaan. Ek was 25 en het daarvan begin droom om die huis te verlaat en op 'n lang reis te gaan. Ek het my probeer indink hoe dit sou voel om in 'n vreemde land die BMW aan te skakel en te begin ry. Ek was lus om weer iets buitengewoons te doen, maar het ook getwyfel. Een aand het ek my pa weer sit en vertel van die wonderlike stories wat ek gelees het oor reise deur vreemde lande.

"Miskien moet ek dit ook doen," het ek gesê.

"Nou hoekom doen jy dit nie? Wat keer jou?" het hy gevra.

3 Februarie 2003, Buenos Aires, Argentinië. My hotelkamer is besaai met alles van kampeertoerusting, watersuiweraars en kookgerei tot kameras en 'n skootrekenaar. Tuis was daar nie tyd om te kyk of alles in die fiets se *panniers* sou pas nie. Ek het die bike reg voor die hotel geparkeer en die stukke bagasie een vir een afgedra en begin inpak. Tot my frustrasie het dit geweldig baie tyd geneem en boonop was daar in die foyer 'n klomp mense wat alles dopgehou het. Hulle het seker gedink ek is van lotjie getik.

Dit is warm en vogtig en ek sweet soos 'n vark. Sal ek my pad uit die stad vind met die rowwe kaart wat die skeepsagent geteken het en wat ek op die tenk geplak het? Dit het my drie uur gekos om alles ingepak, eintlik ingeforseer, te kry. Dit is nou reeds drie-uur die middag. Sonder om dit te besef het ek een van die goue reëls van so 'n toer verbreek; dit is om te jaag ten einde by 'n enkele dag se program te hou. Op 'n tog van hierdie omvang is môre altyd nog 'n dag om "verlore tyd" in te haal.

Ek klim op die bike en stoot hom van die staander. Die volle gewig van die vrag kom op die wiele neer en die vering sak in, al is dit op sy hardste gestel. Die fiets alleen weeg 250 kg, plus minstens 80 kg bagasie en my 80 kg. Hy is dus swaar en boonop topswaar. As hy omslaan, sal ek hom baie moeilik alleen opgetel kry. Ek sit die fiets in eerste rat, trek weg en ry soos al die Argentyne aan die regterkant van die pad.

Ek besef dit sal my loon om eerder stadig te ry en op te let as om vinniger te ry, 'n afrit mis te kyk en in een van Buenos Aires se krotbuurte te beland. Kort voor lank is ek egter sonder probleme deur die eerste tolhek en ry ek noord op Roete 9. Uiteindelik is ek op die oop pad, iets waarvan ek byna 'n jaar lank gedroom het. Soveel gevoelens en gedagtes vul my dat ek daarna niks van die landskap kan onthou nie. Ná ongeveer twee en 'n half uur op die pad begin die son sak, maar ek gee nie om om in die donker te ry nie. Ek is skielik alleen, soos 'n kind wat leer loop. Ek is op 'n groot snelweg in 'n vreemde land en voel soos 'n koning. Ek gee 'n harde brul van geluk.

Dit is reeds stikdonker toe ek die kampterrein buite die stad Rosario bereik. Ek slaan my tent op 'n stukkie gras op. Honger! Het heeldag nog byna niks geëet nie. In die klein kiosk op die terrein is die enigste kos twee klein pakkies aartappelskyfies. En ook hier, soos dikwels buite stede, verstaan niemand Engels nie. Stort kan ek ook nie, want van ver af kan ek die ablusiegeriewe ruik. Daar sit ek nie my voete nie! My matrassie is die enigste toevlug. Ek beter gewoond raak aan sulke dae, anders gaan ek 'n kakkerige tyd hê.

In die verte rammel donderweer en blitse skiet deur die swart nag. In die middel van die nag word ek wakker van die reën wat oorverdowend op die tent neerstort. Dalk is hierdie tog soos enigiets anders in die lewe: As jy groot veranderinge moet trotseer, is dit altyd ongemaklik.

Moet nooit die situasie op jou eerste gevoel takseer nie. Nou moet ek net probeer om dít te glo.

'n Paar dae later vat ek op die aanbeveling van twee ander motorfiets-ryers van Los Antiguos, 'n dorp neffens die groot Buenos Aires-meer, 'n grondpad wat my op Roete 40 (wat Che Guevara op sy beroemde motorfietsrit gevolg het) sal bring. Regs is 'n groot vallei met strome smeltende ys wat teen die skuinstes afloop, en vorentoe kan ek blitse uit donker, broeiende wolke sien uitslaan. Die wind – wat altyd en oral in Patagonië waai – dryf hulle in my rigting. Ek hou stil en neem foto's, want dit is spookagtig mooi.

Toe dit begin drup, ry ek aan. Daardie storm moet nou net nie reg op my afstuur nie! Moet ek nie maar eerder terugdraai na die kampeerplek by Antiguos nie?

Skielik is daar 'n afdraande en net daarna word die grondpad 'n mod-derbad. Die volgende oomblik gly die voorwiel onder my uit, en toe ek die grond tref, hoor ek 'n harde kraakgeluid. Ek skuif nog etlike meter op my agterent deur die modder en sien die een *pannier* met die pad afrol. Verdomp! Waarom het ek nie my intuïsie gevolg en om-gedraai nie?

Ek het opgestaan en die skade ondersoek. Die een *pannier* het heel-temal losgebreek van die fiets, maar ek het geweet hoe om dit weer op 'n manier vas te kry. En dit blyk dat die ander *pannier* oopgekraak en 'n spul modder ingekry het. Boonop sal die water nou op my skoot-rekenaar en ander elektroniese toerusting lek. Maar voordat ek met herstelwerk kan begin, moes ek die fiets eers op sy voete kry. Die eerste paar pogings is onsuksesvol, want my voete gly elke keer. Uit-eindelik het ek die swaar 1100 weer regop. Groot stukke modder het tussen die voorste band en die modderskerm saamgekoek sodat die wiel nie kan draai nie. Terwyl dit neergiet, grawe ek met 'n stuk ge-reedskap die modder stuk vir stuk uit. Ek kry dit ook reg om albei *panniers* voorlopig weer aan die fiets vas te heg.

Ek moes omdraai, terug na die kampeerplek en terug teen die bult uit. Minstens vier keer het ek en die fiets omgeval, want in die modder was daar net geen vastrapplek nie. Elke paar treë het die modder die voorwiel so vasgepak dat hy nie kon beweeg nie en die agterwiel kon nie genoeg greep kry om ons teen die bult uit te stoot nie. Dit is moeilik om te glo dat ek net 300 meter verder die heuwel se kruin kan sien, maar dit nie kan bereik nie. Daar is net een uitweg: Wag tot die storm verby is. Ek maak een sy van my kampseil aan die fiets vas en die ander sy aan 'n bos aan die kant van die pad. Dit bied darem 'n bietjie skuiling teen die reën. Gelukkig is ek warm genoeg aangetrek vir ingeval ek die nag hier moet deurbring.

Ek het 'n paar uur lank in my "tentjie" gesit, met 'n waterbottel en 'n pak goedkoop koekies vir geselskap. Uiteindelik het die wind en reën bedaar en die waterstroompies langs die pad het ophou vloei. Ek het teen die bult uitgestap en gesien dat omtrent net 150 meter hoër op die grond sanderig en vaster raak.

Terwyl ek terugstap na die fiets, kom 'n motor van onder aan. Dit het ek beslis nie in hierdie afgeleë omgewing verwag nie! Die bestuurder baklei ook met die modder en sy motor swaai heen en weer oor die pad voordat hy langs die fiets stilhou. Gelukkig kan die man 'n bietjie Engels verstaan. Hy swaai sy kop stadig heen en weer asof hy nie kan glo dat ek nie hierdie entjie teen die bult kon uitry nie. Nietemin bied hy aan om te help.

Ek klim op die fiets en trek stadig weg, terwyl hy van agter stoot. En daar gly die arme man se voete onder hom uit en hy slaan maag eerste in die modder neer. Hy kan dit nie glo nie. Ek voel verskriklik skuldig, want hy het 'n netjiese jean en hemp aan. Vyf meter verder is dit weer ék wat val. Die man spring egter op en kom aangehardloop om my te help om die fiets regop te kry. Hy moes toe seker besef het dat dit veel moeiliker is om op twee wiele (of bene!) regop te bly as op vier.

Uiteindelik bereik ek met sy hulp die kruin en ry 'n ent aan om seker te maak ek is uit die bleddie modder. Ek hou stil en draf terug na my barmhartige Samaritaan om hom te bedank. Tot my verbasing staan hy daar, met 'n glimlag van oor tot oor, trots op ons prestasie en oënskynlik min gepla oor sy modderbesmeerde klere.

GIDEON VAN OUDTSHOORN het hierna tot by die suidelikste stad in die wêreld, Ushuaia op die eiland Tierra del Fuego, gery en van daar tot by Tok in Alaska in die noorde, 'n tog van 37 618 kilometer. Bostaande is 'n uittreksel uit sy boek *Solo into the Unknown* wat hy oor dié ervaring geskryf en self uitgegee het. "Ek sal enige bike ry wat geborg word, maar enige tyd weer die 1100GS vat wat nou 110 000 kilometer op die klok het." Wanneer hy in Suid-Afrika is, is Gideon (nou 32) 'n onderwyser aan die Helpmekaar Kollege in Johannesburg.

Daisies vir Afrika

MEYER COETZEE

Theresa stop 'n toegevoude bruin papiersakkie in my hand: ons geboortestene vir voorspoed, 'n sigaar vir Giza, *hip flask* vir moedhou en 'n pakkie *daisy*-saad. Die saad is vir 'n *special* plek, sê sy.

Ek dink daaraan toe ek die KTM in Spaanschematweg, Constantia, laat noord kyk. En die volgende ses weke op pad na Kaïro sou ek 'n klomp kere weer daaraan dink, wanneer ek iewers in die gopse na haar foto kyk, en onthou hoe ek haar en die Labradors in die truspieël sien kleiner word het.

Maar laat ek voor begin.

In Januarie 2006 het ek die splinternuwe 640 Adventure onder my afdak ingetrek. My pel Reg en ek het maande tevore daaroor getob: Kaap na Kaïro op bikes. So sit ons toe en beplan, raak meegevoer deur Roger Waters se "Home". Maar soos dit met laataandpraatjies gaan, het hy stelselmatig begin kleinkoppie trek. Die saadjie het toe maar op sy eis ontkiem, in my agterkop: sterk en gesond maar alleen.

Toe, op 'n Vrydag, twee somers later. Hongerpyne dryf my uit die kantoor. Dit is sivviedag en ek vat Katie – ja, die bike het 'n naam gekry – werk toe. Ek staan nog in die verte en staar om die ongemaklike stilte van die hyser-gespuis te verwyl toe Mike Williams begin uitvra na die baadjie onder my arm – dis 35 °C buite! Tussen die sewende verdieping en die grond deel ek toe my Afrika-droom met hom. Wat is die kans? Maar hy en 'n paar pelle wil ook van die Kaap na Kaïro op bikes, en ons verstaan mekaar net daar. Doen al die gewone formaliteite van e-posadresse uitruil en beloftes maak, en ek begin besef dis nie jou alledaagse wetter wat jy kan afskud deur vinnig nommers uit te ruil nie.

Die week daarop ontmoet ek sy bra's in Pasti's, oor 'n paar koues. Ek besef dadelik dis mý kerk se mense dié. Ná 'n akkediskas vol reëlings, terugslae, eindelose papierwerk, vasbyt en mekaar op-*psyche*, begin die stukke van ons droom se legkaart inmekaar pas. Anatole

France het mos gesê: "Om groot dinge te bereik moet ons nie net optree nie, net beplan nie, maar ook glo." Dis presies wat Mike (Squids) Williams, sy boet Roy (Royco) Williams, Herman (Herrie) Steyn, Gus (Kabanschik) Robertson, Andrew (Ratty) Ratcliffe, Oli (Doc) Macleod Smith en die uwe, Meyer (KTM) Coetzee, daar ervaar het. Hulle ses op BMW 650 Dakars en ek op Katie.

Langer as 'n maand nadat ons uit Kaapstad vertrek het en ná meer as 10 000 kilometer in die saal, is ons sewe al goed geolie. Katie het haar staal talle kere in die geselskap van die Dakars gewys. Haar saal kan nou wel harder wees as die gomma-gommas van die BMW's, maar glo my vry, 'n groter verkoeler, frisser vering en die dreuning van die Alfie Cox-uitlaatpyp maak dit alles die moeite werd.

Noudat Ethiopië se asemrowende berge en uitdagende modderpaaie oorwin is, kan ek nie help om nostalgies te raak oor die Land van Kontraste nie. Wat hy neem, gee hy met rente terug, en ons onverdunde woede jeens die plaaslike klein bliksems wat ons tallemale langs die pad met klippe bestook het, kwyn saam met die rooi son.

Ná omtrent 'n uur uit Gondor voel Katie weer teer onder haar swart voete. Dinge loop vandag reg. Geen reën in sig nie, genoeg petrol gekry en wonder bo wonder raak die bevolking ook yler versprei namate ons die droë vlaktes van die Soedan en die Nubiese woestyn nader. Vanaand slaap ons in Metema, aan die grens met die Soedan.

So 35 kilometer voor die grens sleep ons deur Sheshedi, en Ratty se oog vang gelukkig die doeanekantoor. Wie de fok sit die doeane hier en nie by die grens nie? Dit was so amper of ons moes môreoggend terugry. Maar dis Afrika, my vriend.

Die grondpad uit Sheshedi is lieflik en ons ry rustig. Dis asof 'n laning doringbome ons lei, die onverkende in. "Faithless" pomp oor my Ipod. Maar Moeder Ethiopië boul haar laaste *curve ball* kort hierna: Die sementbruggie het met verlede week se reën weggespoel en die ompad is so 300 meter rivieraf – en vrot getrap deur die swaar vragmotors. Dis diep moddervore, borrelende water en gladde spoelklippe, en oorkant 'n steil, snotgladde rivierbank. Maar ons almal haal dit, wonder bo wonder, sonder om te val.

Metema is in enige Westerling se verwysingsraamwerk 'n hool. Daar's geen "hotel" nie en kampering is buite die kwessie. Ná 'n lang heen-en-weer-gery deur Metema se strate kom ons af op die Millennium. Dis die enigste huurbare slaapplek op die dorp. Sonder twyfel 'n hool, maar die bikes kan in 'n soort binnehof – die ene klippe – staan, en ons voel veilig en verlig. En daar's koue bier! David, die eienaar se hardegat laaitie met 'n *bad attitude*, ontvang ons. Hy eet *khat* soos 'n honger merino in 'n lusernland. Dis 'n soort wilde *dope* wat soos suring lyk en jou oë rooi maak. En ooglopend 'n *bad attitude* gee!

Die kamers om die binnehof het geroeste groen staldeure en geen vensters nie. Die beddens is suf, maar ons is mos nie meer bang nie. Herrie en Ratty het dit net een kyk gegee en besluit om buite tent en hangmat op te slaan. Reg langs die binnehof staan die ghriesbevlekte Lister-enjin en brul, al jare gesetel op sy gekraakte betontroon. Ek weet van beter en deel eerder 'n kamer met Squids, hoewel sy snorkery die Lissie opdraand gee. Daar's natuurlik geen beddegoed nie en ons goed staan die meeste van die kamertjie vol.

Neffens die binnehof lê David se ouma op 'n draadbed in die son op die hiernamaals en wag. Sy is al sewe jaar lank blind en vuil verbande bedek 'n groot seer op haar kop. Dit bring onse Doc in beweging, en daar en dan begin hy sy Hippokratiese eed geesdriftig en opreg uitleef deur die vrou te ondersoek. Hy is in sy element. Ons het nie verniet 'n klein veldhospitaal saamgery nie. Hy maak haar wond skoon en verbind dit weer netjies. Hy diagnoseer ook haar "blindheid" as katarakte.

Doc streel gerusstellend oor haar grys kop terwyl hardegat David vir sy ouma tolk dat sy nou in die hande van 'n dokter is. Ná die ondersoek skryf Doc notas op 'n stukkie papier en verwys Ouma na 'n hospitaal in Addis Abeba wat haar met 'n basiese operasie weer sal kan laat sien. Sy moet net daar kom en die nota vir iemand met 'n wit jas gee. Ons onderneem om die koste te dra. David lyk uit die veld geslaan deur die vreemdelinge se goedhartigheid en sy houding verander meteens. Hy begin openlik huil, en ek voel ook 'n knop in my keel.

Toe besef ek: Dít is Theresa se spesiale plek! Die klein bedding in die middel van die binnehof is net die regte plek vir *daisies*. David slaan amper agteroor toe ek hom van my *mission* vertel en 'n emmer water soek om die saadjies nat te lei. Met die sewe bikes wat soos in 'n laer vir ons staan en kyk, plant ek en David die *daisies*. Hy monteer die leë pakkie op 'n plank in die bedding – ingeval iemand wil weet wat hier gebeur het.

Die nuus oor ons weldaad versprei deur Metema soos vigs deur Afrika. Kort voor lank arriveer David se tjommie op sy lendelam drie-wiel-toektoek met nog 'n kas St. George-bier. (Genoem na die mono-litiese klipkerk in Lalibela, wat ons 'n paar dae tevore verken het.) Dinge gaan te lekker. Die sewe van ons verbeel ons dis Moeder Ethi-opië se afskeidsparty vir ons, en ons gaan groot. In die agterkop weet ons 'n droë Soedan lê voor. Daar's geen bier of alkohol nie en dis kommerwekkend.

Skuins ná sononder raak die hitte draaglik en ons raak honger. Eers louwarm water en seep in 'n primitiewe stort voor ons in die pad val, deur die hoofstraat van Metema. Ons voel soos Hollywood-sterre met kinders wat ons aankoms vooruit aankondig deur padaf wawiele te maak. Daar's geen straatligte nie, net die wakende oog van 'n goue volmaan.

David neem ons reguit na 'n ander bra se eetplek. Dis nou nie wat 'n mens Michelin Star sal noem nie, maar die diens is skitterend. Daar word *enjiras* ('n soort suur pannekoek) en vleis (heel moontlik kameel-hampees) voorgesit. Honger was nog altyd die beste kok!

Daarna is dit tyd vir 'n bietjie kroegkruip. Oukei, meer as net 'n biet-jie. In 'n dorp wat baie min wit mense sien, voel ons so tuis soos 'n Bosveldboer op Loftus. Ek voel effens *sad* oor die mense tuis wat hier-die dinge nooit gaan beleef nie. Ek is in die geselskap van ses befokte ouens wat 'n ongelooflike *vibe* ontdek.

Maar alle goeie dinge kom ook tot 'n einde. Die volgende oggend borrel ons nie juis van geesdrif nie. Die grenspos na die Soedan maak eers nege-uur oop. Die *camel backs* moet vol water kom; die dag gaan lank en warm wees.

Maar daar is 'n ander *kick*. Terwyl ons met Metema se hoofstraat afry na Emigration en sweet reeds teen my rug afloop, sien ek voor my geestesoog vir Ouma by die Millennium. Sy het weer hoop. Sy droom dat sy een van die dae die *daisies* in die klipperige binnehof se bedding sal kan sien blom.

~§

Volgens MEYER COETZEE het die vuurwerk geskiet toe hy in 1970 in Pretoria gebore is. Ander mense beweer dit het iets met Guy Fawkes te doen gehad. Sedert 1995 is hy 'n Kapenaar waar hy Katie in 2006 ontmoet het. Haar oranje wangetjies en pronkerige houding het hom uitgeskop. Sy hart se (ander) punt is Theresa, wat na Anna en Bovril moes omsien terwyl hy "in Afrika rondneuk". En uit sy CV: "Party mense sê ek's 'n ekstrovert-aktuaris – ek kyk na jou skoene wanneer ek met jou praat."

Rum en dissipline, dís wat hulle kort!

KALIE KIRSTEN

Ek en my rondlopervriende probeer wegkom van die gebaande weë. Daarom klim ons Rash Dashen in die afgeleë Semienberge in Ethiopië – sy 4 543 meter maak hom die vierde hoogste spits in Afrika. Daarom reis ons na die Danakil-depressie, 200 meter laer as seevlak en die warmste plek op aarde waar mense woon. Dis die woonplek van die Afar-stam van Ethiopië wat jou met AK47's en kapmesse aangluur. Maar ons ry nie motorfiets nie.

Ons loop 300 kilometer deur die woestyn, van Seeheim in Namibië al met die Visrivier langs tot waar hy homself uitspuug in die Oranjerivier. Ons gaan klim die Himalaja in Nepal, maar nie die gewone roetes nie, want ons soek die afgeleë heilige berge van die Boeddhiste – Numbur en Karyolang. Ons stap op die Biafo-gletser in Kasjmir, die langste gletser buite die poolgebiede. Maar ons ry nie motorfiets nie.

Ons wou ook graag voel wat rêrig koud is en gaan Siberië en Mongolië toe waar dit minus 65 °C raak op die Kuraiskaia-steppe van die Altai. Ons klim die Altai-gebergte op die grens van Mongolië uit en reis met die Trans-Siberiese trein na die Bikalmeer, die grootste varswatermeer op aarde. Maar ons ry nie motorfiets nie.

Waarom nie? My pa het gesê daar is drie goed wat jy van 'n testosteroonbelaaide laaitie af weghou: 'n perd, 'n geweer en 'n motorfiets. Toe gee hy vir my 'n perd en 'n geweer ... en ek wag nog vir die motorfiets. Ek het intussen vyftig geword en het steeds nie 'n motorfiets nie, want ek kom toe ook agter dat dié ding nie deure het nie en dat sy dakliggie nie werk nie.

Maar ek en my rondlopervriende is gebou vir ongerief en ons kán reis en ons kán organiseer en ons hou daarvan om vir ander die wêrelde te wys wat vir ons kosbaar is. Van tyd tot tyd bied ons toere aan en gebruik daarvoor die naam Induku, die Zoeloewoord vir kierie. Dit het so goed gewerk dat ons 'n Induku-wyn ook gemaak het – 'n shiraz en sauvignon blanc – om ons te vergesel na afgeleë plekke.

Ons onderneem ry-toere, 4x4-toere en veral staptoere, maar nie motorfietstoere nie.

Waarom nie? Want motorfietsryers het nie dissipline nie en ons het.

Maar toe drink my Induku-vriend Johan Bakkes (wat stap en rum drink) en Jan du Toit (wat motorfietsry en tee drink) mekaar raak by die bekendstelling van een of ander nuwe motorfiets. Die geleentheid is deur die stapper gereël, want dissipline was nodig. Toe hou die biker van die dissipline van die stapper en ons reël die eerste keer 'n *trip* vir goeters met twee wiele.

Ons vooroordeel jeens bikers blyk toe nie ongegrond te wees nie. Die bikers wat saam met ons die boendoes infoeter, is meestal professioneel gekwalifiseerde, finansieel onafhanklike en gerespekteerde middeljarige mans. Maar as hy 'n *helmet* op sy kop sit, 'n petroltenk tussen sy bene vasknyp, met een wiel voor hom en een wiel agter hom, dan hoor hy nie meer nie. Al wat bestaan, is die kronkelpad wat voorlê, die gebrul van baie perde se krag onder hom en die wete dat vergaderings, strategiese sessies, vrouens en kinders vir eers vergete is. Tyd bestaan nie en reëlings is 'n ander ou se moeilikheid.

Ons floreer op sulke moeilikheid en die winter van 2006 was geen uitsondering nie. Met wingerde en donsskimmel en kalanders vergete (vrouens en kinders ook), sien ons hoe sestien motorfietse bymekaarkom onder die kameeldoringbome in die Hippo Pools-kamp op die walle van die Kunenerivier onderkant die Ruacana-waterval. Maar dis sestien individue op sestien bikes wat uit verskeie oorde hier vergader. Dis nie 'n span nie, hulle is nie 'n eenheid nie, want spangees en kameraderie word gebore uit swaarkry – en dit lê nog voor.

Drie voertuie met twee man per voertuig behartig die logistiek. Wanneer ons hier wegtrek, lê daar meer as 1 000 kilometer voor voordat ons weer voorrade kan aanvul. HP2's – daai BMW-bikes wat soos 'n kruising tussen 'n windhond en 'n hottentotsgot lyk – het mos net 'n klein pispotjie vir 'n petroltenk en hulle is kort-kort dors. En dan kry jy nog mense soos Ian Howell en trawante wat 'n *tyre* opry tussen Orupempe en Purros – net 80 kilometer uit mekaar – wat beteken daar moet ook genoeg bande saamgery word. Hulle ry só dat hul petrolverbruik val van 15 km/ℓ tot 5 km/ℓ. Die spoed waarteen hulle dit gedoen het, is 'n geheim wat in Kaokoland sal bly.

Die voorste voertuig is Paul se rooi Mercedes Sprinter op *steroids.* Die ding is omgebou tot 'n 4x4 en die plek waar hy nie loop nie, bestaan nie. Dié rooi lorrie dra die kombuis en die spens vir 22 manne wat elke dag honger is. Dan is daar die bakkie wat nie myne is nie, 'n gehuurde dubbelkajuit uit Oshakati. Die oorspronklike enkelkajuit, wat myne was, het net ná sononder op die eerste dag buite Ruacana 'n motorfietsverskrikte donkie getref. Dit was die einde van die bakkie en die donkie. Die gehuurde bakkie – wat geen persoonlikheid het nie – dra die pot en kombers van die hele groep. Die derde voertuig is 'n Unimog. Dié ding kom nie net uit die oorlog nie, hy was *deur* die oorlog. Ferdi, sy drywer, is die enigste lewende (en oorlewende) wese wat hom aan die gang kan hou. Hy ry nie oor klippe en onbegaanbare paaie nie; hy waggel, kantel en kreun. Só het hy die naam "kotstrok" gekry. Hy dra onder meer drie dromme petrol van 210 ℓ elk, plus 'n klomp jerrykanne vol petrol, al die spaarparte en ekstra binne- en buitebande, asook water teen 5 ℓ per dag per man vir ongeveer 'n week.

As jy 'n Unimog ken, sal jy weet die enjin sit tussen die drywer en die passasier, met die gevolg dat dit ondraaglik warm raak daarbinne. Voeg Kaokoland se 40 grade by en jy is baie naby aan 'n mikrogolf-oond. En net om dit interessant te maak breek die uitlaat-verdeelpyp (die *outlet manifold* in Afrikaans) wat in die kajuit sit. Nou het jy 'n konveksie-oond vol koolsuurgas en roet wat sy passasiers soos gebrande *liquorice*-mannetjies laat lyk.

Maar terug na die twee soorte kreature wat ons hier het. 'n Stapper tart nie die natuur nie, want hy weet hy gaan nie die wenner wees nie. Jy klim nie 'n berg sonder voorsiening vir reën en koue nie. Jy durf nie die woestyn aan sonder genoeg water nie. Of kranse sonder toue nie. En as daar 'n klimmer voor jou is, wag jy, anders gaan 'n klip op jou kop val. 'n Stapper, al moet ek dit nou self sê, hou by die wette van oorlewing.

Maar 'n biker, lyk dit vir my, probeer so min moontlik reëls na-kom. Altans nie wanneer jy hulle in die boendoes loslaat nie. Daar is byvoorbeeld die reël om twee-twee saam te ry. Nee, hy jaag lie-wers weg vir sy pel, verkieslik oor 'n blinde hoogte. Of hy wag nie by 'n afdraai vir sy maatjies agter hom sodat hulle kan sien dinge ver-ander nie. Nee, hulle wil jaag. Nugter weet waarnatoe, want op die ou end is die fietse versprei oor 200 kilometer en almal is kwaad vir almal.

Tot daar iets gebeur by een van daardie bedrieglike laagwaterdippies in 'n systroom van die Otjivezerivier, so 60 kilometer voor Okangwa-ti. Die aanloop is verraderlike, diep uitgetrapte spore, bedek met 'n wit, poeieragtige stofkonkoksie. Philip maak die een of ander fatale fout. Hy hou die handvatsels óf te styf vas óf te los. Hy kyk te ver voor hom uit, of hy konsentreer te naby. Die musiek is óf te hard óf te sag. Hoe ook al, hy verloor beheer en as die Himba-toeskouers se wiskunde geglo kan word, het die arme man 30 meter deur die lug getrek en 30 meter ver geskuiwe voordat hy teen die oorkantste bul-tjie tot stilstand gekom het. Die fiets het hom die eerste 50 meter ge-trou gevolg, maar toe sy eie rigting gevat.

Behalwe dat jy jou gat afval, is jou ego ter sprake met so 'n ongeluk. Maar 'n ander belangrike ding gebeur ook: Die hele groep ruk tot stilstand en ontferm hulle oor Philip en sy fiets. Sy *helmet* is flenters en sy gesig het 'n paar snye wat nie te ernstig lyk nie, maar volgens 'n onsimpatieke dokter is 'n hele paar ribbes gebreek. Hy beweeg swaar en haal moeilik asem; sy moed en sy lyf tydelik moer toe. Die mo-torfiets, 'n 1100GS, se gesiggie en windskerm is daarmee heen.

Maar 'n boer maak 'n plan. Die lig en modderskerm word afgesaag, die handvatsels reguit gebuig en dit wat los en skeef is, met *duck tape* vasgeplak. Met 'n pynlike liggaam, 'n skewe fiets en 'n flenter *hel-met* moes Philip maar verder ry. Ten minste het die Himba-toeskou-ers, wat intussen gegroei het tot 'n paviljoen vol, hom luidkeels toe-gejuig.

Dit lyk of die bikers 'n les geleer het. Die groep beweeg nou soos 'n horlosie. Alle reëls word nagekom en die bebliksemgeit van vroeër is vir eers weg. Versigtig en bedaard kom hulle by die Epupa-waterval aan. Ons swem almal om die ergste vuil en stof van die afgelope paar dae af te was en nie eens een biker tart die afgrond van die valle nie.

Net die minimum geriewe is op so 'n *trip* beskikbaar. Eintlik is daar niks – die "minimum" word voorsien deur die logistieke span. Saans word 'n droë rivierloop of 'n anaboom gesoek om kamp op te slaan. Moeë ryers kom stuk-stuk die kamp in. Nou's dit tyd om te kyk of alles nog in 'n werkende toestand is. Bande, speke, pypies, *bearings* en kettings word geïnspekteer en planne uitgeruil. Die kwartiermeester maak al die tenks vol tot in die nek. Môre is nóg 'n lang dag.

Teen dié tyd het die rooi lorrie se span kamp opgeslaan. Die stoele staan in gelid rondom 'n vriendelike vuur en die kosreuke laat die monde water. Die spreekwoord sê 'n weermag loop op sy maag – en natuurlik dissipline. Die logspan sit aand ná aand 'n driegangmaal voor: Vars vleisgeregte, groentes en slaaie word opgedien en niemand gaan honger slaap nie, nie eens die vegetariër nie. En as alles klaar is en die bikers gaan rus, maak die logspan skoon en was op en hou kajuitraad en drink nog 'n botteltjie Induku – want hulle kan.

Daar is water vir allerlei drankies, stimulante en konkoksies, maar nie om te was nie – dit moet wag. Ek het altyd vermoed die bikers is ouens wat nie terugstaan as dit by alkoholiese verversings kom nie, maar ek was heel verkeerd. Die manne drink sappies en tee. En hulle ken nogal hulle tee! Een ou drink groen tee, die ander net Ingelse tee of rooibos en nog een verkies Earl Grey. Wat het van die Hell's Angels geword? Maar die logspan maak op hiervoor. Soos iemand gesê het: "Hulle drink selfs die alkoholiste bang."

Dis tyd om die dag se gebeure rondom 'n staanvuur te bespreek. Die kundiges luister en gee raad. In hoeveel van die droërivierloopkruisings met dik sand is daar geval en wie het die maklikste deurgekom? Die belangrikheid van waar om te kyk terwyl jy ry en wanneer om te sit en wanneer om te staan, word uitgepluis. Voorbeelde van hoe om mekaar te volg, word in die sand uitgepak en 'n spaarfietswiel word gebruik vir 'n demonstrasie van hoe om te rem.

Daar is ook 'n paar dinge wat krap. Die HP2-ryers is glo ongevoelig en gooi die swaarder fietse onder klippe en stof. Die logspan is glo te stadig en laat die arme bikers in die warm woestynson wag vir water en brandstof.

Sal dinge nou vlot? Die toets daarvoor was om die draai. Die verbinding tussen die hoogland van die Otjihipaberge en die vlakte van die Marienfluss is nie werklik 'n pad nie, maar 'n kombinasie van rotse en afgronde. Dit is die berugte Van Zylspas. En hy's 'n bliksem, maak nie saak waarmee jy hom aanvat nie. Selfs as jy stap, sal dit maar neuk sonder water. Om dit met 'n motorfiets te doen, is óf 'n uitdaging óf plein onnoselgeit óf 'n kombinasie hiervan.

Sommer aan die voet van die pas het 'n ongemaklike klip 'n gat in een van die 1100's se oliebak ('n *sump* in Afrikaans) geslaan. Jy kan met baie dinge wegkom en 'n plan maak, maar sonder olie gaan jy nie ver kom nie. Die gat was so groot soos 'n ou R1-muntstuk, met ander woorde, dit was 'n moerse gat. Maar as jy 'n kotstrok aan die loop kan hou, dan is so 'n gat een van jou kleiner probleempies. Met Pratley Putty, tinfoelie, 'n stukkie yster, 'n bloedige son en groot geloof was dié fiets danksy Ferdi binne 'n uur weer op die pad, mét olie en sonder 'n lek.

'n Klein rukkie later is dit 'n Adventurer se oliefilter wat 'n klip vang en afbreek. Geen ander skade nie, maar die filter is flenters. Toe sien ek nog iets wat my dronkslaan. Die bikers het kaste vol gereedskap en parte, genoeg om 'n ander enjin te bou, buitebande en binnebande, speke en kettingskakels, *fuses* en kabels en *bearings* . . . net nie 'n doodgewone oliefilter nie. En 'n motorfiets loop nêrens sonder olie nie. Dit kos ons toe maar die bike en sy moedelose baas oplaai. Hulle moes vir die volgende week tot by Palmwag saamry. Daar het 'n ander filter gewag wat per satellietfoon uit Windhoek bestel is en toe na Palmwag ingevlieg is.

In die oggend se voorligtingsessie was die boodskap duidelik: Ons durf nie die Van Zylspas aan as die agterste fiets teen drie-uur die middag nog nie by die bordjie aan die begin van die pas is nie. Met 'n klein moeilikheidjie soos 'n *sump* en 'n filter raak die gaping tussen die voorste en die agterste ryers maklik twee uur. Dan gebeur dit maklik dat die agterste ouens daardie nag sonder water êrens tussen rotse en skerp klippe moet slaap.

Maar helaas, middeljarige, suksesvolle bikers luister nie. Toe die agterste span teen vyfuur by die begin van die pas kom, is die voorstes al vort, af met die pas. Nou die dag se dissipline ná Philip se val het soos water in die sand verdwyn. Dis duidelik: Ouens wat HP2's ry, kan nog minder hoor as die res.

Ons slaan met 'n bietjie meer as die helfte van die groep kamp op tussen reuse-anabome en kameeldorings in 'n droë rivierloop. Die res is êrens teen Van Zylspas. Hulle kan nie verder nie, want dis donker. En hulle kan nie terug nie, want Van Zylspas laat hom nie terugry nie. Maar ons het 'n rooi lorrie op *steroids*. Paul ervaar 'n ligte gemoedsbekakking, want dis donker en hy moet die ouens nou gaan soek. Halfpad teen die pas af, eensaam tussen rotse en afgronde, kry hy hulle. Hulle klim duidelik verlig in die rooi lorrie. Nou moet hulle terug, die pas op tot waar ons kamp gemaak het. Môre sal hulle weer saam met die voertuie moet ry tot by hul fietse wat verlate onder 'n doringboom oornag het.

Benewens 'n paar uiters bedrewe ryers moet die manne mekaar maar oor die rowwe klippe help. Op plekke vat dit drie man om een fiets deur te kry, maar ons kom amper almal heel aan die onderkant aan. Sestien motorfietse – een sonder 'n oliefilter, een skeef en gebuig en sonder 'n windskerm, een met 'n gelapte *sump* en 'n hele paar met skrape en duike – 'n rooi lorrie op *steroids*, 'n gehuurde bakkie en 'n kotstrok . . . almal veilig oor Van Zylspas. Ander mense het gesê dis onmoontlik, maar ons het dit gedoen.

Onder verbrande doringboompies in 'n skroeiende woestynson skryf ons ons name op 'n klip wat onder 'n boom lê. Almal s'n bymekaar – bikers en nie-bikers.

Die Marienfluss eis onontginde vernuf. Dis 'n gelyk vlakte tussen die Hartmannberge aan die een kant en die Otjihipaberge, wat 1 400 meter aan die ander kant uittroon. Dis 'n lang, reguit diksandpad van 60 kilometer tussen wuiwende grasse deur, terwyl die naald konstant bo 40 °C lê. Dit verg konsentrasie tot die uiterste en die humeure wil-wil vlamvat. Kort-kort is daar 'n fiets wat die pad byster raak of omval in die dik sand. In die kotstrok gaan dit nog erger. Die *liquorice*-mannetjies neig na moord en selfmoord.

'n Klomp motorfietse wat twee-twee langs mekaar ('n wyle is daar dissipline) oor die woestynvlaktes van die Kaokoland ry, sien 'n mens nie dikwels nie. Hier en daar op die verlate vlaktes staan 'n eensame springbok of 'n trotse gemsbok of 'n verwarde volstruis, terwyl die stof van die motorfietse 'n streep oor die landskap trek.

Anderkant Uis en die Brandberg lê die Messumkrater. Die plan is om met die Messumrivier tot in die krater te ry, daar te oornag en die volgende dag see se kant toe uit te ry. Met duidelike GPS-aanwysings tot hul beskikking – en nog duideliker opdragte – skop die middeljarige ongehoorsaamheid weer in. Dissipline se moer. As dit net lyk na 'n pad, neuk die bikers met hom die woestyn in. Dis al ná sononder wanneer ons almal onder 'n doringboom by die bek van die krater bymekaarkry. Ons maak maar grappies oor die bikers se eiesinnigheid, want ons besef hulle kan nie anders nie.

Ter versagting moet ek dit sê: Nie een van hulle het ooit van die paaie afgery nie. Miskien het hulle geweet wanneer hulle op sig geskiet sou word.

Teen dié tyd het ek die bikers beter leer ken en het ek ook 'n beter idee gehad – as dit moontlik is! – van hoe hul koppe werk. Ek het ook geleer dat die reis die prioriteit is en daarvoor moet jy jou reisgenote mooi kies. Dit kan maar motorfietsmanne wees, maar ek gaan nie een word nie. Ek hou van dissipline en ek is nie mal oor tee nie.

KALIE KIRSTEN boer naby Stellenbosch met wyndruiwe, vrugte en sitrus (alles uitvoer). Hy het 'n B.Rek.(Hons.), 'n vrou, drie kinders en ongeveer 150 werkers. Hy kry dit amper reg om drie maande per jaar met verlof te wees. "Ek het gedink die bike-ding sal dalk byt as ek saam met hulle toer, maar dit het nie."

Daar's 'n sissie in elke 4x4

DEON MEYER

Vier-by-vierders is almal sissies.

Ek hoor al die magtige dreuning van verontwaardiging wat oor die veld aangesweef kom: Hoe durf 'n mens so 'n gruwelike, veralgemenende stelling maak en dit nogal oor 'n saak waarmee jy nie in Afrika neuk nie – 'n man (of vrou) se ryding.

Maar voor jy uit pure woede jou Isuzu- of Colt- of Toyota-dubbel-kajuit-turbodiesel-dubbelbonokas-GT-gestreepte boendoebrekertjie se ratte krap (hemele behoede), luister eers na die argument:

Die meeste 4x4-eienaars kom nie eens naby 'n grondpad nie. Dié simbole van ongebreidelde macho word ingespan as ma se têksie in 'n voorstedelike gespook om die spruite betyds by die Origami-lesse of die kindersielkundige te bring.

Nou die dag sê 'n Kaapse jappie met 'n tamaai veldvoertuig en al die byvoegsels wat kan oop- of toemaak, ewe dapper hy gebruik dit om tussen die Groot Vyf te pendel – Tygervallei, Canal Walk, Cavendish, die Waterfront en N1-Stad. En dis nie net Kapenaars nie: Voeg maar die Groot Vyf van jou kontrei hier in.

"Maar wat van dié mense wat wel die nie-meer-so-ongerepte natuur met hul rygoed aandurf?" kan 'n mens die teenargument al hoor.

Dan vra ek: Hoe moeilik kan dit wees om die veld in te vaar, snoesig in die kajuit van jou hipertegnologie-ryding van R300 000 en dikwels meer, die lugversorger fluisterend op hoog en die 12-volt-yskassie wat agterop die bier koud hou?

Ek meen, ons voorvaders (of dit nou Piet Retief of Shaka was) sal in hul graf omdraai as hulle weet waarmee ons die Donker Kontinent se vlaktes deesdae oorsteek – én dit as 'n semi-gevaarlike avontuur beskou.

Traksiebeheer en ABS-remme, permanente vierwielaandrywing en ewenaarslotte, brandstofsuipende V8-enjins en *surround sound-*

CD-spelers, grondvryhoogtes soos wolkekrabbers en buitebande wat lyk of jy met hulle koring kan maal . . . Waar op dees aarde is die uitdaging?

Is die sand 'n bietjie los? Druk hierdie knoppie en woerts-warts is jy deur. In die modder weggesink? Moenie kommer nie, jy konnek net dié kabeltjie aan daai boom, knip skakelaar nommer vier en jy's weer op pad . . .

Dis nie meer 'n bakkie nie, dis 'n CRV. En dan is daar nog 'n duisternis bybehore wat onontbeerlik is vir die pioniersgees van die een en twintigste eeu. Waarvan die Sleepwa (met 'n hoofletter) prioriteit nommer een is: Maak dié deurtjie oop en draai dáárdie slingertjie en voor jou ontpop 'n kombuis waarop die Naked Chef maar te bly sal wees om 'n potjie te laat prut.

Om nie eens te praat nie van die vyfster-tent met flappies en toutjies, paneeltjies en muskietwerende venstertjies wat bo-op die dak soos 'n vlinder uit 'n kokon ontvou. Alles daarop ingestel om die beskawing, gemak en weelde net so na die bos toe te verplaas.

Waar is al die tawwe tienies heen?

Miskien is dit omdat ek en my vrou motorfietsmense is, dat ek die viertrek-ding nie kan verstaan nie. Want ons proe nog die stof, ons ruik nog die fynbos. Om op twee wiele deur 'n drif se water te beur verg vaardigheid en konsentrasie, om 'n klipperige helling oor te steek vra fokus en dikwels 'n sterk skeut adrenalien.

Daar's nie plek vir fênsie tente en kombuise op wiele nie. As dit warm is, sweet jy. As dit koud is, ry jy bibberend voort en as dit reën, voel jy dit met al jou sintuie. En wanneer jy jou bestemming heelhuids bereik, is daar 'n diepe gevoel van genoegdoening, 'n opregte waardering vir die afwesige luukses van die lewe – en, les bes, 'n sekerheid dat al die vier-by-viers wat jy op die pad verbygesteek het, vol sissies is.

Die verleiding van die langpad

RIËL SMIT

In die groot gemeenskap van bikers is daar ook die besonderse groepie ge-
naamd Die Ystergatte. Dis nie 'n eufemisme vir hardegatte nie en dit ver-
wys ook nie na hul geaardheid nie; trouens, van hulle is uiters sagsinnige
ouens, soos Riël Smit van Bellville in die Kaap. Hy is een van 'n handjievol
motorfietsryers oor die wêreld wat lid is van die Iron Butt Association (IBA)
wat probeer omsien na motorfietsryers met 'n spesifieke verslawing: die
langpad. Jy ry en ry en ry, sê maar 1 000 myl binne 24 uur (hulle noem dit
die Saddle Sore 1 000), hou al die petrolstrokies as bewys, stuur dit vir die
IBA in Amerika en ná 'n ruk stuur hulle vir jou 'n sertifikaat. Nou is jy amp-
telik 'n internasionaal erkende Seergat, maar wat die Ystergatte betref nog
op intreevlak. As jy besluit hierdie soort ding is vir jou, kan jy volgende keer
verder ry: 1 500 myl binne 36 uur (vir die Bun Burner) of binne 24 uur vir die
Bun Burner Gold. Dis wat Riël gedoen het – en veel meer. Hier is sy storie.

Die Saterdagmiddag teen twaalfuur het ek gaan lê vir 'n middagsla-
pie. Die plan was om halfdrie op te staan sodat ek 'n uur later in die
pad kon val, maar die hadidas voor ons kamervenster het geen re-
spek vir my planne gehad nie. Boonop het die Springbokke twee-uur
die middag met hulle Wêreldbeker-veldtog begin.

Ek SMS my vriend David Hall om seker te maak hy is reg vir ons
aanslag op die Bun Burner Gold. Hy bel terug. Daar's 'n krisis en hy
kan nie meer ry nie. Demmit! Dan is dit nou die einde hiervan – nog
voor ons begin het.

Ek het die rugby probeer geniet, maar die Bokke het so-so gespeel.
Dit was moeilik om nie dikbek te wees nie, maar ná 'n halfuur be-
sluit ek: "Verdomp, dan ry ek alleen."

Jeannine, my vrou, hou nie daarvan dat ek alleen ry nie, maar sy
het ook geweet ek gaan die hele naweek onuitstaanbaar wees as ek
nié ry nie. Ek het die belangrikste goed weer vinnig nagegaan: die kan
met ekstra petrol, die roeteplan met alle noodsaaklike inligting in
'n sakkie vasgeplak op die petroltenk, die biltong en energiestafies
opgesny sodat ek dit in die ry onderdeur die valhelm kan eet . . .

En toe is ek in die saal! By die vulstasie om die draai het ek die eerste petrolstrokie van die rit gekry. Dit het my amptelike begintyd aangedui: 15:38. Vier minute later het ek in die pad geval, 12 minute later as beplan. Die vertraging het twee probleme geskep: Die tye op die reisplan is nou nie meer akkuraat nie, maar die groter probleem is dat ek nou 12 minute minder tyd het om voor 23:00 by die vulstasie op Pofadder te wees wanneer hy toemaak.

Die plan was om deur die Swartland oor Vanrhynsdorp tot by Springbok in Namakwaland te ry, dan noordoos te draai tot by Upington, van daar na Kimberley en dan suid tot by Victoria-Wes, waar ons wes sou draai, oor Carnarvon en Calvinia tot by Vanrhynsdorp, waar ons met dieselfde pad sou terugry huis toe. Ons het op dié roete besluit omdat dit nie te veel draaipunte het nie (die petrolstrokies dien as bewys van die roete wat jy gery het, maar jy wil ook nie onnodig stilhou nie, omdat dit soveel tyd vreet). Verder is die paaie op hierdie roete in die algemeen in 'n goeie toestand, dit dra nie juis swaar verkeer nie en dis paaie wat ons al voorheen gery het.

Ons het op Oktober besluit: ná die ergste winter en voor die ergste somer, maar 'n mens kan natuurlik nooit seker wees van die weer nie. Dit was 'n pragtige lentemiddag in die Kaap. Die Swartland se graanlande het groen en goud oor die heuwels voor my uitgestrek. Ek was alleen, 'n uitdaging het op my gewag en onder my het die "Flying Brick" ('n viersilinder BMW K100RT) genoeglik gegrom. Wat meer kan 'n man vra!

'n Eenvoudige sommetjie wys dat as 'n mens 2 400 kilometer in 24 uur wil ry, jy gemiddeld 100 km/h moet handhaaf. As die pad oop en stil is, ry ek selde stadiger as 140 km/h. So, dan is dit mos 'n vulletjie! Die probleem is dat jy nie net kan ry nie. Jy moet gereeld stilhou – vir petrol, vir bene rek, om na die natuur se roepstem te luister . . . En die oomblik dat jy stilhou, val jou gemiddelde snelheid aansienlik.

Die eerste petrolstop is Piketberg, slegs 119 kilometer uit Bellville, maar om tyd te spaar is dit noodsaaklik dat die res van my stilhouplekke tussen 200 en 250 kilometer van mekaar is – en oop is wanneer ek daar aankom. Gestel my eerste stilhou is by Clanwilliam, 209 kilometer ver, en ek ry heelpad tot daar 120 km/h. As ek vir 10 minute stilhou, het my gemiddelde snelheid tot 109 km/h geval teen die tyd dat ek weer op die pad is.

Piketberg was belowend: slegs 5 minute, maar ek het geweet dit sê nie veel nie, want ek is nog vars – later sal die versoeking groter wees om die valhelm langer van die kop af en die sitvlak langer van die sitplek te hou.

Aankomstyd: + 15 minute (15 minute later as beplan).

Totale afstand: 119 kilometer.

Totale gemiddelde snelheid: 123,1 km/h.

Die rit is so beplan dat ek die naggedeelte redelik vroeg ry terwyl ek nog vars is, maar die Piekenierskloof en die hobbelrige, smal pad noord van Citrusdal al langs die Cederberge wanneer dit nog lig is. Dit het goed gewerk en om 17:58 het ek op Vanrhynsdorp stilgehou, 5 minute voor die beplande aankomstyd. Dinge het goed gelyk.

Hier kry ek ook 'n SMS van David, wat my sterkte toewens en aanbied dat as ek teëspoed kry, hy sal kom help. Ek was baie dankbaar daarvoor en dit het my groot gemoedsrus gegee. Hy het ook 'n reeks SMS'e gestuur met die naam van elke dorp waar ek moontlik sal stilhou. Nou kon ek vir hom en Jeannine baie vinnig laat weet waar ek is deur net die regte SMS vir hulle terug te stuur. Hier het ek vir 17 minute lank stilgehou (pleks van die beplande 10 minute), maar ek het net 3 minute laat vertrek.

Aankomstyd: -5 minute. (Ek het laat waai!)

Totale afstand: 292 kilometer.

Totale gemiddelde snelheid: 128,8 km/h.

Nog 'n rede vir die langerige stilhou op Vanrhynsdorp was dat ek doodseker gemaak het die tenk is tjok-en-blok vol, want die skof na Springbok is 252 kilometer en teen 'n hoë snelheid is dit effens verder as wat ek op 'n tenk kan ry. Gelukkig het ek 'n brandstofrekenaar op die fiets aangebring wat my vertel presies hoe ver ek met die beskikbare petrol sal kom. Daar is darem ook nog die ekstra 5 liter wat ek saamry.

Die son het begin sak. Êrens voor Garies het dit donker geraak, maar ek kon steeds 'n goeie snelheid handhaaf. Ek het skielik onthou dat 'n jakkals in hierdie omgewing veroorsaak het dat 'n kollega se motor hier gerol het. Ek het die wêreld goed dopgehou vir oë langs die pad. Dit was seker as gevolg daarvan dat ek die afdraaipad na Springbok misgekyk en verbygery het, maar ek het dit gelukkig gou agtergekom, omgedraai en om 20:16 voor die petrolpomp stilgehou, 6 minute vroeg.

Aankomstyd: -6 minute.

Totale afstand: 549 kilometer.

Totale gemiddelde snelheid: 120,2 km/h.

Volgens my beplanning kon ek 20 minute op Springbok vertoef, maar ná 19 minute was ek weer in die saal. Dit was van die begin my plan om op hierdie been van die rit tot op Upington tyd in te haal. Al was dit in die nag, het ek geweet die pad is reguit, daar is min verkeer en daar is nie 'n groot gevaar van koedoes of ander bokke in hierdie geweste nie.

Ek kon dus vetgee en om 21:45 het ek voor die Pofadder Auto stilgehou. Ek kon nou wel nie so vinnig ry soos in die dag nie, maar het nogtans goed gevaar.

Aankomstyd: -19 minute.

Totale afstand: 713 kilometer.

Totale gemiddelde snelheid: 117,9 km/h.

Die gemiddelde snelheid vir die rit tot sover wys dat ek begin "betaal" het vir daardie blaaskans van 19 minute op Springbok, maar hier het ek net 6 minute vertoef.

'n Mens moet mooi kophou met so 'n vinnige petrolstop, want dit is baie maklik om iets te vergeet. Voor jy die motorfiets afskakel, moet jy op die horlosie kyk en die tyd onthou vir netnou se neerskryf. Dan sit jy die fiets op sy staander, die handskoene en valhelm kom af, die petroltenk oop. "Maak asseblief vol met 97." Terwyl die joggie sy werk doen, haal jy die logboek uit en teken aan: die plek, aankomstyd, afstand, hoeveelheid petrol, koste, vertrektyd. Maar laasgenoemde kan jy natuurlik net doen oomblikke voordat jy ry.

As jy dors is, moet jy vinnig iets in die winkel koop en miskien ook 'n draai loop. Tussendeur moet jy dophou dat die tenk behoorlik volgemaak word, anders gaan jy dalk nie die volgende stilhouplek haal nie.

Voor jy vertrek, is daar drie verstellings wat gemaak moet word: die roetemeter, wat dien as 'n terugvalopsie vir die brandstofmeter, en die brandstofrekenaar met sy twee verstellings – ten eerste moet ek vir hom sê die tenk is nou weer vol en ten tweede moet ek die afstand na die volgende stilhouplek intik. Dit moet gebeur terwyl die motorfiets aangeskakel is. Net voor die wegtrek is dus 'n goeie tyd daarvoor.

Tussenin is dit natuurlik nog betaal en teken vir die petrol, en seker maak my kopie van die strokie is leesbaar en het die korrekte datum en tyd op. En moenie vergeet om die beursie, petrolkaart, logboek, ensovoorts, op die regte plekke te bêre nie. So elke dan en wan moet jy die fiets ook vinnig deurkyk: Is alles nog vas, bande die regte druk en nie beskadig nie, die olievlak nog reg, nêrens iets wat lek nie?

Van Kakamas af was dinge minder aangenaam. Eerstens het ek vrek warm begin kry, al was dit omtrent elfuur die aand. Die weervoorspelling het beweer die minimum temperatuur sou 17 °C wees, maar dit was 27! Omdat ek die weervoorspelling vertrou het, het ek by die huis al 'n sweetpakbroek onder my motorfietsbroek (wat sy eie voering het) aangetrek.

Die ander rede was dat ek stadiger moes ry. Die pad, al langs die Oranjerivier, het begin kronkel, wat normaalweg lekker is, maar daar was feitlik geen padmerke nie of hulle was baie dof. Dit het al hoe moeiliker geword om vroegtydig te sien waarheen die pad draai – wat beteken jy moet jou regterhand in toom hou.

Ek was baie verlig om teen 23:32 by 'n vulstasie op Upington stil te hou. Volgens die skedule kon ek hier vir 'n halfuur stilhou en ek was van plan om die ruskans ten volle te benut. Sommer daar tussen die petrolpompe het ek van die sweetpakbroek ontslae geraak en het ná 'n blikkie Coke baie beter gevoel.

Een van die belangrikste reëls op so 'n rit is om net te ry solank jou konsentrasievermoë goed is. Die IBA se belangrikste drie wenke is:

1. Ken jou beperkinge en beplan jou rit daarvolgens. 2. Moenie jaag nie. 3. Los die pille en koffie by die huis. Hierdie Coke, terloops, was die enigste een die hele rit. Die res van die tyd het ek Energade gedrink en uiteindelik, behalwe ontbyt, niks geëet nie. Ek het net nooit honger geword nie.

Die algemene wysheid is dat 'n mens kafeïen moet vermy, want dit is 'n diuretikum wat die vorming van urine stimuleer, wat beteken jy sal meer gereeld moet stilhou. Op so 'n rit drink ek ook nooit enige wakkerblypille nie, want ek wil ten volle by my sinne wees om die regte besluite te kan neem en ek wil alles beleef soos dit is. Ná 35 minute op Upington was ek weer op die pad.

Aankomstyd: -33 minute.

Totale afstand: 924 kilometer.

Totale gemiddelde snelheid: 118 km/h.

Die pad na Groblershoop, ook al langs die Oranjerivier, is nie veel beter as die een van Kakamas af nie en ek was dus bly toe ek kon afdraai na Griekwastad. Hier is die pad ten minste redelik reguit en daar is geelwit gras op die padskouer wat dien as 'n geel streep. Maar in dié wêreld is die kanse goed dat daar wild op die pad sal wees. Die eerste teken daarvan was 'n paar hase wat hulle betyds uit die voete gemaak het. 'n Ruk later het 'n enkele haas van regs na links oor die pad gehardloop, in my baan in. Ek het oorbeweeg na regs, waarop die haas besluit het hy spring om na waar hy vandaan kom.

Ek kon niks anders doen nie as om my gereed te maak vir die slag. Hoe hy die voorwiel gemis het, bly 'n raaisel, maar iets sags het my regterstewel getref. Dit kon sy kop gewees het . . . of dalk sy ore, het ek gehoop. Daar was nie tyd vir stilhou nie, maar die sagte pluk aan my toon het my lank bygebly.

Vroeër die week het ek die vulstasie op Griekwastad gebel om seker te maak dat hy deurnag oop is, maar toe ek net ná twee-uur die nag daar aanland, was die pomp verlate en op die oog af ook die res van die dorp. Ek het die toeter gedruk en hard geroep, maar die enigste teken van lewe was 'n rondloperhond wat oorkant die straat tussen papiere rondgesnuffel het.

Toe val my oog op 'n verligte venster en die bordjie langsaan: 24hr Kiosk. 'n Erg deur die slaap meisie agter die toonbank kon darem verduidelik waar die pompjoggie in sy kamer lê en slaap. Dit het hom 'n minuut of twee geneem om te ontwaak, en dit alles het daartoe bygedra dat die stilhou daar 16 minute geduur het pleks van die beplande 10.

Aankomstyd: -36 minute.

Totale afstand: 1 175 kilometer.

Totale gemiddelde snelheid: 113,2 km/h.

Die pad tussen Griekwastad en Kimberley is berug vir koedoes; dit word selfs op sommige padkaarte so aangedui. Sover ek weet, is daar nog nie 'n verklaring vir hoekom juis koedoes in soveel botsings met voertuie betrokke is nie, maar die algemene vermoede is dat hulle deur die ligte aangelok word. En hulle spring altyd net ágter die lig in, reg op jou voorruit, sal die boere jou vertel.—

'n Navorser van Pretoria het 'n eenvoudige toestelletjie ontwerp wat boere bo-op hul bakkies se kap aanbring. Wanneer jy ry, maak die wind wat daardeur beweeg 'n hoë geluid wat die mens nie kan hoor nie, maar koedoes wel en dit skrik hulle af.

Ek het natuurlik nie een daarvan op my valhelm nie en het besluit om nie vinniger as 120 km/h te ry nie. Dit sou my genoeg tyd gee om te reageer as ek op bokke afkom, het ek gemeen. Dit was ook nie lank nie of ek het kans gekry om my teorie op die proef te stel. 'n Duiker het die pad van links begin oorsteek. Ek het na regs geswenk, en hy was wys genoeg om om te spring.

Was koedoes maar so slim! Toe ek kort hierna op 'n troppie afkom, was hulle ook besig om die pad van links oor te steek. Drie was al halfpad oor die pad en nog twee was aan die linkerkant. Ek het so hard ek kon remme aangeslaan en na regs gemik om tussen die twee groepe deur te vleg. Die drie het na regs die veld in laat spaander, maar een van dié aan die linkerkant het besluit sy wil ook haar maatjies volg. Ek was seker dat 'n botsing onafwendbaar is. Maar net toe besluit sy links is tog beter, vlieg om en verdwyn tussen die bosse in. My hart het lanklaas so gepomp!

Om 03:44 was ek – baie dankbaar – in Kimberley, 22 minute vroeër as beplan. Êrens op hierdie pad het ek die halfpadmerk verbygesteek.

By die vulstasie het 'n vreemde toneel vir daardie tyd van die oggend my begroet. 'n Groepie Afrikaanssprekende jong mense het onder 'n afdak langs 'n motor waaruit musiek geblêr het, rondgestaan en dans. Die petroljoggie was deel van die joligheid. Hulle was redelik vrolik en party was halfpad uit hulle klere. Goed, dit was warm, maar ek het die indruk gekry hulle is ook van binne opgewarm.

Ek was lekker styf toe ek daar afklim en het dinge rustig gevat. Die plan was om 20 minute te rus, maar dit het 30 minute geword, want ek het agtergekom die fiets se olievlak was laag en ek moes dit aanvul. Om 04:13 was ek weer op die pad.

Aankomstyd: -22 minute.

Totale afstand: 1 328 kilometer.

Totale gemiddelde snelheid: 110,4 km/h.

Die amper 250 kilometer van Kimberley tot op Britstown was die moeilikste van die hele rit, want kort voor ligdag het die vaak my oorval. Ek het my vooraf voorgeneem om as dit gebeur, nie met my lewe te speel nie. Toe my gesing my nie meer kon wakker hou nie, het ek by 'n rusplek langs die pad stilgehou. Ek het met my kop op my arms by een van die sementtafeltjies gaan sit. Dit was salig om my oë te laat toeval en nie daarteen weerstand hoef te bied nie. Dit was 'n stil Karoo-oggend en dit het net begin lig word. Daar was feitlik geen verkeer nie en dit was salig om in die stilte met net die veldgeluide om my te rus.

In die 10 minute dat ek ingesluimer het, het dit lig geword. Toe ek stilgehou het, kon ek nie die reisplan op die petroltenk sonder my flits lees nie. Nou kon ek dit maklik doen, en ek kon my oë oophou.

Om 06:17 het ek op Britstown petrol ingegooi en vinnig my niggie Madeleine Olivier, predikantsvrou op Loxton, gebel om te sê ek is binnekort daar vir ontbyt.

Aankomstyd: -15 minute.

Totale afstand: 1 575 kilometer.

Totale gemiddelde snelheid: 108,0 km/h.

Tussen Britstown en Loxton het ek laat waai. Volgens my beplan-

ning was die volgende stilhouplek Carnarvon (Sondae is die petrol-
pompe op Loxton gesluit), maar dit was 242 kilometer weg. Ek moes
dus eintlik nie vinnig ry nie, maar ek het besluit om ten minste tot
op Vanrhynsdorp 'n ander taktiek te volg: Ek gaan vinnig ry, al bete-
ken dit ek moet meer stilhou. Ek gaan ieder geval op Loxton stilhou
waar ek die 5 liter wat ek saamry, sal ingooi. Dus hoef ek my nie oor
die petrolverbruik te bekommer nie.

Ek kan dus hiermee getuig dat die RT, wat in daardie stadium 19
jaar oud was en op die vooraand van die rit reeds 107 209 kilometer
agter die rug gehad het, op 'n gelyk pad, sonder die hulp van enige
wind of afdraande, 208 km/h kon haal.

Maar ek moet dadelik bysê: Dis nie hoë snelheid wat sorg vir suk-
ses op so 'n rit nie. Dit speel 'n rol, maar die belangrikste is dat 'n
mens die roete goed beplan met gereelde stoppe sodat jy nie hoef rond
te ry op soek na vulstasies nie. Jy moet deurentyd jou konsentrasie
behou – of jouself dwing om te rus wanneer dit onveilig raak. Boon-
op is dit vermoeiend om vinnig te ry en jy wil juis nie onnodig moeg
raak nie. Om 07:44 het ek op Loxton stilgehou.

Aankomstyd: -31 minute.

Totale afstand: 1 760 kilometer.

Totale gemiddelde snelheid: 109,8 km/h.

Madeleine het tee, spek en eiers voorgesit, en dit op haar vyftigste
verjaardag. Die 51 minute wat ek hier vertoef het, heerlik ontspanne
saam met haar en Flip om die kombuistafel, het 'n groot verskil ge-
maak. Ek het 'n ander mens gevoel toe ek om 08:35 in die pad val na
Carnarvon.

Onderweg het 'n heeltemal onverwagte reënbui uitgesak. Ek moes
stadiger ry, maar dit het my nie veel gepla nie. Dit was soos 'n Kaap-
se reën wat neergesif het, maar my klere was waterdig en dit was
eerder 'n welkome afwisseling as 'n ongerief. Om 09:05 het ek op
Carnarvon stilgehou.

Aankomstyd: -8 minute.

Totale afstand: 1 824 kilometer.

Totale gemiddelde snelheid: 104,9 km/h.

Hoekom ry jy nou eintlik in een groot sirkel deur die middel van die Karoo? sal baie mense vra. Vir hulle kom dit sinloos voor. Die antwoord is soortgelyk aan die rede waarom ander mense ander avonture aanpak. Soos die bergklimmer George Mallory geantwoord het op die vraag hoekom hy Everest aangedurf het: "Because it is there."

Ek is een van daardie mense wat moeilik nee sê as ek voor 'n uitdaging gestel word, veral as dit lyk of dit net-net buite my bereik is. Maar ek is ook nie iemand wat, so hoop ek, so iets tot elke prys sal doen nie. Bowenal glo ek met motorfietsry aan die gesegde: "Ry só dat jy weer kan ry." Maar die belangrikste rede: Ek ry lang afstande omdat dit vir my lekker is. Om 09:58 was ek op Williston.

Aankomstyd: -31 minute.

Totale afstand: 1 951 kilometer.

Totale gemiddelde snelheid: 106,8 km/h.

Wanneer ek ry, vervaag die probleme van hierdie wêreld en raak die een deel van my brein baie besig met die hier en die nou: Watter lyn moet ek om hierdie draai volg, hoe moet ek my gewig verplaas, is die padoppervlak daar voor in orde, weet die motoris hier voor my dat ek hom nou gaan verbysteek, sien daardie voetganger my, hoeveel kilometer kan ek nog ry voor my petrol op is?

Terselfdertyd is daar 'n ander deel van my brein wat vry rondhardloop en aan alles en nog wat dink: herinneringe, toekomsdrome, wie weet wat. Dan is my onderbewussyn ook nog besig om die daaglikse probleme en verrassings van my lewe te verwerk en in perspektief te plaas en die resultate so nou en dan aan die tweede, vrywandelende deel van my brein voor te lê vir oorweging. Wanneer ek ná so 'n rit by die huis kom, is ek moeg, maar totaal sonder stres en ook heeltemal uitgerus. Maar nou was ek nog 'n hele ent van die huis af! Ek was om 10:47 op Calvinia, amper 'n driekwartier voor skedule.

Aankomstyd: -42 minute.

Totale afstand: 2 065 kilometer.

Totale gemiddelde snelheid: 108,2 km/h.

Op 'n motorfiets is 'n mens soveel meer bewus van die unieke bekoring van die Karoo se koppies en vlaktes. Dis verstommend hoe anders die ervaring per motor is: *the cage thing*, soos motorfietsryers daarna verwys. Daar was tye dat ek per motor deur die Karoo gery het wat doodvervelig was, maar op die motorfiets het ek nog nie een vervelige pad teëgekom nie.

Die uitsig van Vanrhynspas was pragtig, maar ek het dit net uit die hoek van my oog gesien. Dit sou baie dom wees om hier in die pylvak iets in een van die pas se skerp draaie oor te kom. Op die platorand was dit lekker koel, maar namate ek laer gesak het, kon ek voel hoe die temperatuur styg.

Onder op die gelykte was dit vrek warm. Daar het 'n bergwind gewaai, gelukkig van agter, en toe ek sien, trek die naald by 215 km/h! Al was dit hoe lekker, moes ek kort-kort keer dat die wind my te vinnig aanstoot.

Op die kop 12:30 het ek op Clanwilliam stilgehou. Iemand het gesê die trappe van vergelyking vir warm is warm, hel, Clanwilliam. Vandag het die plek weer sy naam gestand gedoen: 41 °C!

Maar die eindpunt was in sig: nog net 184 kilometer tot in Bellville. Wel, eintlik net 123 kilometer na die 2 400-kilometermerk. Ek drink 'n energiedrankie, gooi water by my rug af en voor by my hemp in en ná 18 minute was ek weer op pad.

Aankomstyd: -48 minute.

Totale afstand: 2 266 kilometer.

Totale gemiddelde snelheid: 108,9 km/h.

Op Clanwilliam het ek 'n SMS van David gekry om te sê hy kry my êrens langs die pad. Dit het voor Citrusdal gebeur waar ons stilgehou het omdat hy moes petrol ingooi, maar ek het nie te veel omgegee nie, want daar was genoeg tyd – solank daar net nie nou iets meganies skeefloop nie. Ná omtrent 15 minute is ons daar weg en ek het vir oulaas die RT se oor gedraai waar ek gedink het daar nie snelstrikke sal wees nie. Tot hier was my aanvoeling goed!

Normaalweg, in sulke hitte en ná 'n nag sonder slaap, sou ek teen hierdie tyd doodmoeg gewees het. Maar dit was dieselfde as op ander, soortgelyke ritte: Met die eindpunt in sig word ek net wakkerder en wakkerder. Die beste woord wat ek daarvoor het, is "elation". Dít het

ek in die oortreffende trap ervaar toe ek om 14:32 by die Swartland
1-Stop-vulstasie, net buite Kaapstad, stilhou.

Aankomstyd: -38 minute.

Totale afstand: 2 453 kilometer.

Totale gemiddelde snelheid: 107,4 km/h.

Hoewel dit 38 minute voor die beplande tyd was, het ek in werk-
likheid 1 uur en 10 minute voor die afsnytyd my bestemming bereik.
Ek het 2 453 kilometer in 22 uur en 50 minute afgelê.

'n Paar maande later het ek van die Iron Butt Association 'n serti-
fikaat gekry wat die rit erken. Dit lê êrens in 'n laai. Die wete dat ek
dit gedoen het en die feit dat my naam ('n paar keer) op die IBA se lys
verskyn, is genoeg bevrediging.

Naskrif:

Hierna het ek probeer om 'n Bun Burner 3000 Gold (BBG3K) te doen,
dit is twee ritte soos die een hierbo binne 48 uur. My eerste poging
het ná 1 985 kilometer tot stilstand geknars toe die einste BMW se
ratkas om 22:28 op Vryburg die gees gegee het.

'n Maand later, as terapie vir hierdie mislukte poging, het ek en 'n
ander vriend, Peter Short, probeer om in minder as 100 uur 6 740 kilo-
meter kuslangs en grenslangs "rondom Suid-Afrika" te ry. Maar die
Honda se ketting het die Sondagaand op Phalaborwa gebreek en die
oponthoud het veroorsaak dat ek die rit in 114 uur voltooi het. Daar-
na het ek weer die BBG3K met die BMW aangedurf, maar tydens die
1 480 kilometer wat ek in die reën gery het, het water in die brand-
stoftenk beland en dit was ook die einde daarvan. In Mei 2008 het ek
uiteindelik daarin geslaag om op my jaar oue Yamaha FJR1300 die
eerste Suid-Afrikaner te word, sover ek kon vasstel, wat die IBA se
Bun Burner 3000 Gold (4 828 kilometer binne 48 uur) voltooi het.

RIËL SMIT is 'n 55-jarige rekenaarwetenskaplike wat in Malawi grootge-
word het. Hy het 'n paar jaar gelede sy motor verkoop sodat hy twee motor-
fietse kan aanhou: 'n Yamaha FJR1300 en 'n Honda XRV750, beter bekend as
'n Africa Twin. Afgesien daarvan dat hy nog die spore van sy jeug op die
Honda wil gaan naspeur, is sy grootste droom om aan die Iron Butt Rally in
Amerika deel te neem: 'n langafstand-uithourit waarop ongeveer 11 000 myl
binne elf dae afgelê moet word. Eish.

Wat die duiwel in die oggend doen

DEON MEYER

Afgesien van Tafelberg se immer-veranderende aansig het die opwindendste, gevaarlikste, frustrerendste, interessantste roete wat ek ken, geen asembenemende vistas nie. Daar is nie kranse en kronkels, sand of rots, klippers of driffies nie. Dis teerpad – en die enigste kloof is die een tussen die twee rye stadig bewegende motors in die spitsverkeer.

Die roete is die een wat ek jare lank elke weeksdag gery het: werk toe en terug. Melkbosstrand na die Waterfront. In sonskyn, stormwind en reën.

Ek het oorlewingstegnieke ontwikkel waaroor mens 'n boek kan skryf, verkeerspatrone bestudeer, oor die lewe gefilosofeer, gelag, kwaad geword, onwelvoeglike tekens vir motoriste gewys, ongelukke sien gebeur, daagliks noue ontkomings gehad. En, les bes, een groot lewensraaisel opgelos – en besef ek sal nooit 'n ander menslike misterie kan peil nie.

Die raaisel wat ek opgelos het, is die een oor wat die duiwel in die oggend doen. Want ons almal weet hy rook smiddae pyp saam met Van Hunks teen die berg.

Van huis tot kantoor is dit 36 kilometer. En in die middag is dit 'n makliker rit. Aanvanklik het ek gereken dit is omdat die verkeer effens minder druk is, die motoriste nie so haastig nie, my gemoed minder besig, want die dag se slag is grootliks gelewer. Maar dit was voor ek die kloutjie by die oor gebring het.

Hoekom is dit soggens so 'n nagmerrie? Want Kapenaars is nie oggendmense nie. En die duiwel weet dit, want hy slaap nie.

Dit is dán dat hy met glinsterende oë en 'n geesdriftige boog van skouer tot skouer, motor na motor spring en aanhits met rooiwarm, gefluisterde woorde in gefrustreerde ore, sodat 'n klein bietjie waansin langs Table View, Milnerton en Paardeneiland se paaie losgelaat kan word. En ek en die motorfiets word 'n opdrifsel in die rivier van straatstuitigheid.

Die duiwel kies sy kliënte met 'n vaardige oog: Vir dié wat nog 'n bietjie geslaap en gesluimer het en vir wie die horlosie te vinnig tik, gee hy die versoeking van "Die Ander Baan". Nou verwant aan die gras-aan-die ander-kant-van-die-draad-sindroom, glo hulle impulsief en terstond die ander baan van die dubbelpad beweeg vinniger. En sonder om 'n flikker te gooi of 'n truspieël te raadpleeg, duik hulle hier reg voor my oor die wit streep, net om weer netnou dieselfde ander kant toe te doen wanneer ou horingkop weer 'n draai gemaak het.

Durf ek dit waag om 'n gebaar van protes aan te bied, is daar een van twee reaksies: Hewige verontwaardiging, of algemene blindheid.

Eienaars van vier-by-viers is 'n maklike teiken, bes moontlik omdat die duiwel hulle so maklik herken. "Dink aan die roete wat jy nog eendag Okavango toe gaan ry, die veldpad met die hoë middelmannetjie," sal hy in hul ore sing. Sodat hulle daarop aandring om 'n knobbelrige wiel in beide bane te hê, asof hul rygoed nie al bonkig genoeg is nie.

Kleurblindes by verkeersligte, pamfletverspreiders, koerantverkopers, voetgangers wat nie voetoorgange gebruik nie, selfoonpraters en in-die-spieëltjie-grimeerders – Lucifer mis nie 'n truuk nie.

Maar sy grootste triomf is die aartssonde van afguns. "Kyk, dié ou op die bike gaan voor jou by die werk wees. Al koffie gedrink en sy e-posse gelees hê voor jy op die N1 kom. Hoe kan jy dit toelaat?" En dan stop hulle die nou gaping hier tussen die twee rye staal en rubber doelbewus toe, met 'n verbete grynslag wat sê: "Ek gun jou dit nie."

Ek kan, om Kris Kristofferson te eggo, nie sê ek trap die duiwel se tjank elke oggend af nie. Maar ek het my verdedigingstrategie: deur dié roete deur Oorlogskloof, elke môre, te beskou as 'n metafoor vir die lewensreis. En dit is in elk geval 'n klein prys om te betaal vir 'n ekstra uur per dag.

Wat my bring by die diepe menslike misterie wat ek steeds nie kan peil nie: pronkplate.

Laat ek eers bieg voor ek verduidelik – ek het een keer 'n troetelnaampie aan 'n kar gegee. Maar daar was baie versagtende omstandighede. Dit was nie my kar nie, dit was 'n universiteitskys s'n. Ek was 'n student. Ek was verlief.

En buitendien, dit was 'n heel oorspronklike naam. Ek het 'n grys 1968-Volkswagen Kewer "Bosphorus" genoem. Maar ek sweer ek het nooit ooit eens daaraan gedink om die naam agter op die Volla aan te bring nie. Want, ondanks die feit dat ek nie heeltemal sonder 'n kar-naamgee-sondetjie is nie, kon ek een ding nog nooit verstaan nie: Waarom mense die koddige en dikwels verspotte name van hul ry-goed op dié se agterstewe laat skryf. Gewoonlik in Barok-sierskrif, met stylvolle krulle en draaie. Ek bedoel, wat wil hulle daarmee sê? "Kyk hoe oulik is ek"? Dink hulle rêrig ander mense gaan na hulle motor se naam kyk en by hulself dink: Sjoe, enigiemand wat daai Tazz Sannie kan noem, moet 'n vuurpylwetenskaplike wees? Of wil hulle hê ons moet verby die Nissantjie loop en die kar goedig by die naam groet, asof dit 'n ding met gevoelens is?

Maar dit was in die ou dae. Die nuwe weergawe van dié impuls is pronkplate. Wat my heeltemal dronkslaan. (Miskien is dit te wyte aan my ma se beste pogings om ons "reg" groot te maak. "My kind, 'n mens blaas nie jou eie beuel nie. Wees maar altyd die minste.")

Ek het die eerste keer daarvan bewus geraak toe *LA Law* nuut op televisie was – dus baie jare gelede. Nie eens geweet die Amerikaners verwys daarna as *vanity plates* nie. En toe gedink: Net in die VSA . . . Want ons Suid-Afrikaners sal ons mos nooit skuldig maak aan dié soort ding wat my pa "fyn brêgh" genoem het nie.

Boeta, was ek verkeerd! Op my rit werk toe elke oggend sien ek dit wemel van die goed. Nommerplate voor en agter. Nie met die kar se naampie op nie, maar die eienaar s'n. Of hul sake-onderneming s'n. Of die nommer wat in vergange gloriedae agter op hul rugbytrui ge-staan het. Of die een of ander onsubtiele, persoonlike boodskap aan die res van die samelewing.

En toe ek hoor wat dit kos om dié absurditeite aan jou motor te hang, het my verstomming geen perke geken nie. Ons praat hier van duisende rande. Vir 'n nommerplaat. Met jou naam daarop.

Die ding van jou maatskappytjie se naam daarop kan ek nog verstaan. Dis ten minste reklame. Maar nou's die probleem dat jy 'n firma met 'n baie kort naam moet hê om op 'n nommerplaat te pas. Van Helsdingen In- en Uitvoer is gewoonlik te lank – en wat hulle dan doen, is om dit af te kort na 'n onontsyferbare VHIU, wat die advertensie-pot in elk geval heeltemal mis sit.

En wanneer hulle by die registrasiekantoor aankom en uitvind daar's reeds 'n ander gek wat met VHIU op sy pronkplaat rondry, dan dink hulle nie. Nee, hulle sê: "Maak dit dan maar VHIU 2". Het hulle nog nooit van spuitverwers gehoor wat die naam van jou besigheid, uitgeskryf, in veelkleurige letters, kompleet met logo en selfoonnommer, op die hele kant van die ryding kan skilder nie? Op die dak ook, net vir ingeval brekfis-televisie se helikopter dalk in die nabyheid is.

Maar wat van "Johan 2" of "Piet 4" of "Jenny 5"? Is die hele doel van dié oefening nie juis om te sê: "Kyk hoe oulik is ek" nie? En hoe oulik kan jy wees as jy nommer drie of sewe of nege op die ydelheidstreffersparade is?

Ek het nou die dag met die motorfiets langs 'n dame by 'n verkeerslig stilgehou. "Bonnie 2" was haar registrasienommer. En terwyl ons wag vir die groen lig, kon ek dit nie meer inhou nie en ek vra: "Mevrou, wat sê die mense van jou nommerplaat?"

"Nee, hulle sê niks. Hulle skree net my naam oral waar ek gaan. Dis 'n bietjie irriterend."

Hulle skree haar naam uit oral waar sy gaan. Ek vra jou. Tweeduisend plus kleingeld om die goed te laat maak en al wat jy daaruit kry, is dat mense op jou skree.

Maar die grootste misterie, die tergendste geheim, die ingewikkeldste raaisel is die mense wat boodskappies op die pronkplate aanbring. Sien nou die dag 'n ou in 'n 3-reeks-BMW met nommerplate waarop "GESTEEL" staan. Hy't ten minste 'n sin vir humor, dink ek, al is dit boonop ook nog hartseer sosiale kommentaar.

Maar die een wat die spogplaat-koek vat, was agter op 'n duur, Duitse sportsedan: NV ME. Wees afgunstig op my. Wat hy eintlik wou sê, is: "As ek só 'n kar kan bekostig, moet ek dik in die geld wees en kan julle nie anders nie as om my te beny." Hy't seker vergeet ons weet dis tien teen een op skuld gekoop.

Skryf dan maar liewer, in oordadige krul-sierskrif, die troetel-naampie van jou ryding op die agterstewe. Maar moet net nie verwag ek gaan hom by die naam groet nie.

Van vroeg af betower

Daar's 'n (klein) rebel in die dorp!

JACO KIRSTEN

Dit is alles Marlon Brando se skuld. Dit was mos hy, die prototipiese hardegat rebel-van-'n-biker in die fliek *The Wild One* wat, nadat hy gevra is: "What are you rebelling against?" doodluiters geantwoord het: "What have you got?"

My ma het ons kleintyd altyd vertel van die *ducktails* in die ou dae in Pretoria. 'n Ouer, baie ervare kennis het my op 'n keer vertel hoe die rowwe manne – gewoonlik ook bikers – van die Oos-Rand in die sestigs lief was om mekaar met kettings te bliksem. Dan was daar die rowwe rallies soos die Buffalo Rally, sommer bekend as "die Buff". Wat sal die rowwe ouens van weleer doen as hulle moet hoor dat dinge deesdae eintlik heel besadig gaan by die Buff? Wat wórd van die wêreld?

Kleintyd op Newcastle was al die menere ook bikers. En daar was geen rowwer ou as een wat 'n Kawa gery het nie. Enige Kawa sou gedoen het, maar die Z1R was 'n indrukwekkende stuk yster. Dan was daar ook die Kawa Z1300. En as jy mense regtig wou beïndruk, kon jy vir jou 'n Honda CBX1000 met sy sessilinderenjin aanskaf. Hoewel dit steeds geen Kawa was nie, *mind you*.

Dis op die einste Newcastle dat ek nie net my eerste motorfiets gekry het nie, maar ook op vyftienjarige ouderdom die eerste – en snaaks genoeg, énigste – keer in my lewe deur die polisie aangekeer en in 'n vangwa gelaai is. Met só 'n begin sou ek niemand verkwalik het nie as hulle agter 'n bakhand na my verwys het as "bad to the bone", met apologie aan George Thorogood and the Destroyers.

Dit het begin met Tjaart Coetzee wat ons by die skool vertel het dat hy 'n *fifty* het wat hy wil verkoop. Die nuuskierigheid het die oorhand gekry en ek vis toe uit oor die prys. "Tagtig rand," het Tjaart plegtig verklaar.

Goed, ek weet dat inflasie 'n interessante ding is wat die gewoonte het om elke dekade 'n nul of twee agter die prys van goed aan te las, maar in 1983 was dit steeds 'n redelike *bargain*.

Om die een of ander rede het my ma ook so gedink en vir my die geld gegee. 'n Pel het my (en die geld) met sy fiets na Tjaart-hulle geneem en toe beklink ons die transaksie daar en dan by hulle huis in Ringlaan in Huttenhoogte. Die motorfiets was duidelik nie nuut nie en sy toestand kon beskryf word as iets wat "'n bietjie aandag" nodig gehad het. Maar ek was min ge-*spin*. Want hoe kan 'n mens die opwinding van jou eerste motorfiets aan iemand anders beskryf? Die adrenalien het só gepomp dat ek skaars kan onthou hoe ek by die huis gekom het.

Omdat ek nog nie 'n rybewys gehad het nie, was enige rit op 'n pad uit die aard van die saak 'n hoogs onwettige daad. Daarom het my pahulle verkies dat ek in die erf rondry. Gaan 'n vyftienjarige seun na so iets luister? Wel, dis soos om vir 'n gesonde jong man te sê hy mag net na meisies kyk – maar nie aan hulle raak nie. Ha!

Dit was ook nie lank nie, toe begin ek klandestiene ritte in Huttenhoogte doen. Op met Blesboklaan, regs in Impalaweg, regs in Gemsboklaan en weer regs in Rietboklaan, verby die Laerskool Huttenpark, tot by ons platdakhuis op die hoek van Rietbok- en Blesboklaan.

Op een so 'n rit, terwyl ek deur die magiese grens van 80 km/h in die breë Impalaweg probeer breek het, het ek agtergekom dat die voorwiel 'n wil van sy eie het. Eintlik was dit die motorfiets se hele voorkant. By nader ondersoek het ek agtergekom dat dit eintlik die voorkant van 'n ánder motorfiets was en dat die koeëllaers in die stuurnek óf voos was óf nie eens die regte grootte was nie.

Nie dat dit my afgeskrik het nie. 'n Ruk later het ek besluit dat my bike – 'n Suzuki van twyfelagtige oorsprong – se uitlaatpyp nie genoeg raas nie. Ek het die uitlaatpyp se *baffle* sommer self uitgehaal en weggegooi. Man, het daai Suzuki vir jou mooi geklink! Ek verstaan nou die begrip "karma" en besef dat jong latte wat my soms wakker hou met hulle raserige uitlaatpype, iets is wat ek al jare lank verdien.

Een Sondagmiddag terwyl my pa-hulle slaap, het ek besluit om 'n bietjie te gaan ry. Ons het altyd met ons BMX'e in 'n stukkie veld aan die agterkant van die winkelsentrum in Huttenhoogte gebaljaar. Op pad daarheen het ek 'n paar ander ouens op *fifties* gesien wat soos besetenes op die groot grasperk tussen die Spar en die Yskor-woonstelle rondjaag en *doughnuts* gooi.

Ek ry nog ewe rustig toe 'n vrou voor my in die pad in spring. Ek het my amper doodgeskrik en nét betyds uitgeswaai. Sy het iets geskree, maar ek het nie rondgehang om te hoor wat sy op die hart het nie. Ná 'n ruk se rondry het ek besluit dis tyd om huis toe te gaan, maar nie te ver van die woonstelle af nie gewaar ek 'n vangwa. En die dienders beduie ek moet stilhou.

Daai dae (die vroeë tagtigs) was jy vrek bang vir 'n polisieman. Ek kon sien die man was nie lus vir praatjies nie en sy openingsrede was iets in die trant van: "Kom, mannetjie, klim in." En net daar laai hulle my en my bike sommer agterin die vangwa. Die volgende stop was die woonstel van die besete vrou.

"Yes, it's him! It's him! And he tried to run me over!" het sy histeries beduie. Ek kon nie besluit of ek kwaad of bang moet wees nie. Kwaad dat sy my aangesien het vir daai ander jafels en in die proses lieg sy soos 'n tandetrekker, of bang omdat my pa my velle gaan aftrek as ek by die huis kom.

"Vat ons na jou huis toe," het die konstabel beduie. Dit was amptelik: Ek was in die kak. Behóórlik. Nie net sou my onderwyserpa glad nie ingenome wees met die feit dat ek met die gereg gebots het nie, maar ek en die SAPD sou – en dis waarskynlik baie erger – ook sy Sondagmiddagslapie onderbreek.

By die huis uiter die konstabel toe die woorde wat ek gevrees het.

"Gaan roep jou pa." Angstig het ek na hulle kamer toe gesluip, hopende dat ek my simpatieke ma kon wakker maak en haar dan vra om met die SAPD se beste te gaan praat. "Pssst! Haai, Ma, word wakker!" het ek gefluister. Maar my pa het natuurlik ook wakker geword. Hy het kort daarna met die polisiemanne gaan praat en – neem ek aan – vir hulle beduie dat hy sou sorg dat dit nie weer gebeur nie.

Nee, ek het toe nie 'n pak slae gekry nie. Maar die onweerswolk in die huis en die koue stilte wat op die polisie se besoek gevolg het, was eintlik baie erger.

Wat het ek uit hierdie episode wys geword? Eintlik 'n hele paar dinge.

Een: Doen eers jou huiswerk. Die fiets was inderwaarheid 'n 80 cc en omdat ek nie vir hom 'n rybewys sou kon kry nie, is hy weldra verkoop. Dankie, Tjaart, dis nou 'n pel . . .

En tweedens, baie belangriker: Maak jou uit die voete as jy 'n histeriese vrou teëkom. Maak nie saak wát sy sê nie, hulle gaan haar altyd glo. Veral as jy 'n biker is.

JACO KIRSTEN hou van wiele, vier of twee, en is 'n motorfietsverslaafde sedert sy ouboet hom in 1981 'n *spin* op sy Honda XL500 gegee het. Volgens hom het hy by geleentheid meisies per motorfiets verlei – sonder Rohipnol – lank voordat motorfietsry sexy geword het. Hy is 'n voormalige redakteur van die tydskrif *TopBike*. Sy eerste roman, *Om na 'n wit plafon te staar*, het vroeg in 2009 verskyn.

Calvinia 1946, en 'n biker ry die dorp binne . . .

JOHAN VAN WYK

Ek was sewe jaar oud toe ek die eerste keer 'n motorfiets gesien het. Dis 63 jaar gelede, maar ek onthou dit soos gister. Dit was op 'n Sondagmiddag op my geboortedorp, Calvinia, in die noordweste van die ou Kaapland.

Dit was Oktobermaand se nagmaal en ons het vir die naweek in een van die kamers agter die Joodse handelaar Rosenblatt se negosiewinkel tuisgegaan. Die mense het dit Rosenblatt se Jaart genoem. Die kamers was in die voortyd perdestalle. Toe Rosenblatt sien daar is geld te make, is die kamers ingerig vir boere van ver, afgeleë plase om in oor te bly.

Gedurende die Groot Depressie van 1933 het die ACVV arm, daklose wit mense van oorkant die spoor daar ingesit. Hulle het verniet boermeel en *creamery*-botter gekry, en die ou klere van die ryker mense van dúskant die spoor. Van hulle kinders het later dokters, onderwysers en predikante geword.

Al die kamers was altyd vol met Oktobermaand se nagmaal wanneer dae lank kerk gehou is. Die predikant en die koster in swart manelpakke het hard gewerk, veral die koster. Hy was natgesweet nadat hy voor elke diens die swaar klok moes lui deur aan 'n dik tou te hang.

Vrydagaand is 'n middeldiens vir die buitewyke gehou. Saterdagoggend is skyfgeskiet en pannekoek geëet op die dankofferbasaar, Saterdagmiddag was dit kinderdiens, Saterdagaaand die voorbereidingsdiens en Sondagoggend nagmaal.

Die mense het baie gekug en keel skoongemaak in die kerk nadat hulle die wyn gesluk het. Dit was soet, stroperige muskadel uit Montagu en nie vandag se kasaterwater nie. 'n Klomp babatjies met 'n rits familiename is tydens die nagmaaldiens gedoop en katkisante is voorgestel en aangeneem. Sondagmiddag was dit oordenking en afsluiting.

Die hele dorp was elke keer in die kerk. Behalwe die Wederdopers, Apostole en Jerusalemgangers. Die Strewers, Vrouediens en die Jonge-liedevereniging het tussendeur byeenkomste in die kerksaal gehou. Daar was rooi, met water aangemaakte, Exa-koeldrank en baie koek.

Die kamers in Rosenblatt se Jaart, elkeen met 'n groen bo- en onder-deur, was karig gemeubileer. Net 'n dubbelbed-ysterkatel, 'n tafeltjie met 'n lampetbeker vol koue water, 'n waskom, twee riempiemat-stoele en 'n paar blakers met kerse. Jy moes jou eie kooigoed bring en 'n primus vir koffiewater. In die jaart was 'n gemeenskaplike klein-huisie met 'n groen deur waarin hartvormige patrone uitgesny was. Blaaie van 'n *Outspan* het aan 'n spyker agter die deur gehang.

Calvinia was toe nog op die emmerstelsel. Tydens nagmaal moes die munisipaliteit se klerk van werke reël dat die nagwa, 'n ou Chev-lorrietjie, die emmers twee keer omruil. Deur die jaar is dit net een keer per week gedoen. Woensdagaande. Jy het aan die reuk wat oor die strate gehang het, geweet dis Woensdag.

In die een hoek van elke kamer in Rosenblatt se Jaart was 'n oop vuurherd. Maar ons het nie eintlik daar kosgemaak nie. Dié is aan-gery van die plaas af. Gaar kos. Daar was nie juis yskaste op Calvinia nie. Gepekelde beesbors, winddroog skaapribbetjies, frikkadelle, sak-brood, beskuit, skuinskoek en botter en dikmelk. Behalwe kerk hou het ons hoofsaaklik geëet.

Die jong mense het ook gevry. Die ou mense het meestal oor die droogte gekla en om reën gebid. Dit het nie juis gehelp nie. Vir die volle duur van die nagmaalnaweek het 'n yl Landbankvlies soos 'n ou, lui hond maar net daar op die westerkim bly lê en teen sononder karmosyn verkleur.

'n Mistroostige noordewindjie het deur die peperbome om die kerk gedwarrel toe 'n motorfiets in die stofstraat afkom – net toe die mense, suf kerk gehou, daardie Sondagmiddag in 1946 uit die oordenkings-diens kom. Dit was die afdelingsraad se nuwe *carpenter* uit die Kaap: Bradley op 'n rooi-en-swart Harley-Davidson. Hy in die saal en sy vrou en twee kleintjies in die *side-car*.

Hy was 'n aantreklike kêrel. *Tall, dark and handsome* met 'n swart snor. Sy gespierde, bruingebrande arms in 'n wit kortmoufrokkie het soos Tromp van Diggelen s'n in 'n *Huisgenoot*-advertensie gelyk. Sy hande, in handskoene van *patent leather*, het stewig op die Harley se handvatsels gerus, sy voete was in swart kapstewels soos dié wat Hitler se Gestapo in die pas afgelope Tweede Wêreldoorlog gedra het.

Of dalk, het ek jare later gedink nadat ek die fliek gesien het, soos dié van die beroemde, avontuurlike vryheidsvegter Che Guevara, wat Suid-Amerika in die jare vyftig met 'n ou AJS deurkruis het. Of was dit 'n Norton, 'n Royal Enfield of 'n BSA? Wat dit ook al was, die ou Britse fietse was maar vrotsig, behalwe miskien die klassieke Triumph Bonneville, wat nou weer gebou word.

Jy het jou Heiland op hulle leer ken. Teen 60 myl per uur het jy "Nader, my God, by U" begin neurie.

My suster se eerste kêrel, Hoedjie, het eenkeer vir haar van Victoria-Wes af met 'n Norton op Calvinia kom kuier. Hy het drie dae lank gery. Toe my pa wou weet wat hom so opgehou het, het hy nadenkend met 'n oliebesmeerde voorvinger in sy neus gekrap en gesê: "Rrr . . . running rrre . . . ppppairs, Oom."

Hoedjie het sleg gehakkel. Hy was 'n *shunter*. Hy het die Norton oorleef totdat hy een nag oor 'n sinjaalkruis voor die goedereloods op Hutchinson gestruikel en tussen twee trokke papgedruk is.

Toe hulle in die jare veertig ingenieurstudente aan Ikeys was, het Willie Naald en Gert Otterkuil eenkeer ná 'n vakansie by die huis op 'n ou flentergat-Royal Enfield, wat Gert by 'n skelm in Woodstock ge-koop het, deur die Ceres-Karoo teruggery Kaap toe.

Dit was die een teenspoed en pap band op die ander. Toe die Enfield by Hottentotskloof 'n *gasket* blaas en finaal gaan lê, het Gert teen die voortaaier geskop en minagtend deur sy tande gesis: "Werfetter!" Hulle het hom net daar gelos en voetgeslaan Ceres toe waar hulle die trein Kaap toe gevat het. Willie het later vertel hoe ongemaklik dit op die Enfield was. "Dis soos 'n two-seater," het hy gesê, "net baie meer be-knop."

Die Enfield lê dalk vandag nog in die kloof. Hulle het hom nie gaan haal of probeer regmaak nie. Hulle kon nie juis nie, al was hulle ingenieurstudente. Toe Willie in 'n eksamen 'n "hangar" (vliegtuigloods) moes ontwerp, het hy 'n "coat-hanger" geteken. Hulle kon nie eintlik Engels verstaan nie.

Maar terug by Bradley se Harley: In 1946 was 'n motorfiets op 'n klein Karoodorpie, waar Fords en Chevs die enigste rygoed was, 'n rariteit. Indien nie heiligskennis nie, veral op 'n Sondag. Die nagmaalgangers het gapend van verdwasing in hulle spore vasgesteek. Terwyl die Harley met sy kenmerkende "poetata-poetata-poetata" verbydreun, het ant Hennie Kortnek van Matjiesvlei in haar hoë stemmetjie geskril: "Spektaaakel!"

My pa het skielik my handjie stywer vasgevat . . . asof hy 'n voorgevoel gekry het, indien nie 'n onheilspellende voorbode nie. Of 'n roering gevoel het. Daar was een. Met elke "poetata-poetata-poetata" uit die blink uitlaatpyp van Bradley se Harley het my hart, in dieselfde ritme, 'n ekstra doef-doef gegee. Drie-en-sestig jaar later gebeur dit steeds wanneer ek 'n motorfiets sien en hoor.

Dis lank gelede en miskien lieg ek nou, maar ek verbeel my dat ek die aand nadat die kers in die nagmaalkamer in Rosenblatt se Jaart doodgeblaas is en die stilte van die nag om my toegesak het, by "Ek is 'n kindjie klein en teer, Heer, maak my hartjie rein," gevoeg het: "Eendag wil ek ook 'n mouterbaaik hê, 'sseblief. Amen!"

Ek het Bradley se Harley daarna net nog een keer gesien. Dit was in die Junie-wintervakansie 'n paar jaar ná my Damaskus-ervaring voor die kerk. My ouers is met die trein van Calvinia af Johannesburg toe vir 'n besoek aan die Krugerwildtuin en ek en my ouer suster moes by my ouma op die dorp gaan bly. Bradley het in dieselfde straat, Waterstraat, gewoon. Die Harley het onder 'n seiltjie langs sy huis gestaan en ek het gaan loer. Ek het skielik geweet ek wil nie meer 'n treindrywer word nie.

Die *handles*, waaraan repies gevlegte leer (amper soos 'n outydse vlieëplak) gehang het om teen 60 myl per uur in die wind te wapper, was so wyd soos 'n Afrikaneros se weglêhorings. Die *speedometer*, gemerk tot 110 myl per uur en in die tenk gemonteer, was so groot

soos 'n wieldop van Krisjan Blok-se-Plaas se Oldsmobile Rocket 88.
'n Wrede kar.

Agter die saal, versier met blink *studs*, het ook repies leer gehang.
Langs die tenk was die *gear lever* met gleufies vir Low, Second en
Top. 'n Rooi knop so groot soos 'n man se vuis het die *gear lever* ver-
sier. Die massiewe lig het soos 'n tien-gelling-roomkan se deksel ge-
lyk. Weerskante was rubber *running boards* vir jou voete – so breed
dat 'n foksterriër op elkeen kon staan.

My ouma het elke dag vleis en stampmielies op 'n Blue Flame-
paraffienstofie gekook. Aandkos was die oorskiet-stampmielies met
melk en bruinsuiker. Sy het 'n moesie op 'n witseerkeelletsel op haar
een wang gehad en skelm gesnuif. Ná elke knippie het sy die bruinerig-
heid op haar bolip met die agterkant van haar hand weggevee. Daar
was altyd 'n blikkie Dr. Rumney's in haar voorskootsak.

Haar seun, Willem Wolwedans, my ma se broer, het stasievoorman
geword nadat hulle uitgeboer het. Sy mooi swartkopvrou, Sannie, het
agter die toonbank in Ben Klein se winkel gewerk. Hulle het by my
ouma ingewoon. Hulle bed het agter 'n skerm in die voorhuis ge-
staan. Willem het elke dag met 'n dikwiel-Hercules stasie toe gery,
sy blink kosblik in die *carrier* vasgeknyp.

Sannie het gereeld vir ons suurklontjies in 'n tregtertjie, gedraai
van koerantpapier, van Ben Klein se winkel af gebring. Saans het sy
by 'n Miller-lamp gesit en brei – so vinnig dat die blink breinaalde
soos weerlig in die lig geflits het. Willem het Cavalla gerook, Kom-
mando-brandewyn gedrink en saans ná ete "At the Ballalaika", "On
Top of Old Smokey", "Oh, Mine Pappa" en "Sonny Boy" op sy Gallo-
grammofoon gespeel. My ouma het saans Bybel gelees en gesnuif.
Ek en my suster het Snakes and Ladders gespeel.

Dis toe dat Willem sê hy sal Bradley een aand oornooi vir 'n dop. Ek
dink Sannie met haar rooi lippe en vol lyf het daarna uitgesien. (Toe
die SAS & H Willem later Pampoenpoort toe verplaas het, het sy
hom so by so gelos en met 'n boorman van Gobabis weggeloop Suid-
wes toe.) Dan sou Bradley ons meer kon vertel van die Harley. Dalk
kon hy my selfs vir 'n *joy ride* vat. Ek was in die wolke.

Daar het niks van gekom nie. Toe my ouma daarvan hoor, het sy gesê: "Nottendêm! Bradley is nie ons soort nie, hy ry 'n mouterbaaik!" Ek het haar dit nooit vergewe nie.

Enige verdere hoop op 'n rit op die Harley het verdwyn toe 'n tragedie hom in Waterstraat afspeel: Die afdelingsraad se padmaker, Koos Arris, wat die 167 myl stofpad deur die Ceres-Karoo Kaap toe met sy geel Albion-stootskraper rybaar gehou het, se vierjarige dogtertjie word, voor ons oë, met 'n pop in haar armpies teenoor Bradley se huis deur 'n skaaplorrie doodgery. 'n Smartlike geween trek deur Waterstraat.

"Dis van speel in die straat!" het my ouma verwyt, terwyl die moesie op haar wang gevaarlik gloei. "En dan wil jy nog op Bradley se mouterbaaik ry!" Gelukkig het sy nie geweet van *ducktails* en Hell's Angels nie, anders het sy Bradley sekerlik tot in die vagevuur verdoem. Hy het hoeka so 'n mooi Brylcreem-kuif gehad.

Die laaste wat ek daarna van Bradley se Harley gehoor het, was van hoe hy in die Commercial Hotel se kroeg gespog het dat hy Bokveldsberg (die Vanrhynspas bokant Vanrhynsdorp) so vinnig in *top* uitry dat die telefoonpale langs die pad "soos 'n kam se tanne staan".

Ek en my vrou het die Vanrhynspas reeds verskeie kere op my Honda Gold Wing uitgery en ek kon kwalik uit tweede kom. Boonop sonder die *side-car* van Bradley se ou Harley. Selfs 'n baie ervare jaagduiwel sal sukkel om 'n moderne superfiets deur die haarnaalddraaie van daardie steil berg uit te vat dat die telefoonpale langs die pad soos "'n kam se tanne" staan.

Soms wonder ek wat toe uiteindelik geword het van Bradley se Harley wat my as seuntjie so betower het dat ek al veertig jaar lank motorfiets ry en op sewentig steeds kort-kort die langpad vat – en telkens wanneer ek opklim, twintig jaar jonger voel. Bradley is lankal saliger, die ou Harley sekerlik ook, maar sy gees leef voort in my gedagtes. Met gekoesterde herinneringe aan 'n leeftyd van onbeskryflike genot, geïnspireer deur iemand wat ek nooit geken het nie, vir die dae wanneer die skaduwees al langer sal word.

Was dit nie vir Bradley nie, was ek vandag 'n verveelde, neurotiese ou man wat op die stoep van Huis Aandskemering met sy duime sit en speel. Sy nagedagtenis inspireer my steeds. Ek droom gereeld hoe ek deur Amerika ry – nie op 'n Harley met sy "poetata-poetata" nie, maar op 'n silwer 1800 cc-Gold Wing Interstate wat geluidloos oor die aarde seil. "Ruiter van die windjie", soos oorle' Bles Bridges gesing het.

Nie dat dit die laaste sien van die blikkantien sal wees nie. Soos die ou boer geantwoord het toe hy gevra is watter oesjaar sy beste was: "Die een wat kom." Verskoon my, dis al weer tyd om op te saal.

JOHAN VAN WYK, 'n afgetrede joernalis, reik op sewentig steeds na die verste horisonne op sy 1982-Honda Gold Wing Interstate, wat reeds 104 000 kilometer agter die blad het. Dis sy derde motorfiets in veertig jaar. Sy testament bepaal dat sy as by Jaagvlak tussen Calvinia en Williston teen 180 km/h vanaf sy Gold Wing uit sy *crash helmet* gestrooi word, terwyl Nat King Cole "There Goes My Everything" sing.

'n *Sleeper* ontwaak

GERRIT LOOTS

Vyf jaar gelede beland ek op 'n vlug na Frankfurt langs een van BMW se bemarkingsghoeroes. Cora Fosman het 'n groep van die bes presterende motorfietshandelaars Italië toe vergesel waar hulle in die land van pasta en opera kon gaan rondry.

Nadat ons 'n ruk lank oor motorfietse gesels het, het sy voorspel dat mense soos ek met vroeëre, onuitwisbare motorfietservarings, op 'n bestemde tyd sal begin jeuk en op 'n dag met wakker oë sal opkyk wanneer 'n biker verbyry. "Manne soos jy noem ons *sleepers*. Dis net 'n kwessie van tyd."

Ek was maar skepties oor dié voorspelling. My val in die Ecca-pas in die Oos-Kaap 'n hele paar jaar tevore was nog vars in my geheue. Ek moes eers deur 'n paar siklusse gaan.

As 'n mens die 50 cc-Honda in standerd 9 buite rekening laat (hy was meer stukkend as op die pad), was my eerste ordentlike kennismaking met 'n motorfiets in 1977. Ek was 'n student aan die Kweekskool op Stellenbosch, reeds getroud en die pa van twee knape, en moes elke dag van Bellville af deurry. Dit was die tyd van sanksies en petrol het vir 'n student onbekostigbaar duur geword.

Ek het begin rondkyk en op 'n viersilinder-Honda CB550K besluit. 'n Pragtige fiets met die tenk in 'n donkerbruin metaalkleur, versier met helderoranje strepe. Die uitlaatpype weerskante het van 'n enkeluitlaat in twee gevurk en 'n formidabele indruk van krag geskep. 'n Kwantumsprong van die 50 cc!

Daar was groot belangstelling – en nie alles noodwendig bona fide nie – toe ek die Honda die eerste keer onder die Kweekskool se afdak vir trapfietse parkeer. Na verneem, is die blink motorfiets se verskyning op die Kweekskoolterrein grondig in die dosente-teekamer bespreek, want wat sou dit inhou vir die lewe van iemand wat vir "die bediening" voorberei moes word? Motorfietse is toe nog ondubbelsinnig geassosieer met 'n subkultuur wat onvoorspelbaar was en merendeels op donker dinge gedui het. Die kommer was sekerlik opreg; ek was immers 'n beurshouer en beurse was vir studiekoste en boeke bedoel.

Die gebeurtenis het 'n rimpeleffek gehad: Binne agtien maande was die fietsparkeergebied 'n motorfietsparkeergebied, gevul deur 'n verskeidenheid modelle. Uit erkentlikheid teenoor ons weldoeners het ons ons ysterperde gepaste name gegee: die "Aletta Gericke-Suzuki," die "Johanna van der Merwe-Yamaha," die "Helpmekaar-Honda".

Langer as drie jaar het ek elke dag tussen Bellville en Stellenbosch gependel, deur wind en weer. Saam met vriend Jan de Wet (die latere singende dominee) het ons ook van die Boland se ander paaie verken. Die aanvanklike oogmerk was besparing, maar die Honda het ook vir baie plesier gesorg. Hoe reg was die proffies nie in hul agterdog oor die verleiding van "'n wêreldse ding" soos 'n motorfiets!

Toe ek later na my eerste gemeente, Venterstad in die Oos-Kaap, beroep is, is die fiets natuurlik saam. Dis 'n plattelandse gemeente en van die ouer inwoners het sekerlik gewonder wat die toekoms vir hulle inhou met 'n biker as herder. Maar vanweë al die grondpaaie kon ek die fiets nie baie gebruik nie. Ek was dankbaar vir die siekes in die hospitaal op Steynsburg – die pad daarheen was geteer – wat uiteraard gereeld besoek moes word.

Toe besluit drie van ons – ek en my twee kollegas op Burgersdorp, Louis Louw op sy BMW R80 en Ben du Toit op sy Suzuki 650 Katana – om na Port Alfred te ry waarheen Ben 'n beroep aangeneem het. Hy wou sy nuwe arbeidsveld gaan deurkyk en dit kon hy natuurlik nie alleen doen nie. Die rit daarheen het sonder voorval verloop en ons het ewe blymoedig die terugrit aangepak: Louis voor, dan ek, terwyl Ben die agterhoede gedek het.

Net buitekant Grahamstad het ons die Ecca-pas gevat. Ons het deur die een draai na die ander geswiep, diep bewus van hemelse seën en aardse spoed . . . Toe is daar skielik 'n skerp draai na regs. Boonop – die kenners sê 'n ongeluk het altyd verskeie oorsake – is daar herstelwerk aan die pad gedoen, wat die oppervlak ongelyk gelaat het, met gruis hier en daar.

Ek kon voel ek is nie meer heeltemal in beheer nie – teen omtrent 90 km/h. Ek het afgerat en gevoel hoe die agterwiel op die gruis gly. Ek het begin rem en die Honda het begin *snake*. (In meer as een opsig 'n gepaste naam, het ek later gedink.)

Die fiets het onder my uitgegly, reguit in en uiteindelik halfpad ónder die veiligheidsreling in. Ek het op my maag langs die fiets verbygeseil, al met die reling langs wat saam met die pad 'n boog na regs gemaak het. Vir 'n objektiewe toeskouer kon dit dalk na 'n toertjie gelyk het. Soos baie bikers kan getuig, voel die sekondes tydens so 'n val soos minute wat langsaam verbygaan. (By terugskoue het ek my verbeel ek het die geruis van engelevlerke gehoor.)

Ben het vertel dat hy met koue rillings die gebeure "soos 'n fliek in stadige aksie" sien afspeel het. Die rubberoorskoen aan my linkervoet het heen en weer geflap terwyl ek teruggestap het na die fiets. Ben het gedink dis my voet wat so op sy eie swaai en dat minstens my enkel gebreek is. Maar, buiten 'n ligte skraap aan my linkerarm, het ek niks oorgekom nie. Ek is gelaat met 'n gevoel van intense verwondering en dankbaarheid.

Nadat hy reggemaak is, het ek die Honda verkoop. Dit was my eerste siklus: 1977 tot 1981.

Van Venterstad af is ek Port Elizabeth toe as Bybelkundedosent. Dit was 'n nuwe werk, daar was uitgerekte bouwerk aan 'n nuwe huis en kinders op skool met al hul buitemuurse bedrywighede . . . 'n Motorfiets het nie in die prentjie gepas nie.

In 1998 het ek 'n melkplaas by Riversdal gekoop en om praktiese redes – is dit nie áltyd die rede nie! – het ek 'n Honda 175 cc-veldfiets gekoop. Dié *scrambler* verdien al die bewondering en respek wat 'n mens maar kan bied. Hy's taai, sonder nonsens, glad nie verpiep nie en sonder einde. Ek het hom van alle bykomstighede gestroop en oral op die plaas met hom gery: deur weidings, deur die veld, teen die Langeberg uit.

'n Groot lekkerte was dat ek en Ansie, sy agterop, saam die plaas kon verken. Maar soos met perde van vlees en bloed, kan 'n ysterperd jou ook afgooi. (Of was die ruiter onverskillig?) Ons het deur die kikoejoeweiding gery waar ek nie die gat onder die grasoppervlak raakgesien het nie. Ansie was besig om rond te kyk en na iets te beduie toe ons die gat tref. Ek het lank daarna nog soos een gevoel, maar gelukkig het sy nie seergekry nie. Daardie aand moes ek in die melkstal hoor: "En Meneer laai toe sommer vir Mevrou af!"

Toe ons terugkeer Stellenbosch toe, is die plaas verhuur en die fiets het op Riversdal agtergebly. Dit was die tweede siklus: 1998 tot 2002.

Die derde siklus het momentum gekry met 'n onbeplande ingreep in ons lewe. Ansie moes geopereer word weens 'n lewensbedreigende toestand. Die operasie was 'n sukses, maar ons is gekonfronteer met die vraag: Waarmee vul ons ons dae?

Ons het besluit om slimmer te werk en meer te ontspan. Die kinders was almal uit die huis uit en ons omstandighede eenvoudiger, wat ons met meer tyd vir ontspanning gelaat het. Dit was ook in hierdie tyd dat ek al hoe meer met 'n vriend oor motorfietssake begin gesels het. Hy het met kenmerkende gulhartigheid, wat helder denke te bowe gaan, aangebied: "Voordat jy besluit, vat my bike en ry 'n paar draaie. Dan sal jy weet of jy dit moet doen."

Kort hierna het dit herfs geword in die Boland, met koel en helder dae. My vriend en sy vrou is weg vir 'n kort vakansie. Die aangewese naweek het aangebreek. Die weerberig het bewolktheid met opklaring uit die weste voorspel. Miskien nog 'n ligte bui of wat die Saterdagoggend.

Ons het ryklere aangepas, die 1150R se sleutel op die bestemde plek gekry en my vriend se handgeskrewe wenke noukeurig deurgelees. Ek het die aansitter gedruk, die koppelaar stadig gelos en die pad onder ons sien wegrol. Ek was lugtig vir die versneller; ná sewe en twintig jaar was Die Val nog helder in my gemoed.

Die weer het opgeklaar en daar was die helder belofte dat dit 'n sonskyndag sou word. Deur Durbanville, die agterpad via Fisantekraal, oor die N1 na Stellenbosch en daarvandaan deur die Helshoogtepas. Ek en die BM het mekaar al beter begin verstaan; hy het na my wens onder my hand gereageer. Die warmte en saambeweeg van Ansie se lyf was gerusstellend en strelend. Met kontrastuur het ons die ritme van die draaie begin geniet.

Die eerste stop was Franschhoek waar ons by 'n koffiehuis die duurste skons van ons lewe geëet het. In ruil vir R100 was daar min kleingeld. Maar wie het gesing: "The very best in life is free . . ."?

Ons is deur die Franschhoekpas, om die Theewaterskloofdam na Grabouw en toe die passe begin oopmaak op die gelyktes, het ek die fiets se krag en gladde werkverrigting tot in my murg geniet. Die dag het 'n blou koepel oor ons gemaak. Ons was hoogs tevrede met die wêreld en het die dag en die natuurskoon aan die lyf ervaar soos mens dit net op 'n motorfiets kan doen.

Op Bettysbaai het ons vir 'n uur of wat asemgeskep. Ons is met die kuspad langs verby Rooiels in die rigting van Gordonsbaai. Daar was min verkeer en die wieg deur die draaie het die rit die gevoel van sweef gegee. Ons het gevoel soos mense op die rug van 'n arend wat langs die berg verbysweef terwyl die lugstrome ons dra.

Toe ons by die huis stilhou, was Ansie se eerste woorde: "I'm sold!"

Ek het aanvaar dis 'n opdrag en het kort hierna 'n ouer model R1100RT gaan bespreek. Die verkoopsman het ons naam daarop ge- plak: *SOLD*. Nou is die drietal – Man, Vrou en Motorfiets – voltallig, en gereed en gewillig vir die derde siklus.

No sleeper no more!

GERRIT LOOTS botteleer en verkoop mineraalwater. "Nou, met die krisis oor die kwaliteit van drinkwater, is dit dalk ook 'n lewensreddende aktiwiteit soos my vroeëre beroep toe ek predikant was. Ek is 57 en ry myself daagliks jonger op 'n BMW R1100RT. Bike-droom? Om saam met 'n paar pelle 'n trip om die kus van (Suid-)Afrika te doen."

Tuismekaniek

EMILE TERBLANCHE

Die hoop wrakstukke in die agterplaas van die motorfietswerkwinkel het my soos 'n magneet aangetrek. Hier was 'n dowwe lig wat hoopvol vir jou loer, daar 'n verroeste brandstoftenk, stukke van 'n uitlaatpyp, oral enjinonderdele en hier en daar 'n stuk wat nog herken kan word as iets van 'n motorfiets.

'n Dooie motorfiets is 'n hartseerding. Verby is die glorieryke dae toe dit in 'n toonkamer staan en pronk het, die dae toe dit rats deur die verkeer kon vleg of die grootpad kon oprol. Nou is dit 'n jammerlike versameling van verslete onderdele. Goed vir niks behalwe die ashoop nie.

'n Kenmerkende ovaal silinderkop met netjiese rye aluminiumvinne vang my oog. Dalk deel van 'n ou BMW-bokserenjin? Kan dit wees? Ek begin opgewonde grawe. Die hoek van 'n nommerplaat kloof 'n vinger oop, maar ek voel dit nie.

Toe kan ek dit sien: Dis 'n BMW R69S se enjin, nog in die raam! 'n R69S hier op Kroonstad – kan dit wees? Ek voel soos Howard Carter ná sy eerste tree in Toetankamen se graftombe. Dis te goed om waar te wees.

"R69S" was in die jare sestig 'n towerwoord. Dit was die enigste BMW wat sy man kon staan teen die vinnige Triumphs, Nortons en BSA's van sy tyd. Net 'n handjievol is na Suid-Afrika ingevoer.

Al hoe meer van die stowwerige gedaante kom te voorskyn. Die agterste modderskerm is kort afgesaag en spog met 'n Maltese kruis as agterlig, die sitplek herinner aan 'n kameel se skof en alles is baie amateuragtig met behulp van 'n spuitkannetjie wit geverf en het intussen vergeel.

Maar dis 'n ongelooflike vonds: Die oorspronklike aluminiumwiele is daar, die hooflig met die kenmerkende 120 m.p.u.-spoedmeter agterop en die twee Bing-vergassers wat sommer met 'n stuk draad aan die raam vasgemaak is. 'n Mens kan die TP-nommerplaat herken. Ek krap angstig rond en een vir een kom nog onderdele te voorskyn. Uitmekaar en deurmekaar, maar dis baie naby aan 'n volledige motorfiets. In my verbeelding kan ek die diep dreuning van die klassieke enjin hoor.

"Dis 'n R69US. Een van net ses wat na Suid-Afrika ingevoer is," beduie Frans, die werkwinkel se eienaar, hier agter my. "Dis die eerste BMW met moderne teleskopiese voorvurke, maar met die klassieke raam en enjin van die R69S."

Hoe gaan ek nié wys dat ek pas op die vonds van my lewe afgekom het nie?

"Die bike het buite die dorp gaan staan. Die ou was saam met sy vriende op pad na 'n rally. Toe gee die fiets moeilikheid. Hy het dit vir 'n Honda Black Bomber verruil net om verder te kan ry. Dit lê al jare hier. Ek wil dit restoureer, maar kom nie daarby uit nie. Die ding is goud werd."

Dis wonderlike nuus, maar my hart sak in my skoene. Frans weet wat ons hier het en hy gaan natuurlik 'n plaas se geld daarvoor vra. Ek probeer maak of ek nie regtig belangstel nie. "Ek kyk maar net rond," lieg ek kliphard.

Selfs in die sewentigs was 'n R69S (en ook die US) al 'n versamelstuk, 'n motorfiets wat in dieselfde asem as die BSA Rocket Three, die Triumph Trident, die Ariel Square Four of die Velocette genoem is.

"Ek gaan nooit daarby uitkom om hom reg te maak nie," sê Frans. "Vir R500 is hy joune."

Ek kon my ore nie glo nie. Dit was wel groot geld in daardie dae – amper twee maande se salaris – maar hiervoor sal enige biker twee maande honger ly. Ek hoor myself met 'n droë keel sê: "R400 kontant!"

Die volgende oggend het my vaderlike bankbestuurder – soos bankbestuurders in daardie dae was – 'n oortrokke fasiliteit van R500 goedgekeur. R400 vir die "motorfiets" en R100 om hom weer aan die loop te kry, het ek gereken.

Teen skemeraand het die fiets, as 'n mens dit so kan noem, en twee bokse vol stukke en onderdele op 'n sleepwa by my blyplek aangekom.

Ek was die gelukkigste man op aarde, want ek was die eienaar van 'n legende. Weliswaar in honderd stukke, maar nogtans 'n legende.

'n Uur van drome droom en gesigte sien het verbygegaan voordat die werklikheid my getref het. Dis nie 'n motorfiets wat ek gekoop het nie. Dis 'n wrak, 'n spul ou onderdele! Hoe op aarde gaan ek die ding maak loop?

In daardie jare, voor die internet en geselsgroepe die wêreld se kollektiewe kennis oor enige onderwerp met die druk van 'n knoppie versamel het, was dit veel moeiliker om so 'n projek aan te pak. Gelukkig het Frans 'n gangbare kennis van ou BMW's gehad. En dan was daar Club Motors in Pretoria wat onderdele kon invoer en bereid was om oor die telefoon raad te gee.

Eers moes die enjin uitmekaargehaal word sodat ek kon sien wat gaande was. Gelukkig was die R69S se ontwerp eenvoudig. En ek was my pa baie dankbaar dat hy my geleer het hoe om my eie motor te diens en eenvoudige herstelwerk self te doen. Nie al my vingers was duime nie.

Met die enjin uitmekaargehaal was die probleem gou sigbaar. Van die suierringe het gebreek en in die proses is die suier verwoes en die silinderwand beskadig. Nuwe suiers, nuwe ringe, die silindriese spasie herboor en kleppe slyp was my voorland. Petrol het uit die verslete stopkraan onder die brandstoftenk geloop, die vergassers se binnegoed was opgevreet deur ou petrol . . . 'n Ander agtermodderskerm, agterlig, 'n nuwe snelheidsmeter en nog meer het op die groeiende aankopielys beland. Die R100 vir herstelwerk was nie naastenby genoeg nie. Nuwe suiers alleen het 'n fortuin gekos en was buite die kwessie.

Wat baat dit jou jy het 'n kosbare vonds, maar jy kan niks daarmee maak nie?

Ek was op moedverloor se vlakte, maar het begin rondvra en rondbel. Een ding het tot 'n ander gelei; van een liefhebber van motorfietse na 'n ander. Heinz in Boksburg het my na Piet in Bloemfontein verwys. Iemand het my na Alex op Kroonstad gestuur, wat my van Jan, ook op Kroonstad, vertel het. Ek het begin glo dit was in die sterre geskryf dat my paadjie deur dié mooi Vrystaatse dorp moes loop.

In die proses het ek nie net onderdele gevind nie, maar 'n hele netwerk van mense wat alles veil het vir motorfietse, veral vir die oueres. Die een hand was die ander en so bly die fietse aan die loop.

Stadig maar seker het die legkaart se stukke begin pas. 'n Stel goeie tweedehandse suiers en 'n modderskerm het in Bloemfontein opgeduik. Nie verniet nie, maar bekostigbaar.

Alex het my gewys hoe om 'n Datsun 1200 se ringe te maak pas, nog 'n vriend by 'n ingenieurswerkeplek het die silinderwande herstel, nuwe petrolkrane het uit Duitsland aangekom, 'n agterlig uit Upington . . . Stadig maar seker het my droom begin vorm kry.

Toe word ek na Bloemfontein verplaas. My pa was in die politiek, wat beteken het dat hy en my ma ses maande van die jaar in die Kaap deurgebring het. Die meevaller vir my was dat ek in hulle huis kon intrek. Ek én al die stukke van heinde en verre wat 'n motorfiets moes word.

Ek het die woonkamermat opgerol, 'n ou seil uitgerol en die BMW ingedra. Ook maar goed my ma was ver weg in die Kaap! Dit was darem nie net oor die gerief van 'n huis as jou werkwinkel te hê nie; die ysige, Vrystaatse winternagte het my na binne gedryf.

Nou het dinge begin spoed optel. Ek het die raam sorgvuldig met swart Duco uit kannetjies gespuitverf. Die brandstoftenk en modderskerms is professioneel in die klassieke swart oorgedoen. Die afwerking, in fyn wit strepies, is deur 'n letterskildervriend met die hand gedoen. Die enjin is met nuwe pakkingstukke en Alex se raad aanmekaargesit. Uitlaatpype is deur nog 'n lid van die broederskap met die hand gemaak. Die vergassers is deur 'n ander broeder herbou. Ek het die twee Bing-vergassers gemonteer. Uiteindelik was die enjin reg.

Ek kon my nie langer inhou nie. 'n Liter petrol in die tenk was al wat kortgekom het. Jane, die skaaphond wat my aand ná aand geselskap gehou het, het opgewonde begin blaf toe ek die aansitter skop. Een skop, twee skoppe, drie skoppe . . . niks. Ek was uitasem, Jane het nog meer opgewonde geraak en nog harder geblaf, maar die enjin was morsdood.

Toe tref dit my skielik: Die fiets is nie aangeskakel nie!

Die ou BMW's het nie soos latere motorfietse sleutels gehad nie. 'n Eenvoudige pennetjie wat in die hooflig gedruk word, het die ontstekingstelsel aangeskakel. Draai jy dit, skakel die hooflig aan. Maar, verdomp, die "sleutel" wat ek bestel het, het nog nie opgedaag nie.

Nog 'n telefoonoproep na die broederskap. "Probeer drie vuurhoutjies."

So gemaak. Die ontstekingsliggie het begin gloei. Dis hoe Edison moes gevoel het toe sy eerste elektriese lampie aangegaan het.

Ek het die trapaansitter bespring. Die enjin het geproes-proes en toe breek die hel los. Twee lang blou vlamme het uit die ongedempte, oop uitlate geskiet met 'n knal wat die ruite laat ratel het. Jane het een lang tjank gegee en die hasepad gekies.

Ná nog 'n knal of twee het die enjin gelykmatig begin loop, met daardie bekende, gedempte maar moenie-met-my-sukkel-nie-dreuning. Lasarus het opgestaan!

Binne 'n week is die res gedoen: die sitplek oorgetrek om soos die oorspronklike te lyk, die swart bakwerk blink gevryf, terwyl die gepoleerde aluminiumspeekwiele die prentjie voltooi het. Ek was so trots soos 'n pa op sy nuwe baba en het my verbeel die kring van medebroeders kyk soos peetouers ingenome toe.

Die groot dag het uiteindelik aangebreek. Ek het die fiets plegtig bestyg asof dit die laaste tree na 'n bergpiek was, en die koppelaar stadig gelos. Die enjin het in 'n dieper stem begin dreun en die eerste keer in baie jare het die ou motorfiets sy kop opgetel en op eie stoom begin beweeg. Eers versigtig, soos iemand wat weer leer loop. Skielik was al die lang ure, die koue nagte, die eindelose gesoek die moeite werd.

Ons kies koers deur die stad se buitewyke. Die grys lint van die grootpad wink voor en ek draai die versneller stadig oop. Die eerste kilometer skuif verby, die eerste van duisende wat sou volg . . .

❧

EMILE TERBLANCHE se halsoorkop liefdesverhouding met 'n Italiaanse dolla, 'n Moto Guzzi 850 Le Mans, byna dertig jaar gelede was die begin van 'n jare lange verslawing aan motorfietse. Sy ander groot liefde, die joernalistiek, het hy verruil vir 'n loopbaan by Sanlam in Kaapstad waar hy die borgskapbestuurder is. Benewens die Italianer het hy 'n stoere 1973-BMW R90S, 'n 1981-Yamaha XT500 *Thumper*, die vader van dubbeldoelfietse, en 'n moderne BMW F650GS-tweesilinder op stal. Sy droomfiets? 'n Britse Vincent uit die vyftigerjare.

'n *Scooter* is nie 'n poegie nie!

BEN DU TOIT

Elke keer as iemand my *scooter* 'n poegie noem, moet ek op my tande kners om nie vererg voor te kom nie. Ek probeer om nie te wys hoe diep dit my raak nie, maar dit vat diep, baie diep . . .

Om dit te begryp moet jy weet wat 'n motorfiets 'n *scooter* maak. Vroeër jare was dit dalk makliker om te onderskei. 'n *Scooter* – of die aaklige, beledigende "bromponie" as jy wil – is 'n klein motorfiets, met klein wieletjies, 'n tweeslag-enjin wat hom sy kenmerkende DKW-klank gee en 'n *running board* waarop jy jou voete langs mekaar sit sodat dit lyk, soos my vrou graag sê, asof jy op 'n toilet sit en ry. Dit is dan ook die rede hoekom sy nooit saam met my wou ry nie.

Die voete-bymekaar-sit het sekerlik daartoe bygedra dat *scooters* met die vroulike geslag geassosieer is. Victoriaanse sedes het mos voorgeskryf dat 'n ordentlike vrou nie wydsbeen op 'n saal sit nie, of dit nou 'n perd of wat ook al was. Op 'n *scooter* kan die knietjies mooi kuis teen mekaar gehou word, en dis waarskynlik hoekom dit vir baie mans 'n uitdaging van hulle manlikheid is om op 'n *scooter* gesien te word. 'n Mens moet nogal gemaklik met jou vroulike sy wees om vol selfvertroue met jou *scooter* tussen 'n klomp bikers langs die pad in Dutoitskloof stil te hou.

Vir my het dit alles met 'n Lambretta begin, in die vroeë vyftigs in die destydse Njassaland toe my pa ons op sy grys motorfietsie met sy klein wieletjies rondgery het. Met my broer agterop, terwyl ek tussen Pa se bene op die *running board* staan. Ek onthou nog presies die kenmerkende reuk van die Lambretta, komende van 'n mengsel van petrol en tweeslag-olie. Baie jare later, as student, het ek effe van 'n verraaier gevoel met my Vespa. Soos daar Ford-mense en Chev-mense was en vandag Mercedes-mense en BMW-mense is, so was dit destyds met Lambrettas en Vespas. Wat my darem 'n bietjie beter laat voel het, was dat hulle dieselfde reuk gehad het.

Om destyds 'n Vespa te ry was egter geen skande nie, veral nie op 'n universiteitsdorp nie. Dit was eintlik fatsoenliker as om lid te wees van die gevaarlike, raserige, windgat motorfiets-brigade sonder *baffles* van daardie tyd – geassosieer met *ducktails*, kettings en olierige hare. Vir my het my eerste 150 cc nóg groter status gekry toe ek ontdek dat die Italiaanse moedermaatskappy wat Vespas gemaak het, Piaggio, ook verantwoordelik was vir die bou van die Continentalmotore van die Albatros-bovlerkvliegtuie wat ons kuslyn gepatrolleer het.

My tweede Vespa was 'n 200 cc. Hy't vier ratte gehad, dus in 'n klas van sy eie. Maar in die algemeen was die oorspronklike Vespas eksentriek, veral wat twee dinge betref: *start* en *gears*. As jy wou hê jou *scooter* moet maklik vat, met die eerste deurtrapslag van die *kickstarter*, moes jy sorg dat sy vonkprop se vuurtyd presies op *top dead centre* gestel was. Die meganiese punte se gaping moes noukeurig gemeet word. Dan vat hy soos 'n droom. Die probleem was dat hy dan nie lekker kon *rev* nie. Dit was voor die tyd van *advance* en *restart* op motorfietse se verdelers – nog in die dae van *fixed timing*. Om hoë rewolusies te bereik was dit dus weer noodsaaklik dat die vonktyd effens vóór *top dead centre* gestel word. Dan het daai Vespa-enjintjie te lekker in elke rat gespin en kon 'n mens 'n topspoed van 50 myl per uur op 'n gelykte haal. Maar dan het jy jou weer vrek gesukkel om die ding ge-*start* te kry. Die geheim was dus: Ry jy baie in die dorp rond, moet jy die tyd presies doodreg stel. Vat jy egter die oop pad, stel jy sy tyd 'n bietjie vroeër. En hou teen skuinstes stil voor jy hom afskakel sodat jy 'n *running start* kan kry.

Die ander ding met 'n Vespa was sy ratte. Twee kabels moes van die linkerhandvatsel, wat tegelyk die koppelaar en ratte beheer het, die *selector* op die ratkas by die agterwiel manipuleer. Stel jy hom so dat hy lekker inglip in eerste, sukkel jy om vierde gehaak te kry en glip hy op die slegste oomblik met 'n slag uit rat uit, terwyl die *revs* die hoogte inskiet. Stel jy hom dat hy maklik in vierde rat ingaan, sukkel jy jou moedeloos met eerste, met katastrofale gevolge wanneer jy vinnig wil wegtrek en hy met 'n knal uitglip en die ou in sy kar agter jou woes moet briek om jou te mis. Tog was die klap van 'n

Vespa-ratkas so eie aan hom soos die geklap van 'n BMW-motorfiets se ratte. Dit was 'n bekende, gerusstellende geluid: Alles is nog daar, op hul plek en alles werk.

Vespas was nie wonderlik lig op brandstof nie, maar hulle het gehou. Soms het hulle so warm geword dat hulle krag verloor het; een of twee ernstige *seizures* in 'n Vespa se lewe was nie ongewoon nie. Dan soek jy 'n veilige plek langs die pad, sit hom op sy staander en steek rustig 'n Paul Revere aan, terwyl jy die omgewing bewonder en wag tot hy afgekoel het. Sit hom dan in derde, wikkel die enjin vorentoe en agtertoe totdat die *piston* weer los is voordat jy hom aan die brand skop en verder ry.

Met die koms van die latere geslag Vespas met elektriese aansitters en outomatiese ratkaste, het iets van hierdie spesiale karakter van *scooters* verdwyn. Hoewel Vespas steeds in 'n klas van hulle eie is as die enigste Europese *scooter* in Suid-Afrika, is hulle nou maar soos enige ander *scooter*. En hulle klink ook nie meer spesiaal nie.

Maar, asseblief, 'n Vespa is nie 'n poegie nie. Dis onseker presies waar die naam "poegie" vandaan kom, maar dit hou moontlik verband met 'n klein *scootertjie,* so 'n help-my-trap-of-ek-knor-my-dood-60-cc-dingetjie met die handelsnaam Puch, wat die Oostenrykse maatskappy Steyr-Daimler-Puch 'n klompie jare gelede op die mark gebring het. Dit was nie veel meer as 'n *glorified* fiets nie, maar omdat hy so ekonomies was, het dit dadelik 'n gewilde ryding onder veral Kaapse skoolkinders geword. Daarna het 'n swerm soortgelyke *scootertjies* van ander fabrikate die lig gesien en so is daar later, verkeerdelik, na almal as "poegies" verwys. Op dié manier het dit 'n versamelnaam geword vir iets wat 'n mens nie met die klassieke Vespas kan vereenselwig nie. Interessant genoeg, is die term "poegie" vanweë sy Kaapse verlede steeds minder bekend in die binneland.

'n Kymco is ook nie 'n poegie nie. Die lekkerste en wonderlikste *scooter* wat ek gehad het, was 'n 250 cc-Grand Dink wat deur Kymco gemaak word. Dis 'n ordentlike *scooter*. Hy het 'n groot laairuimte onder sy saal en kan gemaklik 130 km/h ry, saam met die verkeer op die snelweg. Sy dubbele remstelsel, 'n persentasie-verdeling van remkrag tussen die voor- en agterwiel as die agterrem gebruik word, is uitstekend en sy wind-en-weer-beskerming is van die beste van alle motorfietse, selfs die BMW RT ingesluit. Die enigste negatiewe ding van die Grand Dink is sy relatiewe klein wiele, veral omdat 'n mens 'n redelik hoë spoed met hom kan ry. Daai wieletjies gaan deur elke gat en duik in die pad, en soms vrees jy dat hulle in 'n knik gaan agterbly.

Met my Dink het ek 'n volgende fase van motorfietsry begin geniet. Jy kan moeiteloos deur die swaar verkeer gouer op 'n plek in die stad kom as met enige ander voertuig. Met sy behoorlike spieëls wat jy in die ry elektries teen sy kop kan plattrek, glip jy deur gapings waar ander nie kan deur nie. En daar's genoeg krag vir doeltreffende *lane splitting* – nogal 'n belangrike tegniek om deur die verkeer te kom. As jy weet wat jy doen, is dit doodveilig (hoewel dít miskien nie 'n veilige woordkeuse is nie!).

Hoe doen jy dit? Jy kies 'n denkbeeldige lyn tussen die motors deur. Hierdie lyne wissel namate die spoed van die verkeer verander. Jy leer dat verbysteek die veiligste is wanneer twee voertuie reg langs mekaar is. Dan is hulle nie veronderstel om van baan te kan verwissel nie, hoewel sommige motoriste dit probeer doen! Wanneer daar groterige gapings kom tussen voertuie in dieselfde baan, raak dit gevaarlik. Dis wanneer jy leer dat motors hul eie lyftaal het; daardie dwalende voorwiel is gewoonlik die beste voorspeller van wat kom. Flikkerligte kan jy nie vertrou nie. Antisipeer of kry seer. Maar dit bly 'n wonderlike, bevrydende ervaring, die agterlaat van die rye en rye kruipende voertuie, terwyl jy ongestoord teen jou eie pas aanstoot. Geen kommer meer oor tyd en verkeer nie. En as jy die kans kry, vat jy 'n langer, mooier pad, sommer vir die lekkerte.

Dis opvallend dat ernstige motorfietsryers minder geneig is om neer te sien op 'n *scooter* soos die Dink. Ek vermoed dis omdat hulle weet, of al gesien het, dat jy met 'n Dink 'n lekker stuk langpad kan aandurf. Maar dan is daar natuurlik motorfietsryers vir wie dit 'n belediging is as 'n *scooter* 'n motorfiets genoem word. Dit bedreig hul waardigheid, hul statuur, hul manlikheid. Daar kom iets in hulle persoonlikhede na vore wat 'n mens laat besef dat motorfietsry dalk psigologies 'n dieper strekking het as wat dit op die oog af blyk. Feit bly staan, 'n *scooter* het, net soos 'n motorfiets, twee wiele, 'n raam en 'n saal. Hoewel die konfigurasie verskil, is dit een en dieselfde spesie. En *scooters*, soos motorfietse, het name. Dis nie 'n poegie nie.

Die hemel het egter regtig vir my aangebreek toe ek die Dink vir 'n Yamaha TMax ingeruil het. Eintlik is die TMax nie 'n tipiese *scooter* nie. Om die waarheid te sê, ek wonder of 'n mens dit hoegenaamd 'n *scooter* behoort te noem. Soveel van hom is anders as enige ander *scooter*. Hy't behoorlike groot motorfietswiele. Jy sit nie met jou voete bymekaar nie, jy kan agteroor sit met jou voete vooruit in 'n soort Harley-Davidson-sit, of vooroor met jou voete na agter. Sy enjin en ratkas is vasgebout in die raam en nie saam met die uitlaatstelsel deel van die agterwiel nie, soos tipies van feitlik elke ander *scooter*. Soos by enige ander motorfiets verminder dit die ongeveerde massa op die agterwiel drasties en sorg daarom vir 'n verstommend gladde rit.

Die TMax se aandrywing na die agterwiel geskied deur 'n ketting in 'n geslote oliekas. Geen vieslike oop ketting wat die agterste velling vol smeermiddel mors en onderhoud vereis nie. Sy laaiplek is groot genoeg vir 'n skootrekenaar en 'n klein koffer. Sy wind-en-weerbeskerming is in sommige opsigte selfs beter as die Dink s'n. Sy hipertegnologie-500-cc-tweesilinderenjin met brandstofinspuiting en droë oliebak of *sump* (ons praat hier van Porsche-klas-rentegnologie) is 'n ware juweel. Daarby is Yamaha se afwerking nog altyd van die beste in die bedryf (wat terloops waar is van al sy produkte, van kitare tot hoëtrouklankstelsels). Ek was nog nooit so trots op 'n ryding soos op my TMax nie.

Maar toe daal die hel op my neer: 'n Meisiekind met 'n wit Golf ry my TMax onder my gat uit.

Ek kom nog doodluiters aangery, rustig ná die dag se gejaagdheid. Vroeër die dag het ek die N12 tussen Potchefstroom en die O.R. Tambo-lughawe in 'n gehuurde motor oorleef. Van die Kaapstadse lughawe is ek ontspanne op pad deur Somerset-Wes na Gordonsbaai. Die wit Golf het van voor gekom en doodluiters voor my ingedraai.

Ek was seker die vrou sien my en sy gaan stilhou en wag, want die lig is groen vir my. Maar sy stop nie. Sy kyk nie eens in my rigting nie, en my ligte was aan! Ek draai die TMax se regteroor teen sy kop vas, swaai links uit en probeer voor óm die Golf ry.

Toe voel en hoor ek alles tegelyk: Alles draai, jy verloor perspektief, daar is aaklige skuurgeluide, stof in jou oë . . . en dan stilte. Ek staan dadelik op. Toets al my lyf se skarniere. Besluit ek is nog reg genoeg vir môre se muurbal. Maar toe hoor ek mense aangehardloop kom.

"Nee! Lê stil! Moenie opstaan nie!" "Jy moes sleg seergekry het." "Kan die fokken vroumens nie kyk waar sy ry nie!" "Is jy oukei?"

Ek is oukei, maar my fiets nie. Dít het ek onmiddellik geweet: Dis duisende rande se skade. Die ding is nog splinternuut, nie eens 5 000 kilometer gery nie. Hemel het hel geword. Magtag, die vroumens het nie 'n idee wat sy my aangedoen het nie! Daaroor was ek al die moer in toe ek nog deur die lug trek.

En daar staan sy nou. Beteuterd. Sprakeloos. Skaars agttien. Jonger as enige van my kinders. Sy bel haar pa. Ek kry haar jammer en wil haar 'n drukkie gee, maar my hande is so vol bloed, ek kan aan niks raak nie. Veral nie aan 'n ander mens nie. Boonop neem sy dit miskien verkeerd op.

Maar my TMax is moer toe – en hy's *nie* 'n poegie nie, oukei!

BEN DU TOIT woon in die omgewing van die ou halfwegstasie tussen Durbanville en Stellenbosch, op 'n dorp wat soms trots The River genoem word, en soms meer beskeie Spanner Valley. Hy woon daar neffens wingerdboorde met sy TMax, twee ouerige BMW-motors, sy vrou en as gereelde besoekers twee kleinkinders. In die herfs van 2009 was hy die TMax weer stukkie vir stukkie aan die opbou.

Speletjies en spoke

Hoe Raycharles sy liefde vir Scrabble verloor het

KERNEELS BREYTENBACH

Om mee te begin moet jy onthou dat Raycharles al 'n ruk lank die moer in vir my is.

Ek sou egter niks kon verander het aan hierdie geskiedenis nie, al wou ek. Ons was beste vriende, eens. Kollegas, medestryders in die outentieke tradisie van rekenmeesters. Vegters vir die oppermag van die juiste syferbalans.

Ek het van Raycharles geweet voordat hy van my geweet het. Sy pa was HW Deugniet, in die dae van die apartheidsregime leier van die groot Afrikaanse opposisieparty.

Waar HW gegaan het, daar was Raycharles ook, iewers op die agtergrond. Die laaitie was eintlik sy pa se klankman. Hy het altyd vooruit gegaan, van dorp na dorp, en *posters* opgeplak. "Die Leier praat!" "Vanaand in Stadsaal. Die Leier sê sy sê!" "Die Leier en Die Waarheid!"

Raycharles sou so 'n dorp vooruit werk. Dan praat HW by die eerste, en Raycharles maak verskoning by die tweede – Die Leier moes ongelukkig elders wees, en dan speel hy 'n bandopname van Die Leier se toespraak. Volgens rowwe berekeninge was Raycharles verantwoordelik vir minstens vyftig persent van die mense wat vir HW Deugniet gestem het.

"My pa het my geleer hoeveel woorde weeg," sê Raycharles altyd.

Sy naam was natuurlik altyd 'n probleem. Mildie, sy ma, was mal oor 'n sekere blinde Amerikaanse sanger, wie se "Georgia on My Mind" sy soggens, smiddags en saans gesing het telkens wanneer die stilte haar begin pla het. HW was nie spraaksaam nie. Het ook nie van blinde, Amerikaanse Negersangers gehou nie. Hy sou verdomp nie toelaat dat sy eerste seun George of sy dogter Georgia gedoop word nie. Boonop té imperialisties. Toe sit Mildie haar voet dwars. Raycharles sou Raycharles heet, een woord.

Nugter alleen weet wat sou gebeur het as Raycharles 'n meisie was.

Ek het Raycharles ontmoet toe ons ons aktuariële eksamens geskryf het. Daarna het ons vriende geword, eers op 'n afstand in mededingende maatskappye, later as kollegas toe hy my vir sy firma gewerf het.

Ons het die koop van ons Harleys saam beplan. Jy moet net verstaan, dit het eintlik nie oor die motorfietse gegaan nie. Dit het oor die skuiling gegaan.

Skuiling?

Die beeld wat 'n mens het van motorfietsbendes – wat 'n woord! – is dié van *sex, drugs and rock 'n' roll*. Groot saamtrekke op plattelandse dorpies. Mense wat hulle soos diere gedra. Naaktheid. Orgiastiese wanorde en tumult. Openbare wangedrag. Bakleiery. Brassery. Maar ons – Raycharles, ek, en Kay-Leigh, Raycharles se vriendin – is nou al jare lank onder die beste tien Scrabble-spelers in die Kaap. Raycharles is die beste. Nog nooit onttroon nie.

Die feit dat hy nie Krabbel speel op syn Afrikaans nie, het HW gegrief. Hy't Raycharles onterf en wou niks meer met hom te doen hê nie. Raycharles het fokkol gevoel daarvoor. Sy eie persoonlike fortuin was binne 'n paar jaar nadat hy begin werk het, al heelwat meer as wat HW Deugniet in sy hele loopbaan kon versamel. En HW was 'n ruk lank kabinetslid van die Vorster-regime, onthou. Dis manne wat ernstig room afgeskep het daai.

Nee, HW se gebaar het net beteken dat Raycharles nie meer nodig had om sy pa op te soek nie. Mildie was lankal oorlede. Nou was dit nie meer nodig dat ons naweekuitstappies beplan rondom Raycharles se besoeke aan HW nie. Nou kon ons vier keer per maand uitwyk na 'n klein Karoodorpie, of dalk die *odd* gehuggie aan die Tuinroete, *maybe* selfs Paternoster aan die Weskus, en ernstig ons Scrabble-toernooie hou.

Naweke het ons ons gemaklik aangetrek en die pad gevat saam met ons H.O.G. – Harley Owners' Group. Prokureurs, advokate, snydokters en plastiese sjirurge. 'n Uitgelese groep effe oorgewig mans met snorre en hare in 'n nommer twee gesny. Ek met my *leathers* en ou Nazi-*helmet*. Bestendig die stereotipe en niemand sien wat daaragter lê nie.

Raycharles lyk nie veel beter nie. Leer net waar jy kyk. Tossels aan die handvatsels. Groot swart valhelms. Kay-Leigh identies soos hy aangetrek.

Die rit na die dorpie is altyd die belangrikste deel van die naweek. Raycharles en Kay-Leigh is met *Bluetooth*-gehoorstukke en mikrofone met mekaar in verbinding. Terwyl ons ry, neem sy hom deur die alfagram-lyste wat 'n Scrabble-speler van Raycharles se kaliber noodgedwonge moet memoriseer om staande te bly in die kompetisies. Sy begin gewoonlik met die klinker-konkoksies wat 'n mens gebruik om jou rak skoon te maak as jy net klinkers getrek het: "aalii", "aioli", "aba" en sulke dinge. Dan beweeg hulle aan na die duo's, altesame 101 woorde wat uit net twee letters bestaan. Daarna die duo waaraan dinge gehaak kan word, soos "ta" waaraan sestien agter-uitgange gehaak kan word. Daarna die tritse, die kwartette en kwintette. Aan en aan, oor en oor.

Kay-Leigh sou hom ellelange lyste van wetenskaplike jargon laat opnoem. En sleng-woorde. En uitroepe. Snaakse meervoude, argaïsmes uit ou uitgawes van die Oxford-woordeboek. Latinismes, Hebreeuse terminologie. Spaanse woorde wat in Engels ingang gevind het. Afrikaanse woorde wat in Engels gebruik word sonder spel-variasie.

As Raycharles by enige van die lyste 'n woord uitlaat, moes hy van voor af begin. Dit het hom nooit sy humeur laat verloor nie. En Kay-Leigh was die lankmoedigheid self.

In die begin.

Later minder so.

Die ideale dorpies was almal omtrent ewe ver uit die Kaap. Calvinia, Beaufort-Wes, Ladismith. Dit het hulle kans gegee om minstens twee keer deur al die lyste te gaan – én dan nog tyd te laat vir Kay-Leigh om steekproewe te doen. Sy gee 'n woord, en dan moet Raycharles vyf woorde na weerskante in die lyste waaruit die woord kom, aftel.

Die gelol het begin toe ons na plekke begin reis het wat verder lê as die ideaal.

Toe ons op 'n dag op Vanrhynsdorp aankom, kon ek sien iets aan Kay-Leigh is anders. Enigiemand kon dit sien. Sy wou aanvanklik nie van die bike klim nie. Net gesê ons moet binnetoe gaan, sy kom nou. En vreemd geglimlag.

'n Uur later, terwyl Raycharles weer besig is om die een verstommende ding ná die ander op die bord reg te kry, het Kay-Leigh langs my kom staan. Teen my gestaan. Teen my aangeleun.

"Wassit nou?" Ek en Kay-Leigh raak nie normaalweg aan mekaar nie.

"Dis die bike." Kay-Leigh het haar gesig opwaarts na my gedraai, sag gepraat. "Dit werk soos 'n moerse groot vibrator."

"Wat?" Ek het van haar weggestaan.

"Jy't reg gehoor." Sy het nie geglimlag nie. "As ons so die lang pad ry, en ek sit en konsentreer op Raycharles se kopoefeninge . . ."

"Dan . . ."

"Dan, net dan. Die bike kry lewe hier tussen my bene. Dis amper asof iemand besig is om 'n 200 kilometer lange warm, gladde tong tussen my bene deur te trek." Kay-Leigh het haar oë toegemaak, haar asem vinnig ingehou, en weer begin asemhaal.

"En Raycharles?" Ek kon nie help om aan my vriend te dink nie. Gelukkige bliksem.

"Dit hou nie op nie. Toe ons hier stilhou, was ek besig om te kom. Dis hoekom ek nie kon afklim nie."

"En Raycharles?"

"Dis moeilik op die pad. Ek tref geweldige klimakse. Ek probeer nie daaraan dink nie. Sê saam met Raycharles die lyste op. Konsentreer op wat hy sê."

"Wat sê Raycharles daarvan?"

"Dis die punt. Dit lyk nie vir my hy weet wat aan die gang is wanneer ek my bene oopmaak en sterk teen hom druk nie. Miskien dink hy ek maak my net gemaklik."

"Het jy hom nog nie vertel wat aan die gang is nie?"

"Ek het probeer. Maar Raycharles hoor net die woord 'vibrator' en dan dink hy in terme van letter- en woordwaarde."

Kay-Leigh het waaragtig 'n groot probleem. "Ek weet nie wat om te sê nie."

"Weet jy hoe vernederend dit is om elke Saterdagoggend by 'n klein dorpie aan te kom, te kyk hoe die Scrabble-borde oopgemaak word, Raycharles te sien regskuif en dan na die toilet te stap om myself tot bedaring te bring met die hand?"

"Sjoe."

"Ek het al 'n dildo probeer."

Die ding met leerbroeke is dat dit nie altyd moontlik is om in 'n staande posisie 'n ereksie te kry en in die nou ruimte rondom jou gulp te hanteer nie. Ek het omgedraai en met die een hand diep in die sak, kwansuis besig om 'n sakdoek te soek, by die vertrek uitgestap.

Kay-Leigh kort op my hakke.

Dit is hoe dit begin het. Ons manier om nie Raycharles se aandag af te lei van die taak ophande nie. Ons sou wag tot ons visuele bevestiging het dat hy begin speel het, dan sou ons verkas. Raycharles wou in elk geval nie hê dat óf ek óf Kay-Leigh in sy gesigsveld moes wees wanneer hy speel nie. Ons moes altyd ver agter hom beweeg, staan, sit.

Met Kay-Leigh agterop my Harley sou ons gou die dorp verken, op soek na 'n stil plekkie waar ons buite sig kon wees. Gewoonlik nie té moeilik om 'n eensame hoekie te kry nie.

Het Raycharles iets agtergekom?

"Raycharles sê niks nie," het Kay-Leigh gesê, so 'n jaar in die storie in. "Hy's dieselfde ernstige Raycharles van altyd. Teer in die bed. Gul met vriende. Ek dink nie hy weet nie."

Ek het ook so gedink, tot ek by die werk begin agterkom hy's meer dikwels as tevore op my *case*. Wat moeilik was – ek kan kringe om hom hardloop as dit gaan oor die toepassing van aktuariële beginsels. Maar hy het probeer. En ek het dit gesystap en geïgnoreer.

Ek veronderstel sy moer was besig om bitter suur te word. Naweke, agter die Scrabble-bord, het daar egter niks verander nie.

Ek vermoed jy kan dit 'n soort *ménage à trois* noem. Kay-Leigh was nog honderd persent Raycharles se vriendin. Ek was maar net die een wat die afronding gedoen het van dít wat Raycharles se Harley aan die gang gesit het. Dit het my gepas. Geen verpligtinge nie. Behalwe dat ek gereed moet wees as die Scrabble-bord uitgehaal word. En ek was. Altyd.

Tot Kay-Leigh begin kla het. Ek het daarvan gehou om haar bo-op die Harley uit te help. Die hoekigheid en gradiënte van die saal het Kay-Leigh 'n bietjie geïntimideer. Sy het begin praat van die nuwe Harley wat ek moet koop. Een met 'n gebruikersvriendelike saal.

Ek het begin uitkyk vir een. En niks gevind nie. Gedink ek sou Kay-Leigh kon ompraat. Tot sy een Saterdag op Nieuwoudtville dildo in die hand gastehuis toe is.

Wat 'n mens moet weet van die hele konsep van 'n H.O.G., is dat dit internasionaal van aard is. Met 'n tiental reëls wat oor die wêreld heen nagekom word. Dinge soos geen alkohol terwyl jy ry nie. Dit sê egter niks van BMW R1150R'e nie, wat die bike is wat ek gekoop het om Kay-Leigh se gemak te bewerkstellig.

"Kan jy een aand wegkom van Raycharles?" het ek haar gevra, op Carnarvon. Ek het my Harley gehou en niemand vertel van die elf-vyftig nie.

"Hoekom?"

"Ek het 'n saal ontdek waarvan jy dalk sal hou."

Dis hoe dit gekom het dat ek haar agterop die elf-vyftig gelaai het en vinnig via Gordonsbaai Rooiels toe geneem het in die skemerte van 'n somer-weeksaand.

By Rooi-Els het sy gesê ons moet nog 'n entjie ry, Kleinmond toe. Maar by Pringlebaai, net links van die pad af reg oorkant die lappie aarde waar Dirk de Villiers *Arende* verfilm het, het sy die elf-vyftig se tenk teen haar rug gevoel. Toe ek haar in Rondebosch aflaai, het sy my 'n druk gegee.

"Arme Raycharles," het sy sag teen my nek gefluister.

Mense wat hom ken, sê jy kon sien hy aard na HW Deugniet toe hy die oggend weier dat ek saam met die H.O.G. na die Scrabble-toernooi op Sutherland ry. Hy het nie sy ontsteltenis gewys toe Kay-Leigh van sy Harley afklim en agterop die elf-vyftig klim nie. Dit het hulle laat terugdink aan die dag toe die illustere Deugniet sy rug op die Party gekeer en vir die eerste minister 'n toffie gewys het.

Maar dit het nie te lank geneem om te besef hoeveel hy eintlik na sy ma aard nie toe hy slegs met "mojo" kon open, en met sy tweede pak "cervix" misgekyk het en toe "hex" gebou het.

KERNEELS BREYTENBACH (56) ry nie self motorfiets nie. Hy het al in sy jeug agterop 'n Honda 50 cc gery van Alberton na Hillbrow en terug, en agterop 'n Triumph Bonneville van Stellenbosch na Gordonsbaai en terug. Eers jare later kon hy met 'n oop gemoed daaroor praat. Kerneels het draaie gemaak in die joernalistiek en uitgewerswese voordat sy vrou hom ernstig aangespreek het oor die moontlikheid van 'n Harley met 'n *sidecar*. Dit sal hom jare neem om tot 'n besluit daaroor te kom, en intussen hoop hy om sy liefde vir skryf, kos en musiek ten volle uit te leef.

Die beste pizza op Uniondale

EMILE JOUBERT

Die warm lug en die reuk van pizza tref my soos 'n geurige kombers, en ek's sommer na aan trane. Van verligting. Van lekker. Hoe de hel het ek die deur oopgekry? My gevriesde hande laat my dan nie toe om die handvatsel te voel nie. Maar nou eers kroeg toe, hoewel ek sommer lus is om binne-in daardie pizza-oond te gaan sit wat in die hoek staan en gloei.

Die plek is binne egter snoesig genoeg, en noudat ek hier teen die kroegstoel opgeklouter het, voel dit vir my asof ek dalk nog lewe.

"Kan ek daai vir jou neem?" Die vriendelike stem behoort aan 'n lenige jong man. Sy swart hare is gejel en ondanks die feit dat dit in die middel van die winter is, het hy 'n imponerende sonbruin. Wit tande flits teen die bruin vel. Lang, skraal gesig met wangbene. 'n Goue ketting hang losserig om sy pols.

Ek oorhandig die twee valhelms aan hom. "Dankie," sê ek. "Kan ek ook 'n glas rooiwyn kry, asseblief?"

Hy buk om die valhelms onder die toonbank te sit. "Merlot of shiraz?" vra hy wanneer hy weer orent kom en my in die oë kyk.

"Shiraz, asseblief," antwoord ek en gooi vinnig 'n oog oor die plek.

Dis nogal verbasend besig vir 'n Dinsdagaand. Ek neem maar so aan – die dorp se sosiale patrone is immers vir my onbekend. Die enigste twee keer dat ek hier vertoef het, was vir veilings – een vir volstruise en een vir 'n sleepwa. Die ander kere was net deurry PE toe om te gaan hengel.

Seker driekwart van die tafels in die restaurant is beset. Daar is toeriste, herkenbaar in hul kakie-safari-uitrustings en bosbaadjies. Ander is gryskop-egpare – mans gedas en gebaadjie; vrouens in sober rokke en langmoutruie. Seker hier vir die bestel-twee-kry-een-gratis-pizza-aanbieding. 'n Paar gesette mans – boere – sit geboë oor glase gevul met 'n donker vloeistof.

Die lig is sag, wat die pizza-oond in die hoek dramaties laat gloei.

Sommige tafels het kerse. Verder is daar nie veel wat binneversiering betref nie.

Twee jong kelnerinne skarrel tussen die pizza-oond en tafels, en verdwyn dan agter 'n afskorting. Daar waar die kombuis seker is. Daar waar sý is.

"Het jy nie gevrek van die koue op daai bike nie?" vra die kroegman toe ek van die restaurant-area wegdraai om my glas op te tel. Ek neem eers 'n lang sluk wyn. Die speserygeure in die mond en die warmte in my maag laat my sug.

"Ja," sê ek. "Dis baie koud daar buite."

Die kroegman steek 'n sigaret aan. "Nag in die Klein-Karoo is nie 'n plek vir sissies nie," sê hy en blaas 'n dun straal rook oor my skouer. "Jy weet wat hulle van Uniondale in die winter sê: As die spook jou nie kry nie, sal die koue dit wel doen."

Een van die kelnerinne, baie klein en fyn gebou, kom oor na die kroeg. "Twee rum-en-Cokes vir tafel sewe, asseblief, Leonard," sê sy met selfvertroue.

"Seker, Bokkie," antwoord die kroegman. "Ek dra net nie vanaand wéér daardie boere hier uit nie."

Hy meng die drankies behendig en sit dit op die kelnerin se skinkbord.

"Watse bike ry jy?" vra Leonard toe ek my leë wynglas vorentoe stoot.

"Scrambler. Vyfhonderd."

Die wynglas word volgemaak uit 'n bottel sonder 'n etiket. "Boer se bike," sê hy, en sit die bottel langs my neer.

"Ek ís 'n boer." Ek kyk na die Jack Daniel's-muurhorlosie: 9.20. Nog veertig, vyftig minute voor die kombuis se skof verby is.

Leonard leun oor na my. "Het jy daardie klomp toeriste in die Out of Africa-pakkies gesien?"

Ek knik.

"Al die pad van PE hierheen gekom. Net oor die spook."

Ek glimlag. Die mense, darem. As boorling van die Klein-Karoo ken ek die spook se storie so goed soos enigiemand in die streek.

Daar is baie weergawes. Suid-Afrika se bekendste en mees gelief-de spook, sê hulle, hoewel haar verskyning glo volwasse mans hul bewende kakiebroeke laat natmaak. En dis hoe sy 'n plekkie soos Uniondale een van die land se bekendste plattelandse bestemmings gemaak het. Snaaks hoe daar nog oor so iets aangegaan word, ná al die jare. Seker omdat daar nie veel hier op die platteland gebeur nie. Ek neem 'n sluk wyn en dink hieraan. Die platteland. Waar niks gebeur nie. En waar ek woon.

Saam met Ma en Pa op die plaas. Waar ek moet boer. In droogte. Die dalende volstruispryse. Die donnerse EU wat volstruisvleis bly verbied. Die bank. Die prys van diesel. Hieroor, onder meer, moes ek oor die 160 kilometer op die ou moer-toe *scrambler* deur die koue ry.

Is dit dan al die mense wat vanaand in die plek werk? Miskien is daar nog personeel in die kombuis. Maar wag, dit sal als die moeite werd wees. Dit sal.

Ek maak my keel skoon en wink vir Leonard. Verleë. My gesig nou warm. "Kan ek jou 'n guns vra?"

Leonard staan voor my, linkerhand in die sak.

"Kan jy vir Marí . . . kan jy vir Marí sê Mias is hier?"

Leonard glimlag, lippe saamgepers. "Is jy dié Mias?" vra hy, sy hande nou op die toonbank voor my, sy goue polsketting trillend.

Ek knik. Leonard hou sy hand uit. Ek skud dit. Dit is koel en droog. Ferm greep.

"Sy kan nie ophou om oor jou te praat nie."

My hart spring. Ek voel lig.

Leonard gaan voort: "Weet sy jy kom? Of is dit 'n surprise?"

"Sy weet," antwoord ek. "Maar dalk het sy gedink ek kom vroeër. Dit het langer gevat. Die bike."

Leonard stap agter die kroeg uit in die rigting van die kombuis. Uit die hoek van my oog sien ek die kakie-toeriste – twee mans, twee vroue, drie tieners – wat met die kelnerin gesels. Tien teen een oor die spookmeisie. Jy kan nóú na die polisiestasie gaan en hulle sal jou die storie agter die storie kan vertel. Juis omdat hul voorvalleboek vol is van die nagevolge. Dit gaan glo oor twee verloofdes wat . . . wanneer, 1968? . . . net voor Paasnaweek van Graaff-Reinet na Riversdal gery het. Nie op 'n bike nie, in 'n motor. En net voor Uniondale het hulle die kar omgegooi. Ek het nou die dag weer die hele storie in 'n reistydskrif gelees.

Die toeriste staan op, hul stoele skuur met harde, skril geluide teen die sementvloer. Skielik kan ek niks sien nie. Sy staan voor my. Sy staan my toe.

Ek spring op. En kyk in haar oë vas. Sy glimlag, die een skewe voortand wat wit in die halflig flits. Haar oë is nat. Ek weet nie wat om te doen nie, voor almal. Ek steek my hand uit. Sy gryp my teen haar vas. Sy ruik na gebraaide uie en sjampoe. Sy soen my oor.

"Haai jý, hallo!" fluister sy.

Ons los mekaar. Ek is só bly om haar te sien.

"Ek het gedog jy gaan nooit opdaag nie," sê sy. "Of jy het 'n ongeluk gehad . . ." Sy gryp my weer en soen my wang. En dan sit sy op die stoel langs myne. Sy haal 'n pakkie Kent uit die sak van haar wit sjefsbaadjie. Haar blonde hare blink en val sag oor haar skouers. Ek steek die sigaret vir haar aan. Sy blaas die eerste bol rook uit in die rigting van die kroeg, en kyk dan vir my. Haar sigaretlose hand op my knie.

"Ek is jammer, maar ek moes met die bike ry," sê ek, skamerig.

"Al hierdie lang pad?" vra sy. Soos altyd, gee sy om. "Maar dis donker. En koud."

Ek kan weer voel hoe ek bloos. "Ek moes jou sien."

Leonard sit 'n glas vol deurskynende vloeistof voor haar neer.

"Jy moes hom gesien het toe hy hier instap, Marí," sê Leonard. "Hy was amper stokstyf gevries. Wit soos 'n spook." Leonard glimlag. "Wat mens darem nie ook als vir die liefde sal doen nie." Hy knipoog vir my en staan weg om nog 'n kelnerin met haar drankbestelling te help.

Sy druk my hand. Ek kyk in haar groot oë. Sien haar sproete in die halflig.

"Jy moet versigtig wees, Mias, asseblief." Sy leun oor en druk haar warm gesig in my nek. "Jy's al wat ek het."

Sy druk haar sigaret dood en staan op. "Ek sal nou-nou klaar wees," sê sy. "Die mense begin loop, en dis nou net Irish coffees en wafels." Sy lig haar hand en wikkel haar vingers. "Wag nét hier." Sy draai om en stap stadig deur die kombuisdeure, terug na haar werk.

Leonard sit 'n bord op die toonbank neer. 'n Stomende pizza lê die bord vol en Leonard sny die pizza behendig in stukke met een van daardie pizza-snywiele. "Help jouself," sê hy. Hy tel 'n skyf op en glimag. "Dis die beste pizza op Uniondale." Hy neem 'n groot hap en beweeg oor na die CD-speler. Hy druk 'n knop en die rasperstem van Neil Diamond weergalm deur die restaurant. Die paar klante kyk skielik op. Leonard buk, pizza in die hand, om die musiek sagter te maak. "Sweet Caroline" word gedemp, en ek is spyt, want dis een van my gunsteling-Neil Diamond-snitte.

Die plek raak stiller soos mense klaar eet en in die nag verdwyn. Kelnerinne dra Irish coffees aan. Iemand het die ligte helderder gedraai. Die oorblywende klante se gesigte is duidelik sigbaar. Nou net die ouens wat soos boere lyk. Drie tafels.

Agter teen die muur sien ek 'n plakkaat. Van 'n koerant. Die opskrif in groot swart letters: *Uniondale se spook loop weer.*

Ek maak my wynglas die vierde keer vol en tel 'n stuk van die pizza op. Dis nog warm. Tja, soms staan sy glo daar in die nag. So 'n bleek donkerkopvrou. Met wit klere ook. Die polisiestasie het glo destyds suikerwater aangehou vir motoriste wat haar gesien en dan papgeskrik verbygejaag het. Maar soms het iemand haar opgelaai. En dan sê sy g'n woord nie, sê hulle. Minute later hoor jy net 'n skril gelag en 'n motordeur wat toeklap. En dan so 'n ysige koue wat op die motor toesak.

"Jy's seker spyt dat jou girl nie 'n werk in die stad gekry het nie?" vra Leonard. Die jel het drooggeraak en sy hare staan in swart punte. Hy kou – honger – aan 'n stuk pizza.

Ek voel ongeduldig. Marí moet nou klaarkry in die kombuis. Ek wil alleen saam met haar wees. "Sy bly haar hele lewe in die stad," sê ek vir Leonard. "Sy het, wel . . ." ek drink 'n sluk wyn. Ons is maar drie, vier maande saam, dink ek. 'n Mens moenie te veel uitpraat nie. Seker nie. "Marí wil op die platteland werk," gaan ek voort.

"Wie kan haar kwalik neem?" sê Leonard. "Al daardie misdaad. Al daardie vuil lug." Hy skud sy kop. "Maar Uniondale, Mias, waarom Uniondale?" Hy steek 'n sigaret op. "Dis nou die gatkant van die wêreld."

Maar dis naby my, wil ek sê.

Leonard gaan voort. "Uniondale. Spookdorp van die Suide. En gatkant vir verlore siele. Weet jy, nou die dag kom 'n Engelse ballie hier in met 'n oorsese tydskrif, *X-Factor* of so iets, is die ding se naam. En hy wys my daar sê hulle dié girl is een van die wêreld se bekendste highway ghosts. En nou die dag, wanneer, was daar mos die storie in *Weg.* Hulle het daarin gepraat met 'n vrou wat in 1978 hier op die dorp op skool was – ja, die hoërskool hier – en hoe sy een nag 'n korporaaltjie in 'n eetplek gesien het – nee, nie ons plek nie, 'n plek wat lankal toegemaak het. Die ou was op 'n bike van Oudtshoorn af hiernatoe op pad en toe laai hy daai girl op. En toe hy in daai restaurant inkom, is hy heeltemal ge-rattle. Sê hy het 'n ent buite die dorp gevoel die bike ruk. En toe hy omkyk, is die girl weg. En die helmet wat hy haar geleen het, is daar agter aan die bike vasgemaak, so asof dit nooit eers afgehaal is nie. 'n Ambulans moes glo daai korporaaltjie terugvat Oudtshoorn toe." Leonard kyk my vas in die oë, asof hy dophou hoe sy verhaal insink.

"Ek's klaar!"

Ek kyk om en daar staan sy. 'n Rooi trui oor haar sjefsbaadjie. Dun lagie sweet op haar voorkop. In die helderder lig lyk sy nou mooier as ooit. Ek staan op, maar sy het reeds op die stoel langs my kom sit.

"Loopdop?" vra Leonard.

Marí knik en haal 'n sigaret uit haar pakkie. Ek steek dit met Leonard se aansteker aan die brand. Sy streel my been. My hart klop vinnig. Sy lek haar bolip en tel die glas bier op wat Leonard op die kroegtoonbank neergesit het. "Tjeers, skat," fluister sy.

Ek hou my wynglas op en kyk haar in die oë. "Hoe was jou aand?" vra ek.

Sy giggel. "Nie wás nie, ís. Dit is fantasties noudat jy hier is." Sy leun nader en soen my op die lippe. Ek ruik ligte parfuum. Sy moes dit vir my aangesit het. Ek vee die hare uit haar gesig.

Leonard het die musiek harder gemaak. "Cracklin' Rosie." Die laaste klant gaan staan by die deur. "Tjeers, Leonard."

Leonard lig sy hand. "Veilig ry, Ewie."

Die kelnerinne dek die tafels in stilte af.

"Het jy iets geëet?" vra sy.

Ek knik. "Leonard het my van sy pizza gegee."

"Hoe was dit?"

"Die beste pizza op Uniondale," sê ek.

Sy bars uit van die lag en slaan my op my bobeen. Haar blonde hare ruk soos sy lag. Ek kan die donker wortels onder die haarkleursel sien.

"En jy?" vra ek. "Is jy nie honger ná die lang aand in die kombuis nie?"

Haar hand beweeg na my gesig en sy streel my lippe. "Nee. As mens heelaand kosgemaak het, is eet die laaste ding waaraan jy dink." Haar oë glinster. Miskien van moegheid. Miskien omdat sy dieselfde hol gevoel op haar maag ervaar as ek. Van verlange. En liefde.

Sy staan op en hou haar hand uit. "Kom."

Ek kyk na Leonard. "Wat skuld ek jou?"

Hy buk af onder die toonbank in. Hy plaas die twee valhelms op die toonbank. Een witte, die ander 'n bloue. Al twee is gehawend. "Niks nie," sê hy, "ry net veilig."

Dit is donker en stil buite die restaurant. En bitter koud. Ek help vir Marí met die blou valhelm.

"Het jy al op 'n motorfiets gery?"

"Nooit," sê sy. "Maar ons gaan nog só baie goed saam doen. Dis hoe ons mekaar sal leer ken."

Ek probeer haar soen, maar kom nie verby die valhelm se yskoue kante van glasvesel nie. Ek streel haar wang en sit my valhelm op. Ek klim op die fiets en skop hom aan die brand – hy vat onmiddellik. Sy klim op en gryp my om my middel vas. Ek kyk vinnig op na die helder sterre. Die donkermaan laat hulle helderder lyk.

"Vat my weg," sê sy, en streel my nek. Haar vingers is warm.

En ons ry. Ek maak 'n U-draai en ry met die hoofstraat – Voortrekkerstraat – in die rigting van waar ek gekom het.

Dit is pikdonker, afgesien van die fiets se lig, wat ook maar net 'n paar meter teerpad sigbaar maak. Net voordat ons die dorp verlaat, sien ek die aalwynaanleg aan die regterkant. Ek maak oop en die fiets klim teen die heuwel uit.

"Laat waai, Meraai!" skree Marí en druk my stywer. Ek lag oopmond en voel die ysige lug op my tande.

Anderkant die bult is die pad reguit. En ek weet hy is lank. Ek maak my reg vir die lang sit.

As ons met die bakkie gekom het, kon ons nou gesels het. Ek hou so daarvan om met Marí te gesels. Natuurlik is daar die ander dinge ook, waarvan daar nog hopelik meer gaan wees. Maar vir die eerste keer is daar iemand wat na my luister as ek praat. En na wie ek wil luister.

Ag, dink ek, dis oukei. Die enjin se geraas en die vars lug en die vlaktes wat ek ken, is om my. My meisie is agter my. Ek kan voel hoe sy my vashou. Waarvoor kan 'n mens nog vra?

Ek dink aan Leonard, wat baie gaaf is. En die toeriste. In hul modieuse safaripakke. Marí se kop rus teen my skouer. Ek klop haar arm met my linkerhand.

Ondanks die koue en die enjin, is ek moeg. Miskien moet ek halfpad stilhou. Sy kan rook. Ek kan strek. Maar dis nog ver. Ek sug en probeer die verveling weghou deur die strepe op die teerpad te tel. Die enjin dreun eentonig. Swart en wit strepe is al wat ek sien. En daardie diep-diep Karoo-donker, nie eers die oë van 'n bok of . . .

Moer! Wat was dit? Die fiets se agterwiel het geruk. Asof dit gepluk is. Skielik is ek wawyd wakker. Hart in my keel. Daardie paar sekondes van vraende en geskokte misterie voordat jy besef als is oukei. Die fiets loop so stabiel en reguit soos altyd. Ek sug. Seker oor 'n dooie dier gery. En ek draai die petrol oop.

Dan voel ek dit: Die warm omhelsing van agter is weg. Ek kap liggies na agter met my linkerelmboog. Niks. Daar is niks of niemand agter my nie.

Hoe kon ek nie voel dat sy afgeval het nie? My hart hamer. My asem jaag en ek kan hoor hoe ek hyg. Ek draai om en jaag terug, jaag. Maar niks. Niks.

Ek ry vorentoe. Dan weer af. Ek stop in die middel van die pad.

My longe brand. Ek sweet, ondanks die koue. Ek skop die staander uit. Ek hardloop om die fiets, in die middel van die pad.

"Marí! Marí!" skree ek, my stem hees. Ek hoor 'n geritsel van gras. 'n Skril lag. Ek kyk na die motorfiets. En stap oor. Steek my hand uit en raak aan die koue blou valhelm wat styf vasgebind is aan die kant van my ou plaas-*scrambler*.

Weg.

EMILE JOUBERT verskaf bemarkingsadvies aan instansies in die wyn- en landboubedryf en skryf fiksie. Hy was nog nooit aan die stuur van 'n motor-fiets nie, maar hoop om die Meisie van Uniondale te sien voordat hy een aanskaf.

Onder die seil het 'n motorfiets uitgesteek . . .

NEIL HARRISON

Dit het omtrent vier jaar gelede gebeur. Ek het pas 'n smerige egskeiding agter die rug gehad. My tweede en haar eerste. Nadat haar prokureur myne ore aangesit en die stof gaan lê het, het ek op 'n koue Dinsdagmiddag uit ons huis – nou háár huis – gestap. Net met 'n tas vol klere en die sleutel vir Eleanor.

Eleanor is 'n geel F650 wat ek van 'n vriend gekoop het. Sy was een van die heel eerste F650's wat na Suid-Afrika gebring is. My vriend het haar op die vooraand van sy troue – op aandrang van die aanstaande bruid – vir my aangebied.

Deur die jare het ek 'n hele paar motorfietse gehad. Party was bliksems wat my ver van die huis met bloeiende kneukels en blou maermerries gestrand gelaat het. Eleanor, daarenteen, was 'n engel. Of dit yskoud of bloedig warm was, sy het altyd dadelik gevat en nooit onklaar geraak nie. Sy is genoem na my eerste liefde, 'n feit wat nie minder nie as drie keer tydens die egskeiding genoem is.

In die maande ná daardie koue Dinsdag het ek, om dit sag te stel, 'n ernstige gebrek aan geesdrif vir die lewe ontwikkel. My nuwe *bachelor flat* het soos 'n tronksel begin voel. In dié omstandighede het ek die enigste logiese ding gedoen: Eleanor se tasse gepak en die pad gevat.

Enige motorfietsryer wat sy sout werd is, weet dat die rooi lyne op die padkaart, die sekondêre paaie, vir die beste uitstappies sorg. Ry jy 'n F650, leer jy gou om tussen die rooi lyne na die fyn geel lyntjiies te soek, want grondpaaie is waar ware vryheid lê. Die Noord-Kaap het na die beste keuse gelyk, ook omdat ek van daar noord kon ry na Botswana, wat ek nog nie verken het nie. As dinge uitwerk, sou ek twee weke in die saal wees.

Ná 'n dag of twee het ek 'n gemaklike ritme en manier van swerf gevind; een van rondkyk en ry sonder om veel stil te hou.

Een middag laat was ek êrens suid van Kuruman op 'n grondpad. Die pad het ver voor my uitgestrek en die laatmiddagson was sag en vriendelik ná die dag se hitte. Ek het die gesigskerm oopgeklap en, ek moet erken, die noodlot 'n bietjie getart.

Toe, skielik, skiet iemand my van êrens in die gesig. Of so het ek gedink. 'n Gogga wat teen 130 km/h gevlieg het, het my net bokant die oog getref. In die oomblikke daarna moes ek met albei hande na my gesig gegryp het, toe weer na die handvatsels en in die proses die fiets van balans gepluk het. Ek raai, want ek was 'n tyd lank half bewusteloos en weet nie presies wat gebeur het nie.

Toe ek bykom, het ek baie ongemaklik op my sy gelê. Iemand het my saggies aan die skouer geskud en ek het gevoel hoe vreemde vingers met my valhelm se bandjie vroetel. Ek het die hand weggestoot en omgerol op my rug. Toe het ek deur die lysie van liggaamsdele gegaan en gevoel of alles nog daar is. My lyf was heluit seer, maar afgesien van 'n pyn in my linkerskouer en 'n knop bokant my linkeroog, het ek oënskynlik lig daarvan afgekom.

Die man wat bo-oor my gestaan het, het 'n groot swart silhoeët gevorm. Dit het gelyk of hy so groot soos 'n kremetartboom was.

"Is jy orraait, Meneer?" Sy stem was vreemd en sag.

Terwyl hy my opgehelp en na sy bakkie help loop het, het hy homself as Jan Snyders voorgestel. Ek het hom sommer "oom Jan" begin noem, want dit was die natuurlikste ding om te doen. Hy was diep in die vyftig of net in die sestig. Sy gesig was bruin en verweer, sy oë was helder met 'n skerp kyk en hy het hulle nooit geknip nie.

Hy het 'n kakie-oorpak gedra wat hier en daar rofweg gelap was. Sy bakkie was meer lorrie as bakkie; een van daardie ou Fords met trapplanke wat aan die sak was en stowwerige rooi vinielsitplekke.

Hy het my op die passasiersitplek laat sit-lê en teruggestap na Eleanor. 'n Rukkie later het ek gevoel hoe die bakkie effe terugsak en gesien hoe oom Jan die verrinneweerde F650 behendig op die bak vasmaak. Ek het gewonder hoe hy dit regkry om 'n motorfiets van 190 kilogram alleen op die bakkie te tel. En ek het ook gewonder oor die alledaagse gemak waarmee hy dit alles doen.

Toe ons begin ry, het hy begin gesels. "Ek sal Meneer plaas toe vat. Meneer kan vanaand daar slaap. Ek sal môre die garage bel. Hulle sal Meneer kom haal. En die mouterfiets."

Later het ons afgedraai op 'n kleiner paadjie. Die plaashuis was etlike kilometer verder en genestel in 'n klein boord van populierbome aan die einde van die lang, reguit grondpad. Die huis het 'n rooi, geroeste sinkplaatdak gehad wat ook die veranda rondom die huis bedek het. Die tuin het hoofsaaklik uit windverwaaide grond bestaan, met 'n paar blombeddings naby buitegeboue aan die een kant van die huis.

Oom Jan het die voordeur oopgestoot, met 'n gang afgestap en my gewys waar die badkamer is en my na 'n slaapkamer met 'n groot venster gelei. Ek was moeg en seer en het op die bed neergesak en ingesluimer.

'n Ruk later het 'n sagte klop aan die deur my gewek. Oom Jan het my vir aandete genooi. Buite was dit reeds donker.

In die eetkamer was die tafel vir twee mense gedek. My gasheer het ooglopend moeite gedoen. Daar was 'n bont versameling van onpaar eetgerei en van Sondag se beste breekware. Vir ete was daar lamstjops en 'n groot bak bredie wat ons in stilte geëet het. Toe is ons na die voorkamer waar oom Jan 'n helder, kleurlose vloeistof in twee glase geskink het. Ek het versigtig daaraan geproe. Dit kon netsowel van daardie vloeibare gas gewees het wat rokers vir hul aanstekers gebruik. Ek het geproes, na my asem gesnak en byna die glas laat val. Die goed was bleddie sterk. Dit kon net witblits gewees het. Oom Jan het saggies gemeesmuil.

"Bly oom Jan alleen hierso?"

Hy het na 'n foto gewys wat bo die kaggel gehang het. Dit was van 'n jong vrou wat penregop voor 'n geverfde muur gestaan het. Oom Jan se vrou.

"Sy's dertig jaar t'rug oorlede," het hy gesê en weer ons glase volgemaak.

Hulle sê jy kan baie van 'n man se karakter agterkom deur te let op hoe hy optree wanneer hy gekoring raak. Ek raak stil en begin dink, want dan raak die wêreld nog raaiselagtiger. Oom Jan het hartseer geraak en kort voor lank sy storie begin vertel.

Hy en sy vrou het net een kind gehad, 'n dogter met die naam Helena. Sy was 'n pragtige kind en hulle was trots op en baie lief vir haar. Terwyl sy grootgeword het, het sy net mooier geword en teen die tyd dat sy sestien was, het die vryers begin opdaag. Oom Jan en sy vrou was seker sy sal goed trou en 'n beter lewe as hulle hê.

Toe, op 'n dag, het 'n jong gifsmous op die plaas aangekom. Sy naam was John Churm en hy het 'n swart Harley-Davidson gery. Sy hare was teruggekam en so swart en blink soos sy leerstewels. Hy het altyd 'n wit syserp gedra wat los om sy nek gedraai was.

Oom Jan en sy vrou het nog nooit voorheen iemand soos John Churm ontmoet nie en John Churm het nog nooit voorheen so 'n mooi meisie soos Helena ontmoet nie. Hulle was dadelik tot mekaar aangetrokke en John het spoedig baie redes gehad om die plaas te besoek.

Hy het dikwels vir Helena vertel van die stad van waar hy gekom het, van fabelagtige wonings waarin stralende jong paartjies met eksotiese drome hul tyd verwyl het.

Oom Jan en sy vrou het gesien wat aan die kom is.

Op 'n dag, terwyl oom Jan in die veld 'n grensdraad regmaak, het John opgedaag en ure lank in gebroke Afrikaans vertel van sy liefde vir Helena en die wonderlike vooruitsigte wat op hom in die gifbedryf wag. Hy het vertel van die goeie lewe wat Helena saam met hom sou hê en toe, baie opreg, gevra of hy met haar mag trou.

'n Rukkie later het die Harley-Davidson van die plaas weggery en is nooit weer daar gesien nie.

Helena was gebroke. Haar ouers het sonder om 'n woord te sê geluister na die vreeslike goed wat sy kwytgeraak het omdat hulle haar geliefde weggewys het. Hulle het heimlik gebid dat die Here hulle dogter sal help om haar liefde vir die gladdebek-Engelsman te vergeet. Maar dit het nie gebeur nie.

Helena het weggeloop. Kort hierna het John Churm ook vir goed uit die distrik verdwyn.

Oom Jan het my 'n groot foto-album gewys. Daarin was net een foto van Helena en John. Dit was verweer en vol voue asof dit al duisend keer uit die album gehaal is. John Churm se gesig was nie meer herkenbaar nie, asof iemand dit met 'n duim weggevee het totdat sy gesig net 'n wit vlek was.

Oom Jan en sy vrou het Helena nooit weer gesien nie. Twee jaar nadat sy weg is, het iemand op die dorp vertel dat hulle haar gesien het. Dit was glo by 'n gentlemen's club in Oos-Londen waar sy as 'n ontvangsdame gewerk het. Sy het 'n kort swart rok gedra, soos die destydse bediendes in Engeland, en het op versoek vir mans gedans.

Ná hierdie nuus het oom Jan se vrou weggekwyn en gesterf en hy het alleen agtergebly. Die afgelope dertig jaar al hou hy die pad wat hierheen loop, dop in die hoop dat sy dogter sal huis toe kom.

Ek het geloop – eerder gewaggel – terwyl oom Jan stil in sy stoel bly sit het en die trane oor sy gesig geloop het.

Ek moes goed geswael gewees het, want ek kan nie onthou hoe ek in die bed gekom het nie. In die vroeë oggendure het ek wakker geword met 'n hengse pie.

Die huis was stikdonker en ek het deur die slaap begin wonder presies waar die gang en die badkamer is. Oor my skouer kon ek deur die venster die maanverligte agterplaas sien. Die venster was groot genoeg om deur te klim en ek was spoedig op die stoep en uit op die werf. Ek het 'n entjie weggestap en met 'n sug van verligting en 'n helder straal my naam in die sand geskryf.

Ek het begin wakker word. Die maanlig het die wêreld omskep in 'n tafereel van blou en swart. Dit het vreemd en eendimensioneel gelyk asof dit 'n doek was waaraan ek kon vat.

Ek het bewus geword van 'n vreemde geluid; tussen die krieke en ander sagte naggeluide deur was daar nog iets. Dit het geklink soos iets wat geskuur word, soos twee klippe teen mekaar. Die geluid het uit die rigting van die buitegeboue gekom. Ek het opgemerk dat Eleanor van die bakkie afgelaai is en eenkant gestaan het. Die grootste buitegebou het soos 'n groot skuur gelyk en die groot dubbeldeure is omraam deur 'n sagte, geel lig.

Ek kom uit 'n familie van slapelose mense, en dit was dus nie vir my vreemd dat oom Jan nog op was nie. Ek wou hom nie steur nie en het een van die deure net 'n entjie oopgetrek en ingeloer.

Toe my oë aan die skemerlig gewoond geraak het, kon ek sien die ou man sit agter 'n slypsteen wat met die voet aangedryf word. Hy het iets wat na 'n lem gelyk, skerp gemaak. Dís wat ek gehoor het.

Ek was op die punt om die deur oop te stoot en naand te sê, toe ek iets teen die oorkantste muur sien wat my keel skielik laat toetrek het. Ek het ophou asemhaal.

Teen die muur het goed in 'n ry gestaan waaroor 'n bokseil getrek is. Die seil naaste aan my was effens opgelig en ek kon sien daar's 'n motorfiets onder die seil. Dit was onmiskenbaar 'n Harley-Davidson. Sy swart bakwerk het dofweg onder 'n laag stof geblink.

In ongeloof – en stygende afgryse – het ek die ander bokseile bekyk. Onder die voue en kreukels kon ek die buitelyne of plek-plek dele van motorfietse herken. Hier was 'n silwer speekwiel sigbaar, daar 'n flikkerlig en elders handvatsels wat uitsteek, 'n spieël en 'n rooi plastiektenk.

Ek het die fietse getel. Saam met die Harley was daar 14.

Langs oom Jan se werkbank was 'n kas waarvan die deure oopgestaan het. Dit het enige twyfel wat ek nog kon gehad het, uit die weg geruim. Op die rakke was daar in netjiese rye valhelms, handskoene en stewels soos dié wat motorfietsryers gebruik. Ook 'n paar helderkleurige pakkies met blomsaad.

Ek was nog nooit geseën met vinnige reflekse nie, maar daardie nag was dit anders.

Aan die buitekante van albei deure van die skuur was metaallusse. Nie ver van die deure nie het 'n stok gelê, maar toe onthou ek hoe die man daarbinne 'n motorfiets alleen op 'n bakkie gelaai het. 'n Stok sou nie deug nie.

Ek het rondgekyk en 'n paar ysterpale in die blombeddings sien uitsteek. Met 'n gesukkel het ek een losgewikkel, teruggesluip na die skuur en 'n plan begin bedink. Dit sou onmoontlik wees om die ysterpaal geruisloos deur die lusse te kry.

En as dit gedoen is, wat dan? Die paal sou Jan Snyders net 'n tydjie binne hou.

Ek het versigtig maar vinnig gestap na waar Eleanor gestaan het. Die sleutel was nog in die aansitter en toe ek dit draai, het die kontroleliggies dadelik helder geskyn. Die vrees in my hart het effens bedaar. Die linkerdeel van die stuur was effens gebuig, maar 'n mens sou so kon ry.

Nou was ek baie bly dat ek in my ryklere aan die slaap geval het. My stewels en valhelm was nog in die kamer, maar daar was te veel risiko's om dit nou te gaan haal. Ek het teruggesluip na die skuur. Met die ysterpaal in my hand vasgeklem, het ek in my kop die plan van aksie ingeoefen.

Die geskuur het skielik opgehou. Dit was nou of nooit! Ek het die deure toegeslaan en die paal met 'n knal deur die lusse gedruk.

So vinnig ek kon, het ek na Eleanor gehardloop. Soos op enige plaaswerf moes daar duwweltjies en klippe gewees het, maar ek het niks onder my sagte voete gevoel nie. Agter my het iemand van binne die skuur hard teen die deure geslaan: een, twee, drie keer . . .

Ek het in die saal gespring en die aansitter gedruk. Niks het gebeur nie.

Ek het weer probeer. Weer niks.

Ek het hardop gebid, gevloek en gesmeek.

Skielik het die gehamer van binne die skuur opgehou. Die stilte was nog vreesaanjaender as die gehamer. Toe kon ek glasstukke hoor breek.

My hart het in my keel geklop. Maar ek het dit tog reggekry om die regte vrae te vra. Hoekom wil Eleanor nie vat nie? Het iets gebreek toe ek geval het? Ek het teruggedink aan die enigste keer vantevore dat sy ook nie wou vat nie.

Die *kill switch!*

Toe ek weer probeer, het sy dadelik gevat en ek het 'n vinnige dankgebed die naglug ingestuur. Ek het met die pad af gejaag en die koel naglug deur my gesig en hare en oor my voete voel spoel. Daar was 'n kruising, maar geen bordjie wat enige plek of plaas aandui nie.

'n Glinstering in die spieëltjie het my oog gevang. Nie ver agter my nie, het 'n paar ligte oor 'n bult gekom. Dit het gelyk of dit vinnig nader kom.

Die dwarspad voor my het breër gelyk as die een waarop ek was en ek het instinktief regs gedraai. Ek het voortgejaag en kort-kort by soortgelyke kruisings of aansluitings gekom. Daar was nie tyd om te sit en dink nie en ek het elke keer die pad gevat wat die beste lyk en weg van Jan Snyders se plaas loop. Ek het nie geweet waar ek is of waarheen ek op pad is nie. Ek moes net aanhou ry, so vinnig moontlik wegkom. Asseblief tog net nie weer 'n gogga nie!

Maar die vorige middag was dit natuurlik ook nie 'n gogga nie, het ek skielik besef.

Uiteindelik het ek 'n teerpad bereik en omgekyk. Die stil, donker landskap het nog nooit so gerusstellend gelyk nie. 'n Gevoel van verligting het deur my lyf getrek. Ek het links gedraai en so vinnig gery as wat ek kon. Ek het begin koud kry en moes gereeld die trane uit my oë vee. Teen sonsopkoms het ek 'n dorpie binnegery. Daniëlskuil.

Ek wens ek kon sê dat die polisie my geglo en my na Jan Snyders se plaas vergesel het. Maar hulle het nie. Ek wens ek kon sê dat dié storie 'n gelukkige einde het, maar dit het nie.

Die polisiemanne het gesê daar is nie so iemand in die distrik nie en hulle weet ook nie van enige motorfietsryers wat vermis word nie. Het daar iets agter hul onwilligheid geskuil? Ek kan nie sê dit was medepligtigheid nie, maar terwyl ek my storie oor en oor vertel het, het ek gevoel daar is 'n sluiting van die geledere. 'n Sekere vyandigheid.

Toe is ek daar weg.

Ek het my vriende en familie die hele storie vertel, net soos dit gebeur het. Hulle het daarna geluister asof dit 'n oulike, uitgedinkte storie is. Hulle het ophou glimlag wanneer ek daarop aangedring het dat dit die waarheid is. Maar dis eintlik nie belangrik dat hulle my glo nie. Ek skryf dié storie in die hoop dat dit – al is dit net effens – die herinnering sal laat vervaag. Die herinnering aan 14 motorfietse wat grafstil in 'n afgeleë skuur op 'n plaas staan.

NEIL HARRISON is 'n veertigjarige tydskrif-uitgewer en woon in Kaap-stad. Sy motorfietsloopbaan het op 'n 50 cc begin en het MX-fietse, padfietse en af en toe 'n rit op 'n 1150GS ingesluit. Hy is tans "tussen fietse", wat groot emosionele spanning meebring, terwyl hy spaar vir 'n Yamaha XT500. Daar-mee wil hy die verre vlaktes van die land invaar, met geen spesifieke bestem-ming in gedagte nie. Neil het met die Engelse weergawe van hierdie verhaal in 'n aanlyn-skryfkompetisie van BMW die eerste prys gewen.

Meer as net 'n bike

Die Harleys, die poedel en Jack Daniel's *

DANA SNYMAN

At Smit lyk effe ontnugter. "Hier's 'n ou wat sy poedel saamgebring het," sê hy en vat-vat na die bottel Old Brown Sherry langs hom. Hy neem 'n sluk, en laat sak die bottel weer.

"Can you believe it? 'n Poedel. Op 'n bike rally!"

Dis moeilik om te glo, ja; want 'n motorfietssaamtrek is mos nie die soort uitstappie waarop jy jou Malteser saamneem nie. Dit is mos gedoentes waar ouens te veel drink, *doughnuts* met hul fietse se agterwiel op die teer voor die plaaslike hotel maak en laataand in die biertent gaan kyk na *wet T-shirt*-kompetisies.

Maar dis nie hoe dit hier op die jaarlikse Harley-Davidson Rally op Colesberg in die Karoo werk nie. Hierdie is 'n okkasie met klas.

At, wat sy eie vervoeronderneming in Bellville het, staan nou wel hier skuins agter die biblioteek in Colesberg se middedorp en drink OBS uit die bottel, maar hy is die uitsondering. Hy is oënskynlik een van die wilder lote hier. Die meeste ander saam met hom drink whisky uit silwer glase. Of, nee, Harley-ryers drink nie whisky nie.

Harley-ryers drink Jack Daniel's. Harley-ryers steek ook nie hul sigarette met 'n aansteker aan nie. Hulle gebruik 'n Zippo.

Colesberg is gereed vir die Harleys. Party strate hier in die middedorp, waar die NNP-kantoor heel gepas in dieselfde gebou as 'n begrafnisondernemer is, is spesiaal vir die geleentheid gesluit. In die *Colesberg Advertiser en Karoonuus*, die plaaslike koerant, verskyn 'n berig oor die saamtrek – op dieselfde bladsy as twee berigte oor die Afrikaanse Christelike Vrouevereniging (ACVV) se honderdste bestaansjaarviering.

Hier is 'n verhoog opgerig, asook 'n kroeg, 'n werkwinkel en 'n tydelike Harley-boetiek waar jy van Harley-kruisbande (R400) tot daardie noodsaaklike Harley-leerbaadjie (R3 000 plus) kan koop.

Dis mos hoe dit werk. Al het jy reeds 'n Harley, kan dit jou maklik nóg R7 000 kos om soos 'n ware Harley-ryer te lyk: leerstewels, leerbroek, gordel, hemp, baadjie, donkerbril, en daardie mosdop-valhelmpie wat 'n mens nogal 'n bietjie aan die koos onder oumagrootjie se bed herinner.

Harley-mense is spesiaal. Diagonal Insurance Solutions het onlangs bekend gemaak dat hy nou 'n spesiale Harley-versekeringspolis het.

Ou At vat weer 'n sluk OBS en kyk na waar 'n kêrel in 'n Hells Angels-baadjie pas voor die Wild Steer-restaurant met die nodige koel berekendheid van sy Harley afgeklim het. 'n Mens wonder wat sal een van dié hardebaarde sê oor die poedel se beweerde teenwoordigheid hier op die saamtrek?

Die eerste Harley-ryers het gister reeds uit alle windrigtings oor die Karoo-vlaktes aangedreun gekom, meer as 900 van hulle, van Polokwane in die noorde tot Upington in die weste. Johannesburg. Durban. Port Elizabeth.

Hier is ook twee ouens van Soweto af, en 'n Irakiër met die naam Hoesein wat sy hande in die lug gooi en uitroep "Nô! Nô! Nô!" as jy hom vra of hy familie van Saddam Hoesein is. "I'm Hayder Hoesein. Not Saddam!"

Maar nie almal het hulle Harleys tot hier gery nie. Party het hulle s'n op 'n waentjie agter hulle BMW X5'e, hulle nuwe Ford 250-bakkies en hulle Jeeps gesleep. Mense soos André en Ursula Venter van Pretoria, weer, het hulle Harley tot op Bloemfontein gesleep, en toe die laaste sowat 220 kilometer tot hier gery.

Dit is reeds die vierde keer dat die saamtrek aangebied word en dit is min of meer vir Harley-ryers wat die Argus-fietstoer vir fietsryers is.

Dit is nou so elfuur die Vrydagoggend – die saamtrek word oor drie dae gehou, die Donderdag, Vrydag en Saterdag – en op die oog af gebeur hier nie te veel nie: At drink sy OBS, die ander hulle Jack Daniel's. Die Hells Angel sit nou op 'n stoel langs sy Harley oorkant die Wild Steer-restaurant en gee die wêreld rondom hom 'n lang, onverbiddelike Hells Angel-kyk.

Wel, miskien moet ek gaan hoor wat hy van die poedel dink.

Ek stap nader. Hy is swaar getatoeëer. Ek groet hom. My eie weerkaatsing in sy donkerbril groet terug. Nee, hy wil nie gesels nie. Nie oor die poedel nie en eintlik ook nie oor enigiets anders nie. "No comment, sorry," sê hy. "We don't talk to the media."

Dan verskuif hy weer sy verbete blik na waar 'n man met 'n mik-en-druk-kameratjie in die hand aangestap kom. Kort-kort gaan staan die man by 'n geparkeerde Harley en neem 'n foto.

Die fotograaf is Frits Cloete, en hy werk in die plaaslike Score-supermark se slaghuis. "Is hulle nie alte pragtig nie, Meneer," sê hy. "Ek't al 22 van hulle gesnêp. Maar ek hoor hier's 'n goue ene! Het Meneer hom nie dalk gesien nie? Hóm wil ek snêp."

Die grootste gedeelte van 'n Harley-saamtrek bestaan daaruit om rond te staan of te sit en na jou eie en ander mense se Harleys te kyk. Of só lyk dit tans.

Oral in die hoofstraat, veral voor die Bourdeaux-koffiehuis naby die NG kerk, staan Harley-ryers na Harleys en kyk. "Dis omdat geen twee Harleys dieselfde is nie," sê Paul Moore, 'n sakeman van Johannesburg.

Jy kry verskillende Harley-modelle: Fatboys, Softails, Road Kings en Sportys. Maar om een of ander rede is die meeste Harley-ryers nie tevrede met die gewone model nie. Hulle wil dit anders hê. Hulle het 'n woord daarvoor: "customize". Dit beteken jy koop 'n Harley vir R180 000 plus, en sodra jy die fiets het, begin jy ander onderdele en toebehore by die Harley-winkel koop of oor die internet van oorsee af bestel: handvatsels, sitplekke, voetruste. Totdat die fiets vir jou op sy mooiste en anderste is.

Paul het sy Fatboy al so ge-*customize* dat omtrent nog net die skroewe oor is van die oorspronlike een wat hy gekoop het. Hier in die stadsaal is ook 'n Harley-skou aan die gang waar jy kan stem watter aangepaste Harley vir jou die mooiste is. Die fietse word ook beoordeel vir onder meer netheid, bybehore en afwerking.

Die fiets wat Richard Proudfoot van Pretoria ingeskryf het, lyk 'n bietjie soos Mr America, daardie Harley in die kultusfliek *Easy Rider*, met Dennis Hopper en Peter Fonda in die hoofrolle.

"Dis 'n kunsvorm om 'n Harley te customize," sê Richard, wie se Harley meer as R450 000 werd is. "Ek begin met 'n frame, dan sit jy vir hom ander panheads en slash pipes aan en bou hom op tot iets waarop jy trots kan wees."

Harley-mense het hulle eie woordeskat: *panheads* (enjintipe), *slash cuts* (uitlaatpype), Lynchburg-*lemonade* (Jack Daniel's) . . .

Maar een ding van 'n Harley kan nie ge-*customize* word nie. Dit is daardie kenmerkende geluid wat die enjin maak as hy luier: poetata-poetata-poetata. Of is dit dalk: poetoepap-poetoepap-poetoepap?

Harley-Davidson se hoofkantoor in Amerika het 'n paar jaar gelede selfs daardie klank probeer patenteer, uit vrees dat vervaardigers in die Ooste gaan begin om nagemaakte Harleys te vervaardig wat nes die regtes klink.

Daardie poetoepap-poetoepap-klank kom van die unieke, half ouderwetse ontwerp van die enjins af – 'n ontwerp wat nog weinig verander het sedert William Harley en Walter Davidson die eerste een in 1901 in Milwaukee in Amerika gebou het.

Harley-enjins het net twee kleppe, verduidelik Richard, en daardie twee kleppe is aan weerskante van 'n enkele wringas. Sodra die enjin aangeskakel word, begin galop daardie kleppe op en af: poetoepap-poetoepap . . .

Hulle staan dalk net hier rond en kyk na mekaar se Harleys, maar beteken dit Harley-mense is makker as motorfietsryers wat aan die Buffalo of Rhino Rally deelneem?

Harley-mense is wild. Maar op die Ruiter in Swart-manier. Ben Brand, held van daardie fotoboekies wat ons in die sewentigerjare skelm gelees het, het mos dikwels op sy perd, Midnight, by die kroeg aangekom, stadig en berekend afgeklim, die kroeg se deure oopgestamp, stadig ingestap – en 'n glas melk bestel.

Baie Harley-ryers hou hier voor die Bourdeaux-koffiehuis stil in hul swart leerpakke, betrag dinge van agter hul Harley-donkerbrille, klim dan berekend af, stap swaar gehandskoen by die deur in – en bestel koffie. Met warm melk, asseblief.

Goed, dis 'n veralgemening. Nie alle Harley-ryers is ontwerpers-wild nie. Die meeste is ook nie statusbehep en lief vir spog nie. Hier is dokters, prokureurs, sakemense, rekenmeesters, aptekers en poedelliefhebbers (ek kon hom nog nie opspoor nie). Jy moet darem net skaflik lyk as jy 'n Harley ry. Die fiets verdien dit.

"Jy kan nie in tekkies op 'n Harley ry nie," sê Pieter Groenewald van die Steelwings-klub in Pretoria. "Harley-Davidson is 'n manier van leef. Ons klub kom drie keer 'n week bymekaar. Ons is een groot familie."

Die meeste Harley-ryers neem hulself ook nie te ernstig op nie. "Ek wou nog altyd graag rof gewees het," sê André Venter van Pretoria en glimlag. "Met my Harley kan ek darem nou maak of ek rof is. Dalk moet ek vir my 'n paar opplak-tatoes kry."

Oom Kallie du Preez, 'n gewese hoofwildbewaarder van die Etosha-wildtuin in die ou Suidwes, is ook hier, saam met sy vrou. Hulle het heelpad van Parys in die Vrystaat tot hier gery.

"Ek't nie baie tyd vir ouens wat hul Harleys op waentjies tot hier sleep nie," sê hy. "Ek glo jy kry drie soorte Harley-ryers: Dié wat van jongs af lief is vir Harleys, dié wat droom van Harleys, en dié wat graag af-show."

Oom Kallie besit veertien Harleys en ontvang soms oproepe uit die buiteland van mense wat met hulle fietse se enjins sukkel. "Ek ken 'n Harley se enjin beter as wat ou Chris Barnard 'n mens se hart geken het."

Dis nou Vrydagaand net ná elfuur en op 'n Buffalo Rally sou die *strip show* nou reeds goed op dreef gewees het met ouens wat begin skree: "Wys, wys! Wys jou muis!"

Hier op Colesberg het 'n kêrel darem pas so 'n kwart *doughnut* met sy Harley gegooi voor die opelugverhoog waar die Jesse Jordan Band besig is om op te tree. ('n *Doughnut* is vir motorfietsmense min of meer gelykstaande aan 'n honderdtal in krieket of drie drieë in rugby.)

Boonop ry 'n ander ou met sy Harley Heritage Softail by die Wild Steer se voordeur in. "Jan," stel hy homself voor. "Jan Diener. Noem my sommer Lekker-ou-Jan."

Lekker-ou-Jan kom van die Kaap af en het vroeër vir hom 'n tentjie langs die spruit hier in die middedorp opgeslaan. Hy het 'n bottel Delgado-likeur in die hand. "Dè, vat 'n sluk," beveel hy en kyk na my asof hy lus is om my gesig te *customize*. "Dis moedersmelk."

"Drink jy altyd Delgado?" vra ek.

"Nee," antwoord hy. "Net op rallies."

Lekker-ou-Jan sou dit oorweeg het om 'n volle *doughnut* te maak "as die bande nie so bleddie duur was nie".

Die Hells Angel wat vanoggend nie kommentaar wou lewer oor die moontlike teenwoordigheid van 'n Maltese poedel hier nie, staan nou by die toonbank in die Wild Steer. Hy is nou effe vriendeliker. Sy naam is John, sê hy, maar sy van wil hy nie sê nie.

Om betroubare inligting oor die Hells Angels te kry, is moeilik. Gaan kyk jy op die internet, raak jy min of meer die volgende oor die Suid-Afrikaanse Angels wys: Een van die stigterslede se naam was Moose en Japannese motorfietse is eens op 'n tyd nie in die klub toegelaat nie.

Die Hells Angels en Harleys is sinoniem, maar in die sewentigerjare het die Harley-Davidson-maatskappy in Amerika doelbewus besluit om hom te distansieer van die Angels se rowwe beeld. Dit het amper die einde van die maatskappy beteken. In die vroeë tagtiger-jare was die maatskappy op die randjie van bankrotskap, want nie-mand wou hulle vereenselwig met 'n motorfiets wat deur vaal, mak mannetjies gery word nie.

In sy boek *Outlaw Machine* beskryf Brock Yates hoe Harley-Davidson toe besluit het om die beeld te begin bemark van die wilde Harley-ryer – *designer wild*. Dit het gewerk. Deesdae het die maat-skappy 'n omset van oor die R13 000 miljoen.

Yates vertel ook hoe moeilik dit is om internasionaal betroubare inligting oor die Hells Angels te kry. Korrek. Selfs hier op Colesberg wil John steeds niks sê nie.

Maar Lekker-ou-Jan Diener het intussen met sy Softail se voor-wiel tot teenaan die Wild Steer se toonbank gevorder. Nou *spin* hy daardie Harley, wrrooooooeeeem, totdat die glase op die tafels vibreer en die rookwolke die hele plek vol hang.

Dit raak weer stil. "Dit ruik nes vis," sê 'n vrou wat by die toon-bank sit.

Dit is vroegoggend in die Merino Inn, 'n motel net buite die dorp, en 'n hondjie het my pas wakker geblaf. Nou lê ek maar hier in kamer D9 en dink aan wat alles die vorige nag gebeur het. Die kwart *dough-nut*. Die Hells Angel wat nie wil praat nie. (Hy het wel later toege-laat dat ek na die vlamagtige tatoeëermerke op sy arms kyk.) Die goue Harley wat ek nie kan opspoor nie. Ek het ook 'n ruk sonder welslae na Uli Schmidt, die gewese Springbok-haker, gesoek nadat iemand gesweer het hy het hom gesien, kompleet met 'n kopdoek.

Lekker-ou-Jan se ge-*spin* met sy Softail het heel vlot verloop, maar later die aand moes hy ontdek iemand het sy tentjie langs die spruit gesteel.

Dan blaf die hondjie weer. Dit is in die kamer langsaan, hoor ek nou, en dit klink asof 'n manstem sê: "Nee, Wollie!"

'n Rukkie later ontdek ek At was toe reg oor die poedel: Die man in die kamer langs my is Tommy Moolman, 'n Harley-ryer van die Kaap, en hy en sy vrou het hulle Maltese poedel in hulle bakkie saamgebring na die *rally* toe. En haar naam is nie Wollie nie, maar wel Miss Molly.

Yates Brock is dalk verkeerd. Hy skryf onder meer: "Wat Harley-Davidson verkoop, is die kans vir 'n veertigjarige rekenmeester om swart leer aan te trek, deur klein dorpies te ry en mense bang te maak."

Maar die Karoo-mense is nie bang vir die Harley-mense nie. Hulle verkyk hulle aan hulle.

Dis nou Saterdagoggend net ná nege en 'n stuk of 230 Harley-ryers is via Middelburg op pad na Teebus waar die ingang is van die tonnel wat die Visrivier met die Gariep-dam verbind. Ek ry agterna met 'n kar.

Hulle wil met hulle Harleys in daardie tonnel gaan ry.

Ek moet bieg: As jy die Harleys so op die oop pad sien ry, wens jy jy kan self een bekostig. Daardie lae sitplek, daardie gepoetoepap-poetoepap, die wind in jou gesig en die *Easy Rider*-gedagtes wat dit in jou losmaak. Wragtag, dit moet jou bietjie soos die held in jou eie fliek laat voel.

"Baie ouens sal vir jou sê 'n Harley is nie eens regtig 'n goeie motorfiets nie," sê Burt Moss van Durban. "Miskien is hulle reg, hoewel ek nog geen probleme met my Softail gehad het nie. 'n Harley is ook nie 'n buitengewoon vinnige fiets nie, maar daar is net iets aan 'n Harley wat anders is. My Harley is my vryheid."

By die afdraaipad na Middelburg staan minstens vyf plaaslike mense met videokameras vir die optog en wag en toe die fietse in die dorp stilhou, lyk dit of die hele dorp kom kyk.

Pat, 'n plaaslike haarkapster wat ook naeltjieringe insit (sy vertel sy het al meer as honderd op die dorp ingesit), staan saam met haar man, Sebastiaan, op die sypaadjie voor haar salon. "Kyk net daar, Lollie," sê sy vir hom. "Kyk net hoe kry hulle oogdruppels."

'n Ambulans het spesiaal saamgery en party Harley-ryers kry nou eers oogdruppels by die paramedici, want die koue wind wat hier waai, het hulle oë uitgedroog. (Pat beweer die wind hou verband met die orkaan Rita, wat toe in Amerika gewoed het.)

Pieter Kahts, die enigste Harley-eienaar op Middelburg, en sy vrou, Hendrina, ry saam met die ander Teebus toe, want dis nie aldag dat jy die geleentheid kry om in so 'n tonnel te ry nie.

Die tonnel loop skuins onder 'n berg in, en die manne ry sowat agthonderd meter ver stadig daarin af, draai om en kom dan vinnig teruggejaag, terug tot in die lig, terwyl 'n klomp plaaslike mense hulle toejuig.

Dit is nogal jammer ou Whitey Brits en die ander myners van Welkom wat so graag die Buffalo en Rhino Rally op hulle Kawasaki's, Yamaha's en Hondas bywoon, kon nie nou hier wees nie, want dit is al lank my teorie dat myners so baie daarvan hou om met motorfietse te jaag omdat hulle vir groot gedeeltes van hul lewe in nou tonnels onder die aarde werk.

Hierdie sou vir ou Whitey-hulle baie bevrydend gewees het, want dit sou 'n bietjie gevoel het soos om uit Wes-Driefontein se nommer 7-skag te jaag.

Elke motorfietssaamtrek het sy klimaks.

Op die Rhino Rally is dit gewoonlik die Saterdagmiddag wanneer die brandewyn inskop en die manne begin *doughnuts* maak, *wheelies* en *burnouts* doen en 'n myner van Odendaalsrus se meisie kaal agterop sy Kawa Ninja klim.

Ek het eenkeer by 'n Rhino Rally op Orkney gehoor hoe 'n ou met sy vrou oor die tiekieboks stry en vir haar skreeu: "Oukei, oukei, moet net nie 'n otter kraam nie, hoor!"

Dis nou halfvier Saterdagmiddag hier op Colesberg en alles verloop nog stemmig en stylvol. Geen otters word gekraam nie.

Voor die Bourdeaux-koffiehuis staan almal maar weer rond, drink Jack Daniel's of koffie, en bekyk mekaar se Harleys. Hayder Hoesein het pas ook weer teenoor iemand ontken dat hy familie van Saddam is – hy is in Suid-Afrika op soek na 'n beter lewe en werk by die Harley-sentrum in Kaapstad. Tommy Moolman is ook hier, maar hy het Miss Molly by die motel gelos.

Hoe meer 'n mens saam met Harley-mense kuier, hoe meer besef jy hulle is eintlik maar net gewone, besonder beskaafde mense wat graag doen waarvan hulle hou – en wat soos enige motorfietsryer 'n bietjie daarvan droom om soos in *Easy Rider* die pad te vat op die spoor van vryheid.

By die NG kerk, 'n entjie hiervandaan, gaan mense in kerkklere by die deure in, want hier is vanmiddag 'n troue ook.

En dan, 'n ruk later, gebeur die onverwagte: Uit die rigting van die stadsaal kom 'n motorfiets gejaag en, sowaar, toe hy min of meer reg-oor die Bourdeaux is, toe pluk die ou die voorwiele die lug in, en *wheelie* tot naby die kerk.

Dit is Dave Eager van Johannesburg. Maar hy ry nie 'n Harley nie. Dis 'n Buell – maar die Harley-Davidson-maatskappy het darem 'n aandeel in Buell. Jy kan maar sê Buell is Harley se jeugliga, want Dave doen nou al die gebruiklike Buffalo-toertjies terwyl die Harley-mense vir hom hande klap. Hy *wheelie* en kom met 'n sierlike *dough-nut* tot stilstand. Een van Colesberg se straatkinders draf nader en voel aan die warm agterband. 'n Polisievrou neem 'n foto met haar selfoon.

Dan vlieg hy weer weg en verdwyn om die hoek. Op die Bourdeaux se stoep raak almal byna dadelik weer stil en stemmig, asof hy nooit hier was nie. Soos dit op 'n Harley-rally hoort.

DANA SNYMAN is 'n 46-jarige woordsmous wat al 'n paar *rallies* as joernalis bygewoon het. Hy het nog nooit 'n bike besit nie. Op die ouderdom van twaalf het hy wel 'n *fifty* begeer, maar sy oorbeskermende ma het Daniëlskuil se stofstrate as te gevaarlik daarvoor beskou. Hy het wel nog een groot bike-droom: Om weer op 'n hitsige Saterdagmiddag in Orkney se hoofstraat te staan, terwyl 'n ou met die naam Cowboy Visagie op 'n geel Katana verbyskreeu met sy *topless* meisie wat van agter aan hom vasklou, en 'n van-diens-af-myner wat van iewers af skree: "Steek hom, pappa!"

* Hierdie essay het die eerste keer in die buitelewe-tydskrif *Weg!* verskyn.

Nou kyk die mans anders na jou

MARGARET LINSTRÖM

Drie herinneringe uit my jeugjare, dit is die omvang van my motor-fietservaring. Die vroegste daarvan is 'n swart-wit foto van my pa op 'n Harley-Davidson. Dit was in 1945 en hy was in die *army*. "Dis 'n Harley," het my broers vertel – in dieselfde stemtoon wat gewoonlik gebruik is as van die Queen gepraat word.

Dan was daar my broer Brian se epiese tog teen Vanrhynspas uit. Manalleen op 'n oranje 175 cc-Hondatjie heelpad van Simonstad tot voor ons huis in Upington. Dit was iewers in die jare sestig. Die trippie het dertien uur geduur. Brian het nie 'n *full-face helmet* gehad nie en sy gesig was beetrooi toe hy die Grootrivier oorsteek. En dan die *punch line* van dié storie: Hy is met R10 uit Simonstad weg, het langs die pad "sous" ingegooi en kafeekos gekoop, en steeds met R5 by die huis aangekom.

Die derde herinnering is aan 'n keer dat ek op 'n motorfiets gesit het. Dit was op ons agterstoep. My broer Bernard het die klein AJS met die rooi *crackle paint*-petroltenkie in matriek by my pa present gekry. Seker om die Harley-gevoel oor te dra. Bernard wou nie byt nie, en die AJS'ie is hoofsaaklik as sitplek gebruik wanneer ons te veel kuiergaste gehad het.

Dit is min of meer wat ek van motorfietse weet, en nou moet ek die moeder van motorfietsstories doen. Dit is waarom ek op 'n sonnige laatsomeroggend na 'n Bloemfonteinse koffiewinkel op pad is om vier vroue te ontmoet, Bloemfontein se vier Harley-vroue. En benewens my uiters gebrekkige motorfietsagtergrond, of miskien juis daarom, het ek 'n paar vooroordele. Ons het almal tog al die foto's gesien van die vroue by *rallies* wat T-hemploos agter op die bikes hul 40 DDD's ten toon stel. En as die tannies na wie ek op pad is boonop self Harleys ry, sal ek sweerlik netnou moet blad skud met 'n growwestem-dolla in denim en swart leer, 'n suggestie van 'n snor op die bolip. Sonder twyfel sal een en elk van hulle ekshibisioniste wees. Jy moet so iets wees om iets so windgat soos 'n Harley te ry.

Oukei, miskien is dit nie so erg nie, want ek hoor al vier die Harley-vroue is veertigplus. Twee is reeds oumas. Hul beroepe wissel van 'n regsekretaresse tot 'n grafiese kunstenaar. Een verkoop huise en nog een doen die admin in haar man se ingenieurswinkel. Nie een van hulle is 'n *lap dancer*, myner of konstruksiewerker nie.

By die koffiewinkel in die noordelike voorstede waar *society ladies* gewoonlik vir koek-en-tee ontmoet, staan 'n groot swart Harley reeds voor die deur. Binne wag Estelle Geeringh. Dié 41-jarige swartkop is nou waarlik 'n ware *lady*. Ek ervaar weer die effense wantroue wat 'n mens ook oor die telefoon kon aanvoel.

Hoekom wil ek nou juis oor hulle skryf? Sy kyk eers die kat met die valletjiesbloes goed uit die boom voordat sy begin ontdooi. Sy't 'n sagte stem en jy kan sommer sien dis 'n vrou wat bederf ken. Sy't 'n dia-mantring so groot soos 'n paar vet hommelbye aan haar ringvinger, haar grimering is foutloos en haar blink hare is in 'n sjiek *bob* gesny.

En die Harley dan?

Vir Estelle is daar nie iets soos 'n lelike Harley nie. Haar man, André, het 'n garage vol Harleys, maar die gogga het haar eers 'n paar jaar gelede gebyt toe sy vroue by 'n *rally* op Harleys sien ry het. Sy het dadelik besluit: As hulle kan, kan ek ook! Haar eerste bike was 'n Sportster, maar deesdae ry sy 'n 1 530 cc-Softail Cross Bones. Dis 'n pragtige swart fiets met 'n rooi en beige strepie en 'n *old school look*. "Hy's lig en lekker," sê sy.

As sy op haar Harley klim, is dit vir die gevoel van vryheid, vir die kop skoonmaak . . . en boonop gee die brul van 'n Harley haar hoender-vleis. En, mans kyk met ander oë na jou as jy 'n Harley ry.

Die vroue wil juis vir hulle T-hemde laat druk wat sê óf *My other toy is a boy* óf *Girls with balls*.

Net toe slaan die kenmerkende Harley-brul weer teen die geboue vas. Hier kom Renee Burrows. 'n Lang en lenige grafiese ontwerper van 45. My mening oor jeans en leer is net daar in sy peetjie – Renee se Harley-baadjie is in oranje en swart en bitter begeerlik.

Toe haar Sportster die dag voor haar voordeur afgelaai is, sê Renee, kon sy glad nie eens motorfietsry nie. Maar dit was nie lank voordat jaloerse motoriste by stopstrate in haar astrante nommerplaat vasgekyk het nie: *U Wish!* Ja, jy doen.

Wat doen die Harley vir haar? Renee gooi haar hare fyn oor haar skouer. *Free and easy* – dít is hoe sy voel wanneer sy op haar motorfiets klim en die pad vat. Dan is daar natuurlik die geluid wat hy maak. "Dis die beste ding wat ek nog gedoen het."

Vir haar gaan dit nie oor die bestemming nie, maar om die hele rit te geniet. Dis oor hoe naby jy aan die natuur voel. Elke deel van die land ruik anders. Jy ruik die laventelvelde en lemoenbloeisels, die koring en omgeploegde landerye. En ja, sê sy met 'n laggie, soms ook riool en uitlaatgasse.

Estelle tik met haar diamant-hand op die tafel. "Wanneer ek die langpad vat, praat ek met die Here. Dis my tyd vir nadink . . ."

Diep in my begin 'n klein groen monstertjie kop uitsteek.

"O, hier's Andri," red Estelle my van 'n verbreking van die tiende gebod. Dis Andri van Blerk, 'n 51-jarige huisagent. En op die oog af heeltemal te lig in die broek om die 1 584 cc- middernagswart Night Train regop te hou. Sy is aantreklik, maar jy kan sien sy dink dit nie self nie – sy't lankal ophou omgee wat ander mense, ook haar kinders en kleinkinders, dink. Van al die vroue is sy die mees onopgesmukte. Die enigste juwele wat sy dra, is 'n goue kruis om haar nek.

Andri is die een wat die meeste ry. Dit word beaam deur haar stemposboodskap: "As jy my nie in die hande kry nie, is ek seker op my *scooter*. Los maar 'n boodskap."

Sy is bekend daarvoor dat sy 50 kilometer sal ry om 'n brood te gaan koop – enige verskoning om op haar *black beauty* se rug te klim. Andri se eerste Harley was 'n veel kleiner Sportster genaamd Hendriena. Die nuwe swart meneer se naam is Hendrik, want hy dink hy's eintlik 'n trekker, skerts sy.

"Mense noem ons mos die Massey Ferguson girls," verduidelik Estelle op haar rustige manier. "Maar hulle is net jaloers."

Dan vertel Andri verder van haar passie vir ysterperde. Sy het eers 'n 400 cc-Suzuki gekoop waarmee sy in die agterplaas geoefen het. Toe sy uiteindelik die moed bymekaargeskraap het om die strate in te vaar, moes haar suster met haar motor agter haar aanry "sodat ek nie doodgery word nie". Nou gebruik Andri vir Hendrik om van haar frustrasies ontslae te raak. Op haar bike kan sy 18 of 80 wees. Met 'n valhelm op kan sy wees wie of wat sy wil wees. "Dan is ek my eie baas!"

Hoe duur is dié stokperdjie? wonder ek hardop.

Wel, Andri sê sy sal nooit R200 000 vir 'n motor betaal nie. Sy ry 'n vodde karretjie, maar vir Hendrik het sy die geld met 'n glimlag uitgehaal.

Met haar kom 'n mens gou agter dat die Harley-ding soos 'n *love affair* is. Sy het onmiddellik op die Night Train verlief geraak. "Hy is my man en hy maak my knieë lam as ek sy stem hoor."

Die ander dag het sy by 'n verkeerslig langs twee jong laaities stilgehou. Met die valhelm op kon hulle nie sien hoe oud sy is nie en hulle het gewys sy moet die Harley *rev.* Toe doen sy dit. "Ou maat, toe raak daai laaities mal!"

Op 52 is Martha-Louise du Preez die oudste van die groep. Sy is 'n sekretaresse by 'n regspraktyk en lyk soos 'n vrou in 'n Boticelli-skildery met haar lang rooibruin krulle en sagte rondings. Ook al 'n ouma. Sy's fyn uitgevat in 'n Harley-leerbaadjie met 'n delikate swart kantbloes. Vir haar was dit 'n Harley of niks. Sy droom al sedert sy 15 jaar oud is om een te besit. Dié langgekoesterde droom het eers waar geword toe sy 50 geword het. En, sê sy met heimwee, sy is so jammer dit het so laat in haar lewe waar geword, want sy wil nog Harley ry tot sy 75 is. "Ja," terg Renee, "dan sal die mense vra of hulle oumatjie van haar bike af kan help!"

Martha-Louise se oë wys dat alles nie altyd vir haar maklik was nie. Dit het haar nie gekeer om letterlik derduisende *cupcakes* te bak om te spaar vir 'n deposito op 'n Harley nie. 'n Hele R30 000. Vandag is Beautiful, 'n wynrooi Custom Sportster, haar trots. Maar, hoewel sy vandag reg voor die koffiewinkel stilgehou het, was sy aanvanklik te skaam om die bike voor mense te parkeer. Sy't liewers om die hoek stilgehou. Ja, beaam die ander vroue, jy's bang jy maak 'n gat van jouself.

Is motorfietsry nie uitputtend vir sulke nie-meer-so-jong lywe nie?

Die jongeres loer na Andri en Martha-Louise. "Ja, dis nie vir sissies nie," antwoord Martha-Louise. "Die wind en die son eis hul tol op jou vel." Sy wys haar *cowboy tan* – twee ronde bruin kolle aan die bokant van haar hande waar die son haar deur die opening in die handskoene brand. Renee vertel hoe haar ysblou oë bloedbelope word van die wind, en hoe haar rooskleurige vel verbrand, ongeag die SPF40-velroom. Andri voeg by dat mense altyd sê dat sy 'n skerm moet kry om die wind van haar gesig te keer. Sy klik haar tong ver-erg: "As ek nie die wind op my gesig wil voel nie, ry ek in my kar."

Hulle is dit eens: Rooi oë, verbrande vel . . . dit alles is 'n klein prys om te betaal vir die uitleef van 'n passie, die waarword van 'n droom, die gevoel van absolute vryheid wat 'n motorfiets jou gee en die feit dat omtrent nie twee Harleys dieselfde lyk nie. Dit is die een ding wat die Harley-vroue beslis gemeen het, 'n sterk individualistiese streep. 'n Mens sien dit in Andri se Harley se verhitte *handlebars*, Renee se *U Wish!*-nommerplaat, Martha-Louise se *guardian bell* wat haar teen bose geeste op die pad moet beskerm en Estelle se ou-gat swart Harley-handsakkie (met die woorde "Harley Diva" daarop) en haar valhelm met die fyn skoenlappers.

Ons koppies is koud en ek mik huis toe. "Nee, wag," keer Andri. "Hoe wil jy nou hieroor skryf as jy nie weet hoe dit voel nie?" En dit is hoe ek toe *upgrade* van die AJS op die agterstoep na Andri se Night Train. Die valhelm druk teen my ore en ek voel kloustrofobies, die bike se brul is oorverdowend en ek klou vir 'n vale. Maar dis fantas-ties – ondanks my *helmet hair* agterna.

Toe ons weer voor die koffiewinkel stilhou en ek my *pose* probeer herwin terwyl ek van die fiets af klim-val, wil Andri weet: "Maar was jy dan bang, vrou? Mens voel sommer as iemand bang is, want hulle klou soos nagapies!"

Ja hel, ek was vrekbang . . . maar nie bang genoeg nie. By die huis begin ek sente onder sitplekkussings uitgrawe. *Cupcakes*, ouma se eikehout-buffet, troeteldiere, my Claerhouts. Daar is amper niks wat ek nie sal verkoop nie.

Ek weet klaar watter een ek wil hê – daai pikswart Night Train met sy donker, *brooding sex appeal*.

∽

MARGARET LINSTRÖM is 'n joernalis, vegetariër, kunsversamelaar en, as dit van haar afhang, "so gou moontlik 'n biker girl".

Die kortstondige lewe van die Motherless Few

JACO KIRSTEN

As jy gedink het bikers is rowwer ouens as, kom ons sê, varswater-hengelaars, gholfspelers of die eienaars van wedvlugduiwe, dink weer. En dis nie hier waar ek lostrek met die standaard-verduideliking dat daar "baie dokters, prokureurs en argitekte is wat ook motorfietsry" nie.

Ek praat ook nie van Harley-Davidson-eienaars wat in die week 'n pak dra en naweke met Village People-agtige kostuums rondry nie. Nee, ek praat van die klassieke biker wat *rallies* bywoon, kompleet met 'n *club patch* agter op sy moulose baadjie wat bo-oor die leer-baadjie gedra word. *Patches* met name soos Dirty Dealers, The Outlaws of The Apaches. *Patches* wat wys dat hulle lid is van 'n klub. Sommige ouens se name is agterop, onderaan die *patch*. Name soos Tubby, Goose of sommer net Gert. En as jy 'n studie hiervan maak, sal jy iets oplet wat nóg meer verontrustend is – party het ook 'n titel agterop. Soos *President* of *Road Captain* of *Sergeant at Arms*. Of, as dit iemand is wat nog 'n proeftydperk moet voltooi om sy geskiktheid en lojaliteit te bevestig, bloot *Prospect*.

Ek skat dis omdat homo sapiens 'n diepgesetelde behoefte daaraan het om sy wêreld te orden en struktuur aan dinge te gee. Selfs al is hulle bikers. Want vra jy bikers hoekom hulle nou eintlik motorfiets ry, sal 99 persent vir jou sê dis "vir die gevoel van vryheid" – maar nie een kan die gevolglike ironie van lidmaatskap van 'n bike-klub (met woes baie reëls) insien nie! Ja, hulle hou wragtag vergaderings en sensureer lede wat die klub "in 'n slegte lig stel".

Ek het al baie gewonder hoekom bike-klubs nou eintlik bestaan. Sommige ouens hou van die veiligheid wat getalle bied, party mense raak benoud as hulle self moet besluit waarheen om die naweek te ry en vir ander gee dit 'n "identiteit" – veral nuttig as jy gereeld *rallies* bywoon.

Vir die leek is dit belangrik om te weet dat 'n *rally* glad nie 'n mededingende byeenkoms is nie. Wel, dis nou as jy die *wheelies* en *dough-nuts*, die *Miss Wet T-shirt*- en buitebandgooi-kompetisies buite re-kening laat. 'n *Rally* is 'n groot sosiale byeenkoms. Dis 'n kruis tussen 'n kermis, 'n intervarsity en 'n kampeeruitstappie – met 'n paar hon-derd raserige motorfietse en oorgenoeg drank om die ratte van sosiale omgang geolie te hou. En die grootste verrassing is dalk die feit dat dit een van die laaste plekke is waar mense gewelddadig raak. Die cowboys het mos gesê "an armed society is a polite society" en met al daai testosteroon en *sergeants at arms* sal min mense dit waag om 'n ander ou skeef uit te kyk.

My eerste ondervinding van hierdie verskynsel was die Kaapse Beaver Rally op Wolseley. Elke byeenkoms word gewoonlik deur 'n spesifieke klub gereël en gereeld, elke paar jaar, skuif daardie byeen-koms na 'n nuwe plek. Die redes is uiteenlopend – van die feit dat hulle 'n beter perseel gekry het, tot ∴ ... wel, soms wil die mense hulle nie weer daar sien nie.

Ek en 'n paar maters is die Vrydagmiddag vroeg van die werk weg en het kort ná middagete by die *rally* aangekom, maar dit was duide-lik dat daar al 'n hele paar ander manne was wat al lank daar was en nie die kans verspeel het om lekker aan die kuier te gaan nie.

Hoe weet jy ouens kuier lekker by 'n *rally*? Hulle *rev* hulle bikes. Maar dis nie net sommer vir *rev* nie. Nee, die motorfiets word ge-*rev* totdat hy die *rev limiter* slaan. Een oomblik hoor jy nog "whaaap-whaaap" en dan skielik klink dit soos 'n masjiengeweer as die elektro-nika ingryp om (verdere) skade aan die enjin te voorkom. "Rat-tat-tat-tat!" weerklink die stotterende enjin, terwyl die klein skare mense wat gewoonlik bier-in-die-hand sake gadeslaan, goedkeurend knik.

'n Hoogtepunt van dié rally was die ou wat met sy Suzuki GSX-R by die Sir Garnet Wolseley Hotel se trap opgery en 'n *burnout* in die voorportaal gedoen het tot sy agterband gebars het. Om die een of ander rede is die Beaver Rally nie die volgende jaar weer by dié hotel gehou nie.

Ek sal dié rally ook onthou vir 'n ander belangrike gebeurtenis: my vlugtige kennismaking met die lidmaatskap van 'n bike-klub. Want ek het daar bevriend geraak met ene David, 'n geskeide Engelsman wat 'n lae-oktaan administratiewe pos by 'n bank gehad het. Dit was ook nie lank nie, toe besluit ons – as 'n grap – dat ons ook 'n klub gaan begin. En omdat ons net twee was, sou dit bekend staan as die Motherless Few. Dit was ook nie lank nie of ons ontwerp ons eie *patch* (Hägar die Verskriklike wat 'n beker drank omhoog hou) en laat dit borduur. As ek maar geweet het hoe min dae van naïewe, sorgvrye motorfietsry daar vir my oor is!

Ons het ooreengekom dat die Motherless Few nie werklik reëls gaan hê nie; ons wou immers net pret hê en die eerste rukkie het dit goed gegaan. Totdat ons die Swallows' Rally naby Worcester bygewoon het. Dit was dié naweek besonder warm en ek het 'n kortbroek, plakkies en T-hemp gedra. David, aan die ander kant, het trots volhard met sy *biker boots*, denim en die Motherless Few-patch agterop sy baadjie. Dit het beteken dat hy slegs in die koeltes kon rondhang, anders as ek wat oor die hele kampplek rondgeloop en met die een en ander sosiaal verkeer het.

Die week ná die Swallows' Rally bel David my. Hy is diep beswaard.

"Wat's fout?" vra ek.

"Nee, jy dra nie jou patch nie en jy wou nie saam met die klub uithang nie."

"'Skuus tog? Wie?"

"Die klub," sê hy.

"Watter klub, dis dan net ons twee?"

Nee, eintlik nie meer nie, lig David my in, hy't al klaar twee nuwe *prospects* gewerf.

Dis toe net daar dat ek besluit het om my verbintenis met die Motherless Few – en georganiseerde motorfietsry – vinnig tot 'n einde te bring. Miskien is dit hoekom ek nie 'n biker is nie en eerder net 'n motorfietsryer.

'n Klub vir goeie ouens

TOBIE WIESE

Met só 'n naam vir sy klub, moet 'n mens seker 'n *meanie* verwag. Maar toe Dan Lombard van die bike-klub die Pielkoppe aangestap kom uit die staatsdienskantore in Kaapstad waar hy as 'n regsadviseur werk, is dit net die leerbroek wat verklap dat ons hier met 'n biker te doen het. Hy is aanvanklik lugtig vir my (is die pen magtiger as die penis?), maar later ontdooi hy: 'n gewone, gemoedelike ou; glad geskeer, oop gesig, donker hare wat begin grys raak. Die woord "ondeund" pas by sy ligblou oë; hy lag maklik en uit sy maag, wat 'n gesonde ronding het. Hy babbel geesdriftig oor agterpaaie en tien maniere om 'n pap band te fieks en sy ma se familieboek van meer as 800 bladsye oor die Retiefs, dit het pas verskyn . . . Ek moet hom kort-kort terugbring na die klub waaroor ek wil gesels – die eksklusiefste motorfietsklub in die land.

Waar en hoe het die klub in die lewe gekom?

'n Paar van ons het in 1996 op 'n pel se plaas buite PE gebraai. Daar kom ons toe op die gedagte – want bike-klubs het dikwels snaakse name – om 'n klub te begin met die naam van die "Pielkoppe Bike Club". Dit het ook daarmee te doen gehad dat ek toe al by 'n paar Buffalo-rallies 'n *helmet* gedra het met so 'n groot tros daarop.

By die volgende jaar se Buff is 'n *charity launch* gehou om te sien watter klub het die meeste lede daar. Die wenner sou 'n prys kry. Ons besluit toe ons gaan onsself so *launch* en probeer om die meeste lede in te skryf. Ons het rondgestap met *clip boards* en die ouens gevra: "Don't you want to join the Pielkoppe Bike Club? It costs fuck all, it means fuck all and you can win fuck all."

Ons het omtrent 450 name gekry en ver gewen. Maar ons het nie die prys gekry nie, want die organiseerders het gedink dit moet 'n ware klub wees, wat ons nie is nie. Van toe af het die paar van ons – ons was 'n groep pelle, almal van PE – bymekaar gebly en die kern van die klub gevorm. Die 450 name was maar net vir die *fun*. En my swaer en suster in Johannesburg sê toe hulle wil ook 'n groepie daar stig. Ek het later Kaap toe getrek en hier weer nuwe vriende gemaak.

So, toe word dit vriende van vriende, maar 'n hegte groep. Ons is nou 'n groep van so 44 in Kaapstad, Gauteng en PE saam.

Is julle eintlik net 'n groep vriende?

Ja, kyk die naam is vir baie mense fassinerend. Ons moes baie mense weghou, want hulle wil net vir die grap aansluit. Maar dan sit jy op die ou end met 'n ding wat buite beheer kan raak.

Ons het besluit ons wil eintlik 'n "anti-klub" wees. Ons stel nie belang in die gewone waardes van bike-klubs nie. Hulle het konstitusies en ledegelde en 'n *master-at-arms* en *route captains* en al daai stront, net soos in die *army*. Ons het net gesê: "No ways!"

Dis 'n uitsonderlike naam. Wat wil julle daarmee sê?

We're cocking a snook at society and poking fun at pompous people soos die Harley-ouens. Maar dis ook vir die *fun*. Ons hou van die naam. Daar is 'n viriliteit in die naam en dit pas ons goed.

Vryheid van spraak is ook 'n baie ernstige waarde in die land se Grondwet. So, jy kan kies wat jy jouself wil noem.

Daar is altyd die moontlikheid dat mense ons sal assosieer met pornografie en sulke goed. By 'n *rally* het iemand van e-tv daar aangekom en in die *interview* vir een van ons vroue gevra: "So, what is the sex life like in your club?" Sy was sprakeloos, want dit het niks met niemand uit te waai nie.

Hoe kan 'n mens by julle aansluit?

Baie ouens vra: "Can we join your club?" Dan sê ons vir hulle: "No, fuck, you can't." Jy kan nie net kom en 'n paar biere saamdrink en nou is jy 'n pel nie. Die *genuine* waardes van vriendskap loop baie dieper as dit. Ons het pas twee nuwe lede bygekry, maar hulle jol al omtrent vier jaar saam met ons.

Jy kwalifiseer as 'n lid as al die ouens jou as 'n pel beskou. Ek het nie die reg om vir 'n ou te sê: "Oukei, jy is my pel en nou is jy ook 'n lid nie." Ons is nie 'n spul ryk ouens waar jy kan sien hier is nou groot geld wat praat en sodra jy die geld en die bike het, is jy een van die *boys* nie.

Op 'n kol het ons agtergekom daar is ouens wat hulleself as Pielkoppe beskou en vertel hulle is lid van die Pielkoppe, maar hulle is buite ons vriendekring. Toe het ons besef ons sal reëls en 'n konstitusie moet hê.

Wat bepaal julle grondwet?

Ons is ... (hy bring 'n dokument te voorskyn) 'n "club for qualifying eccentrics with a common love of biking". 'n Belangrike beginsel vir ons is *goodness*. Noem dit maar goedheid, *for lack of a better word*.

Ons is op die oomblik besig om 'n konstitusie op te trek en die *core values* vas te lê. Dit klink vreeslik ernstig, terwyl ons eintlik net 'n klomp pelle is wat baie ry en lag en jol. Ons het ook nie enige ledegeld nie. Waar daar geld is, is daar moeilikheid.

Dit gaan vir ons net oor vriendskap. Ons laat nie 'n pel toe as sy gedrag nie aanvaarbaar is nie.

Soos om 'n ander ou se meisie te vry?

Jy gaan nie ver kom as jy dit doen nie! Iemand het voorgestel dat ons dit verbied. Toe sê ons nee, ons kan dit nie doen nie, want die lewe is die lewe. Maar dis die soort ding wat 'n groot probleem sal veroorsaak.

Is julle vroue en meisies ook lede?

Nie outomaties nie. Die vroue moet op hul eie kwalifiseer. Maar ons het byvoorbeeld ook een vrouelid in die Kaap wat *single* is en op haar eie lid geword het. Die vroue het besluit hulle wil hul eie naam hê en dit moenie te onbeskof wees nie. Hulle noem hulself die Pielpoppies.

Dan is daar ook 'n paar ouens wat vroeër bike gery het, maar weens ongelukke nie meer kan nie. Hulle ry nog saam na die *rallies* – in hul karre.

Julle het al 'n ou geskors.

Ja. Dit het baie *soul searching* afgegee. Iemand het (in 'n grap) gevra: "Can you go so low that the Pielkoppe want to kick you out?"

Dié ou was net altyd die moer in, vir amper twee jaar. Hy het die meeste ouens nie meer gegroet nie en daar was geleenthede soos begrafnisse waar mense sal sê dis nou 'n goeie kans om op te maak, maar hy het dit nooit gebruik nie. Hy het gesê hy is nog 'n Pielkop, maar hy het hom nie meer soos een gedra nie. Jy kry daai spaarpielgevoel; hy pas nie meer in nie. Toe het ons besluit genoeg is genoeg.

Maar daar is nie 'n lys redes waarvoor ons iemand sal skors nie. Vriendskap is 'n vrywillige ding; jy kan dit nie met reëls beheer nie.

Neem julle ook deel aan breakfast runs?

Ons is nie so ingestel nie. Die ouens ry in elk geval baie en elke dag. Baie van die *breakfast run*-ouens sal een maal 'n maand sy bike uit die garage haal en ry en dan is hy nou 'n biker!

Die meeste van ons het 'n hele paar bikes en ons ry elke dag. Ek het self 'n stuk of 18 bikes; ek het gister weer een gekry. Ek ry elke dag sowat 60 kilometer van Gordonsbaai af in Kaapstad toe. Ek gee byvoorbeeld nie om om in die reën te ry nie; dis 'n uitdaging. Gister was daar byvoorbeeld baie mis, dis weer iets anders.

Meng julle met ander bikers?

Ja, absoluut. Ons hou ons eie *rallies*, maar ons gaan ook na ander *rallies* toe. Ons is een jaar na die CMA (Christian Motorcyclists' Association) se *rally* op Hartenbos en het toe ons banier daar opgesit. Dié ouens was baie ontsteld en het ons mooi gevra om dit af te haal – wat ons gedoen het.

Van toe af is daar op die CMA se *rally*-vormpie 'n nuwe reël: *No dirty banners*. (Hy lag lekker.)

Hoekom die CMA – is jy godsdienstig?

Ja. Ek is 'n Christen.

Hoe oud is julle omtrent?

Ek is 51 en die meeste ouens is ouer as 40. Maar daar is 'n paar jonger lede van so 24, 25. Ons het besluit om glad nie ons kinders te betrek nie. Hulle kan nie net hier instap omdat hul pa of ma 'n lid is nie. Jy wil ook nie noodwendig saam met jou kinders jol nie. Netnou jol hulle harder as jy!

As die Pielkoppe 'n *dying breed* word en ons raak te oud, *then we can always pull the plug.*

✍

TOBIE WIESE is 'n oudjoernalis en probeer deesdae nuwes oplei (bestuurder: Media24 Joernalistieke Akademie). Hy ry 'n BMW F650GS, verlang soms na sy 1150R en het op 55 die eerste keer met 'n P**lkop kennis gemaak. Vanweë 'n streng Vrystaatse opvoeding is dit vir hom steeds moeilik om dié klub se naam in die openbaar te uiter.

Die Buff beleef 'n *mid-life crisis**

DANA SNYMAN

Burgersdorp, Vrydag, 4 nm. Iemand moet met Clyde-hulle praat. Hy en Willie en Little Oshkosh moet nou net kalm bly. Hulle moenie moeilikheid maak hier op Burgersdorp nie.

Die Buff word nie hier gehou nie, maar op Aliwal-Noord, sowat 56 kilometer noord van hier. Burgersdorp het niks verkeerds gedoen om die Buff te verdien nie, sal party plaaslike mense waarskynlik sê. Maar Clyde Pienaar, 'n elektrisiën van Port Elizabeth, het netnou reeds 'n dik, swart streep met sy Suzuki GSX1300 se agterwiel in die straat hier voor die Burgersdorp Lodge getrek. Little Oshkosh – party motorfietsmanne gee hulself sulke name en verf dit op hulle motorfietse – drink vodka-en-Fanta Grape, en Willie het pas vir 'n ouerige dame wat in 'n Cressida hier verby is, geskree: "Lekke, my antie!"

Al drie is met hulle bikes hier (niemand praat hier van 'n motorfiets nie). Trouens, hier staan tans 'n stuk of dertig, veertig bikes voor die lodge in die dorp se hoofstraat geparkeer – en almal is op pad na die Buff toe.

Op die oorkantste sypaadjie, op 'n veilige afstand, staan 'n skaretjie Burgersdorpers en staar wantrouig in die bikers se koers. En dalk nie sonder rede nie: 'n Paar mense is deur die jare heen al tydens die Buff dood en beseer, ook mense wat net wou kyk. Baie stories word oor die Buff vertel: oor die jaery, die drinkery, die rokery van verdagte sigarette. Rof, rof, rof.

Met 2001 se Buff het 'n paar manne 'n spietkop whisky laat drink uit die loop van 'n haelgeweer. En in 2003 het 'n ou glo 'n rewolwer uitgehaal en sy motorfiets se enjin flenters geskiet.

Die Buff is verlede jaar (2007) op Mosselbaai gehou, maar Mosselbaai se stadsvaders wou om vadersnaam nie vanjaar die swerm motorfietsmanne weer daar hê nie. Nou is almal maar op pad Aliwal-Noord toe – dié dorp se stadsraad het wel ingestem om die stuk of tweeduisend bikers te ontvang, al is die dorp eintlik bekender as 'n plek waar bejaardes hulle rumatieklywe by die plaaslike warmwaterbron gaan lawe en vertroetel.

Vrydag, 4.30 nm. Ek is steeds by die Burgersdorp Lodge. Clyde Pienaar staan nou wydsbeen oor sy GSX in die straat en draai die petrol oop en toe, oop en toe. Wroem-wroem, wroem-wroem-wrooeeeemmm!

"Hoekom doen hy dit?" vra ek vir 'n ou in 'n moulose denimbaadjie wat na daardie klank staan en luister asof dit 'n uitvoering van Beethoven se Negende is.

"Sommer net," antwoord hy.

Dit klink na die regte antwoord, want kort-kort is hier iemand wat sy bike aanskakel en die vet oopdraai. Wrooeeemmm! Sommer net.

Clyde laat weer daardie 1300 cc om genade smeek terwyl iemand van oorkant die straat af skreeu: "Tekkie hom! Tekkie hom!"

Maar Clyde se Suzuki beweeg nie 'n sentimeter nie.

In motorfietstaal staan dit as 'n *burnout* bekend. Of, wel, 'n dreigende een, want 'n volwaardige *burnout* is wanneer jy jou motorfiets se enjin *rev* en *rev* terwyl jy die voorrem vastrek sodat die agterwiel tol totdat dit aan flarde is. Ouens doen dit dikwels op die Buff. Dis hoekom daardie ou glo destyds 'n rollie uitgehaal en die enjin van sy bike – dit was 'n Yamaha 1200 V-Max, sê hulle – stukkend geskiet het. Dinge het rof gegaan, die brandewyn het getrek, en hy kon nie die V-Max se band gebars kry nie.

Ek is ook op pad na die Buff toe. Per motor. My motorfietsdrome is reeds in die jare sewentig op Naboomspruit deur Stoffel Venter beëindig. My ouers sou in standerd 8 vir my 'n Honda-*fifty* gekoop het, maar toe val Stoffel op 'n dag met syne en breek sy been. Toe mag ek nie meer een kry nie.

Tog wil ek baie jare al graag 'n Buff bywoon, want wie het nie al daarvan gedroom om in 'n dorp se hoofstraat af te jaag nie . . . njaaauu . . . verby die kerk en Pep Stores, met 'n meisie agterop wat lyk asof sy in haar jean ingegiet is?

Nes Clyde nou net gemaak het.

Vrydag, 4.45 nm. Hennie en Christa Marais het ook pas hier stilgehou en van hulle motorfiets geklim. Hulle kom heelpad van Upington af.

Die manne van Beaufort-Wes se Karoo Scorpions is ook aan die opruk Buff toe. Klein-John van der Merwe, Freddie Strauss, Kobus Theron, en sulke snare.

"Ons moes die gevaarlikste dier in die Karoo kies vir ons wapen," lui die Scorpions se jaarverslag op die internet. "Ons moes kies tussen die bruinkapel en die Parabuthus-skerpioen. Ons het toe ten regte of onregte die Karoo Scorpions gevorm."

Daar is selfs 'n klub met die naam die Sekelslaners op die Welkomse Goudveld. Dis 'n vertaling van die woord *reaper*, wat kom van *The Grim Reaper*, 'n ander naam vir die dood.

Motorfietsmense praat hulle eie taal, van goed soos 'n *wheelie* (wanneer jy vinnig wegtrek en op jou agterwiel ry) tot 'n *doughnut* (wanneer jy jou bike se voorrem vastrek terwyl jy die agterwiel laat *spin*, al om die voorwiel totdat daar 'n swart kring op die teer lê).

Bikers praat ook dikwels in afkortings, amper soos chirurge:

"Wat sê jy van die R800VTEC?"

"Hy's nie te *bad* nie, maar gee my eerder die R1150 of die VZR."

"En wat van die 1100GSXR?"

"Lekker torque, maar ek soek eerder die 750GSXR."

Vrydag, 5 nm. Dis natuurlik nie net mans wat die Buff bywoon nie. Trouens, die meisies is miskien die grootste rede hoekom ek van jongs af die Buff wou bywoon. Die ouens op skool het altyd vertel – gewoonlik op goeie gesag – wanneer dinge rêrig geil begin raak, is daar meisies wat kaal agterop motorfietse ry.

En dan is daar ook die *wet T-shirt*-kompetisie, natuurlik. Én *strippers*.

Hier in die Burgersdorp Lodge se kroeg is tans 'n paar meisies, maar hulle lyk na taamlik onervare bikers, want daar's nog nie juis veel wapentjies en kentekens op hulle baadjies nie.

Dis nog 'n ding wat ek vandag al gesien het: 'n Biker se baadjie is sy CV, kan jy maar sê. Op sy baadjie kan jy sien tot watter klub hy behoort en op watter rallies hy al was. In dié opsig is hulle nogal soos padatlete en Afrika-generaals: Hulle dra graag 'n klomp kentekens en blink goedjies op hulle baadjies.

Op die denimbaadjie van een meisie hier in die *lodge* se kroeg is daar egter nog nie 'n enkele wapen nie. Om haar knie is wel 'n *knee-guard*, wat darem 'n mate van gesag inboesem. "Vanaand bid ek vir myself," sê sy, en druk 'n bottel perskegegeurde Brutal Fruit die lug in. "My cash flow raak net laag."

Gaan dit dalk sy wees wat môre of oormôre bostukloos agterop 'n Kawasaki deur Aliwal se strate ry?

Vrydag, 5.05 nm. Die manne wil nou Aliwal toe, minder as 'n half-uur se ry hiervandaan, of dalk net 'n kwartier, afhangende van wat jou houding teenoor spoedbeperkings is.

Willie gaan klim ook op sy Yamaha XZF1000 en draai sy oor. Wroeeemmm!

'n Seuntjie draf nader met 'n vel papier in die hand. Maar dis nie vir Willie se handtekening nie. "Ek verkoop lootjies, Oom," sê die kind. "Oom kan 'n skaap wen."

Willie koop 'n lootjie.

Die eerste Buff is in 1969 op Bathurst in die Oos-Kaap gehou. Dit was nadat Eon Mendel, Tony Bayley en 'n paar ander manne van die Nomads-klub die naweek by Silwerstrand naby Robertson gekampeer en besluit het Suid-Afrika kort 'n ware *bike rally*.

In die jare sewentig het die Buff gegroei tot dié motorfietssaamtrek in Suid-Afrika – een waarteen predikante hulle gemeente en ma's hulle dogters gewaarsku het.

In die jare tagtig kon die Buff nege jaar lank nie plaasvind nie omdat openbare byeenkomste ingevolge die noodtoestand in die land verbied was. Maar sedert 1992 word dit elke jaar weer aangebied.

Ek het ook pas die antwoord gekry op iets waaroor ek al lank wonder. In my kinderjare was daar 'n storie in omloop oor die Black Prince, 'n vreesaanjaende motorfiets. Die Black Prince, het die ouens by die skool vertel, het 'n V8-enjin en wanneer jy een koop, kry jy gratis 'n doodskis by omdat dié motorfiets jou nek kon afruk as jy te vinnig wegtrek.

"Ja, jy het wel 'n Black Prince-bike gekry," het John Wessels van die Kaap my pas vertel. Dit is in die jare vyftig in Engeland gebou, maar het nie 'n V8 gehad nie en jy het ook nie 'n komplementêre doodskis gekry nie. Die Black Prince se enjin was trouens maar makkerig teenoor party van dié wat jy deesdae kry.

Aliwal-Noord Spa, Vrydag, 7.30 nm. Een ding is seker, dis nié die regte naweek om met jou rumatieklyf in Aliwal-Noord se spabaddens te kom rondsit nie. Die bekende spa word die hele naweek deur die motorfietsmense beset.

Om die groot warmwaterswembad is van daardie rooi-en-wit lint gespan wat die polisie op 'n misdaadtoneel gebruik. Dis omdat 'n stuk of vyf motorfietse glo in die swembad beland het toe die Buff in 2001 die laaste keer hier op Aliwal gehou is.

Tans word ook geen woonwaens hier toegelaat nie. Die meeste van die bikers slaan tent op. Daarom sit A.J. Jordaan van die Kaap nou hier voor sy Autovilla buite die spa, met sy bike op 'n waentjie agteraan. Die organiseerders wil hom nie op die terrein toelaat nie, want hulle beskou die Autovilla as 'n woonwa.

Nou doen hy maar wat baie Suid-Afrikaanse mans doen wanneer hulle vies of teleurgesteld is. Hy braai. "Hoe kan hulle sê 'n Autovilla is 'n karavaan?" vra A.J., terwyl 'n paar tjoppies voor hom op die gasbraaier lê en sis.

Aan die oorkant van die heining, op die spa se terrein, is dit net tente en motorfietse waar jy kyk. Op 'n oop stuk grond, min of meer daar waar gesinne en kerkgroepe vakansietye 'n vreedsame vlugbalwedstryd speel of 'n frisbee vir mekaar gooi, is twee tamaai markiestente opgeslaan: Een dien as 'n kroeg en kuierplek; in die ander een is 'n verhoog waarop Miss Buff vanaand aangewys gaan word – en die *wet T-shirt*-kompetisie gehou gaan word.

Buff Radio se tydelike ateljee is ook hier staangemaak, en dit voel of Led Zeppelin se liedjie "For Your Life" nou al die twintigste keer speel.

'n Entjie verder het die Kekkelbekkies Kleuterskool 'n stalletjie waar jy *hot dogs* kan koop. Doer op die grasperk sit 'n ouerige biker, teugend aan 'n arbeigegeurde *slush puppy*.

Vrydag, 8 nm. Iets onrusbarends is aan die gebeur. Dit klink nie of hier meisies is wat aan die *wet T-shirt*-wedstryd wil deelneem nie. Oor Buff Radio is nou al drie keer mooi gevra: "All the ladies that want to enter the wet T-shirt competition, please come and report to the Buff Radio studio." Maar niemand daag op nie.

Vrydag, 8.30 nm. Dis nie dat ek teleurgesteld is in die Buff nie. Dis net, wel . . . niemand het nog 'n *doughnut* langs die swembad gemaak nie, laat staan nog 'n rollie uithaal en sy Kawa se enjin in sy peetjie skiet. Die Buff begin trouens al hoe meer vir my lyk na 'n groot reünie van die Led Zeppelin-bewonderaarsklub van Suid-Afrika. Oral sit ouerige mans rond, drink ietsie en gesels stemmig.

Naby die groot swembad braai die Karoo Scorpions skaaptjoppies. By die Christian Motorcyclists' Association se kampplek kan jy enige tyd vir jou 'n beker gratis koffie gaan haal. Hier is selfs 'n jong paartjie met 'n baba.

In die kroeg langs die swembad hoor ek iemand praat van Gys die Slagter. A-ha! Gys klink soos iemand wat dinge kan laat gebeur. Dalk is hy daai ou met die rollie? Ek gaan groet hom.

"Ek's Gys die Slagter," stel hy hom voor. Dit blyk hy is 'n bekende sakeman van Bloemfontein, een wat regtig slaghuise besit. Sy regte naam is Gys van Rooyen en op sy baadjie is selfs 'n ZCC-wapentjie, een van daardie wat lede van die Zion Christian Church dra.

"Ek het die wapentjie agterin 'n ou Mazdatjie gekry wat ek by een van my garages verkoop het," sê Gys. "Nou dra ek hom ook maar hier op my baadjie."

Gys, wat al ses of sewe Buffs bygewoon het, kyk oor die see van tente uit. "Die Buff is nie meer wat hy was nie, ou maat," sê hy. "Die

ouens is nou baie makker as in die ou dae. Hel man, daar loop dees-
dae selfs busse wat ouens na die Buff toe bring. Dit lyk nie of hier
meer jong manne is nie."

Inderdaad. Daar was vanjaar 'n spesiale bustoer uit die Kaap. Dalk
vir die ouer, beseerde biker?

Vrydag, 8.45 nm. Uh-uh, Buff Radio het pas weer versoek dat mei-
sies tog vir die *wet T-shirt*-kompetisie moet inskryf.

Vrydag, 9 nm. Hier kom aksie! Op die verhoog in die groot markies-
tent gaan 'n *strip show* begin, word amptelik aangekondig. Haar
naam is Brandy en sy word betaal om vanaand hier vir die manne
álles uit te trek. Voor die verhoog staan seker hier by die 300 bikers.
Brandy wikkel haar onderlyf verwoed op die maat van die een of an-
der treffer uit die jare sewentig, amper asof dit sal vergoed vir haar
skoonheid wat al effe aan die kwyn is.

Party ouens neem foto's met hulle selfone, maar die meeste staan
net stil en kyk. Niemand klap eens hande toe sy uiteindelik van haar
laaste kledingstukkie ontslae raak nie. Skaars 50 meter daarvandaan
koop party ouens onverstoord vir hulle *hot dogs* by die Kekkelbekkies
se stalletjie.

Later die aand se *wet T-shirt*-kompetisie word afgestel.

Vrydag, 9.30 nm. Wag, wag, in die kroegtent is 'n effense oplewing.

'n Ou met die naam Arthur het so 'n bietjie, wel, moeg geraak van
die ver ry en gekuier. Nou lê hy en slaap tussen 'n klomp strooibale
in die middel van die tent terwyl van sy vriende vra dat vreemde
meisies langs hom poseer vir foto's, wat hulle vir stomme Arthur se
vrou op Kroonstad wil SMS.

Die meisie met die *kneeguard* en die *cash flow*-probleem wat ons
op Burgersdorp gesien het, kom maak ook 'n paar suggestiewe bewe-
gings oor Arthur, terwyl die manne wegsak agter hulle selfone en
alles afneem.

Is dit dalk een van die redes hoekom die Buff nie meer die willewragtige karnaval is wat dit eens op 'n tyd was nie? Jou vriende kan foto's vir jou vrou, meisie of ma SMS van hoe jy jou inleef in die *wet T-shirt*-kompetisie.

Vrydag, 10 nm. Van die ouer bikers het al gaan inkruip. By die Lekker Ou Jan-restaurant in die middedorp doen die res wat die meeste van hulle blykbaar deesdae by die Buff doen: Hulle staan by hulle bikes, drink ietsie en gesels rustig oor biker-dinge.

"Scheme Pa hier's 'n plek waar mens 'n tattoo kan kry?" het ek netnou in die manstoilette van die Spur oorkant die straat gehoor. "Ek wil vir my 'n dagger hier op my arm laat opsit."

Aliwal-Noord, Saterdag, 11 vm. Die Buff se gees is darem nog nie heeltemal geblus nie. Dankie tog. Voor die Lekker Ou Jan-restaurant en die Spur staan 'n paar honderd mense saamgepak, want allerhande klassieke Buff-dinge is aan die gebeur. Die polisie en die verkeersdepartement het die dorp se hoofstraat afgesper en nou kan die bikers hulle ding doen sonder om met die gereg te bots.

Kort-kort kom 'n bike verby, skreeuend op 'n agterwiel.

Toe die Buff in 2001 hier op Aliwal gehou is, het 'n plaaslike verkeersman vooraf gedreig om dit vir die bikers moeilik te maak. Maar op die ou end het die bikers hom "mak gemaak". Hy het, soos ek op Burgersdorp reeds gehoor het, later glo selfs whisky uit 'n haelgeweer se loop hier voor die Spur gedrink.

Vanjaar is dié verkeersman nie hier nie. Hy is nie eens meer op Aliwal nie. "Ek dink hy's oorsee," sê 'n provinsiale spietkop wat langs sy patrolliemotor naby die Spur 'n appel staan en eet.

Saterdag, 11.15 vm. "Waar's die Hells Angels?" vra iemand op die sypaadjie.

Hulle is nie hier nie.

"Die Hells Angels kom nie eintlik meer na die Buff toe nie," verduidelik een van Welkom se Sekelslaners. "Hier's deesdae dan sielkundiges en tandartse wat ook Buff toe kom."

Jan Meintjies van Pretoria het netnou selfs uit Robert M. Pirsig se ingewikkelde boek *Zen and the Art of Motorcycle Maintenance* gelees. Pirsig se boek is vir bikers wat *Die volkome vrou* eens op 'n tyd vir party Afrikaanse vroue was: Hy was op hulle rakke, maar nie almal het noodwendig alles daarin verstaan en toegepas nie.

"In a car you're always in a compartment," het Jan Meintjies plegtig uit *Zen* aangehaal, "and because you're used to it you don't realize that everything you see through that window is just more TV".

Op die Lekker Ou Jan-restaurant se stoep sit 'n ouerige blonde vrou. Maggie.

Dis gevaarlik om te veralgemeen, maar Maggie kan beskryf word as die oorspronklike Buff-meisie. Blond. Stywe jean. Welbedeeld. Sy's in Oos-Londen gebore, meer jare gelede as wat sy dalk graag sou wou hê. Op agttien het sy verlief geraak op 'n lid van die Hells Angels, vertel sy. Hulle het saam weggeloop, ja wragtig, Durban toe.

Sy naam was Duanne en hy is later in 'n motorfietsongeluk dood. ("Duanne" klink soos die biker wat in The Shangri-Las se motorfietstreffer uit die 1960's, "Leader of the Pack", dood is.) Nou is Maggie getroud en woon haar soveelste Buff by. Sy is nie meer so blond soos sy was nie en haar denim span nie oral meer so styf nie.

"Dit gaan alles oor vryheid," sê sy. "Die mense wat hiernatoe kom, wil net vir 'n dag of drie vry wees van allerhande verpligtinge en goed om te doen."

Saterdagmiddag, 12-uur. 'n Leë lykswa van die Cithibanga Funeral Service op Aliwal hou hier naby die Spur stil. 'n Man klim uit. Hy staan 'n rukkie en kyk na die bikes wat verby ge-*wheelie* kom.

'n Bietjie later val twee ouens van hulle bikes af nadat hulle stadig teen mekaar vasgery het. Hulle stof hulle broeke af, skud hoflik blad en ry verder.

Die begrafnisondernemer klim in sy lykswa en ry weg.

Saterdag, 1 nm. 'n Jongerige kêrel het netnou met 'n ouerige Yamaha hier aangery gekom. Hy is kaalvoet en het net 'n T-hemp en 'n rugbybroekie aan. Sy naam is Bruce Fourie, hy kom van Plettenberg-baai af en dit lyk amper asof hy persoonlik weer van die Buff daardie wilde gebeurtenis kan maak waar die reuk van rubber en tweesla-golie in die lug hang en meisies kaal agterop bikes klim.

Kaalvoet is hy besig om met daardie Yamaha een *doughnut* ná die ander voor die Spur te trek. Dit lyk amper asof hy die Olimpiese motief met sy vyf ringe op die teerpad wil uitbrand.

Bruce werk ses dae van die week as werktuigkundige op Pletten-bergbaai, week-in, week-uit. Maar nou is alle oë op hom. Hy moor daardie Yamaha se enjin totdat die rook onder die tollende agterwiel uitborrel en mense begin skreeu en juig en fluit en lag, en opeens besef ek: Maggie is dalk reg. Dit gaan oor vryheid.

Mense kom van reg oor die land Buff toe om daardie droom te laat voortleef, die droom wat ons almal het om vry te wees van agt-tot-vyf-werkdae, van oortrokke bankrekenings, beurtkrag en ander be-kommernisse.

Eenkant is twee ouens besig met *burnouts*. Wroeeeemmm! Som-mer net omdat hulle kan.

Ek gaan praat met Bruce nadat hy klaar is met sy soveelste *dough-nut*.

"Wat is die geheim van 'n goeie doughnut?" vra ek hom. "Wat moet jy doen?"

"Sorg dat jou bike 'n goeie voor-tyre het," antwoord hy.

Miskien is daar iewers 'n groter lewensles in: Sorg dat jy 'n goeie voorband het as jy met jou agterband 'n *doughnut* wil maak.

Sondag, 11 vm. Ek is op pad huis toe. In RSG se nuusbulletin kom 'n berig: Die Buffalo Rally op Aliwal-Noord was 'n groot sukses. Volgens 'n polisiewoordvoerder is geen ernstige voorvalle aangemeld nie.

Die Buff is dalk nie meer heeltemal dieselfde nie, maar dit bly steeds die Buff. Volgende jaar sal duisende bikers weer soontoe op-ruk. Bikers sal maar altyd van vryheid droom. Al moet party van hulle per bus Buff toe aangery word.

* Hierdie artikel het die eerste keer in die buitelewe-tydskrif *Weg!* verskyn.

Ál meer bikes, ál minder broeders

DIRK JORDAAN

Ek het nie altyd alleen gery nie. Daar was 'n tyd toe ek deel was van die broederskap van bikers. Maar dít het lankal in die niet verdwyn, saam met die laaste walms van loodpetrol.

Ek was nooit gelukkig genoeg om 'n fifty te hê nie, omdat motorfietse so onwelkom soos 'n Kubaanse kuiergas in ons huis was. Die gevolg? Die oomblik toe ek kon, het ek die grootste fiets gekoop wat ek kon bekostig, 'n Kawasaki Z750L. Betaal met *danger pay* nadat ek van die Grens teruggekeer het.

My destydse *buddy*, die Soutie, het in daardie stadium nog nooit sy been oor 'n bike geswaai nie, maar was so beïndruk dat hy dadelik vir hom ook een gaan haal het, net in 'n ander kleur. Iemand anders moes dit van die handelaar af tot by die kamp vir hom ry. (O ja, voor iemand sleg dink van my, hy het daarop aangedring om "Soutie" genoem te word.)

Dit was in die Groot Tagtigs, toe die rand sterk en motorfietse goedkoop was. So bekostigbaar en beskikbaar dat 'n handelaar jou amper betaal het om met een weg te ry. Dit was die dae van die UJM – die Universal Japanese Motorcycle. Kragtige viersilinders wat deur meer mense bekostig kon word as die vroeëre tweesilinders uit Engeland en Amerika. Die land se paaie was vol brullende Hondas, Suzuki's en Kawas, met enkele Yamaha's tussenin om dit interessant te maak. Dit was nie meer 'n prestasie om 100 myl per uur te haal nie, want 160 kilometer per uur was nou jou gemiddelde spoed.

Die UJM's van die vier groot Japannese vervaardigers was almal eintlik dieselfde: viersilinder-enjins wat hang in gesweisde buisrame met 'n ruggraat. Soliede skyfremme voor en vier vergassers onder die bliktenk. Jy kon hulle nie klaar gery kry nie, al het jy al die krag uit hulle gewurg en jou agterband by 'n *rally* aan flarde ge-*spin*.

Jy moes net kies watter kenteken jy op die tenk wou hê, maar verder was hulle meer eenders as anders. En jy moes besluit watter grootte enjin jy kon bekostig, want daar was min ontwerpverskille tussen sê nou maar 'n 500 of 'n 750. Dit het tot gevolg gehad dat ryers dieselfde fietse vir verskillende doeleindes gebruik het (dis waar die "Universal" vandaan kom, sien). Jy het met jou viersilinder getoer, Sondagaande in Voortrekkerweg ge-*dice*, in die week gependel en met hom volgelaai na rallies toe gejaag.

Byna die enigste uitsonderings was Honda se doelgeboude toerfiets met sy plat enjin, die Gold Wing, en BMW se fietse met hul betroubare dog onderpresterende bokser-enjins.

Dit was die tyd van swart leerbaadjies, jeans, tekkies en goedkoop valhelms. 'n Fiets met 'n vaartskerm was so skaars soos 'n motorhuisvloer sonder 'n oliekol waar 'n Triumph gestaan het. En bikers het vir ontbytritte begin saamkom of naweke hul slaapsakke met rekke agter op die saal vasgetrek en die pad na 'n saamtrek toe gevat. In bondels. Dieselfde mense op dieselfde fietse. Een groot bende . . .

Broers. Soos ek en die Soutie.

Gepraat van *rallies*: 1981 se Rhino Rally is by die Tarlton-versnelrenbaan naby Krugersdorp gehou. Die Soutie het toe pas sy Kawa gekoop en wou met alle mag saam. Ek het egter my voet dwars gesit: "As jy saamgaan, moet jy saam drink ook," was my voorwaarde aan die geheelonthouer-Engelsman. Hy is wel saam en het, soos 'n jong hond wat jy die eerste keer parkie toe vat, heeltemal losgeruk.

Die Saterdagaand, toe ek weer opkyk tydens die *wet T-shirt*-kompetisie, het hy (geïnspireer deur die Red Heart) op die verhoog gestaan en die beamptes gehelp om die jong dames se hempies nat te gooi!

Hy het van die Laeveld gekom en daarom is ons gereeld in daardie rigting. Met sy ouerhuis as basis het ons die hele omgewing verken. Op een van daardie langnaweek-ritte (ons was toe al klaar met diensplig) het vier van ons saam gery. Soos dit maar gaan, het dinge al rowwer begin raak. Ons het ons motorfietse geken en, vol jeugdige mededinging, al hoe vinniger begin ry soos die naweek gevorder het.

In 'n stadium is ons in enkelgelid deur 'n paar esse, ek voor. Die volgende oomblik het die Soutie in 'n linkerhandse draai aan my buitekant verbygekom. Hy het op televisie gesien die renjaers hang aan die binnekant van hul fietse af en het dié nuwe tegniek beproef. Maar hy was skaars by ons verby, toe sy motorfiets in 'n rookbol 180 grade omswaai en terugwys na waar ons vandaan gekom het.

Sy regtertekkie het van die voetrus afgegly en met volle geweld die agterrem getrap. Die agterband het vasgesteek en begin gly. Soos 'n kar wat 'n *handbrake turn* maak, het hy omgeswaai, maar glo dit as jy wil, hy het nie geval nie. Ons is aan sy binnekant verby en ek kan nog goed die wit van sy oë onthou wat sy hele valhelm gevul het. Ons moes hom van die fiets afhelp en vir hom 'n sigaret opsteek – hy't te veel gebewe om dit self te doen.

In daardie dae het die heldhaftiges dit selfs met UJM's op die renbaan gewaag, in superfietsrenne. Mét hul swak hantering, flou remme en harde, dun bande. Die Grands Prix was fietse met tweeslag-enjins beskore: raserige, rokende vuurpyle wat net-net deur baie vaardige ryers beheer kon word.

Ons moes geweet het dit sou nie so bly nie. En dit het nie. Iewers langs die pad het vierslag-renmotorfietse kop uitgesteek en dinge is omgeswaai. Ontwikkelingswerk is vir die renbaan gedoen, wat padfietse beïnvloed het.

In die negentigs was daar skielik die Suzuki GSX-R750 met sy vier kleppe per silinder en raam wat om die enjin vou; die Honda RC30 van 750 cc met sy V4-kragbron en renraam; die Yamaha FZR'e met hul gegote rame en vyf (ja, vyf!) kleppe per silinder en die ligte Honda Fireblade. Almal met replika-vaartskerms in helder kleure wat die Oriental Plaza sou laat bloos.

Dinge was nooit weer dieselfde nie. Soos wat die vervaardigers probeer het om mekaar ore aan te sit en unieke fietse te bou wat net één klein voordeel bo die mededingers het, het die motorfietse op die paaie ook verander. Daar was natuurlik ook voordele, soos die gelyktydige ontwikkeling van goeie remme en bande. Jy kan vandag baie vinniger as destyds ry en steeds veilig bly, dankie tog.

Nog veranderings was op pad. In 1980 het BMW sy R80GS bekend gestel – 'n fiets waarmee jy op teer én in die veld kon ry. Dit was die geboorte van die avontuurfiets, wat nuwe ryers met 'n nuwe lewensbeskouing gelok het. Intussen het Harley sy basiese enjins heront-werp om betroubaarder te wees.

Dié twee vervaardigers het besef dat motorfietsry oor meer as net die pad gaan – ook oor wát jy ry, wat jy aantrek en saam met wie jy stilhou. Kort voor lank was die term "lewenstyl" deel van die bemarkingsplanne. Dit was die doodskoot vir broederskap.

Die motorfietsmark het in klein nismarkte opgebreek, in groepies ryers wat om verskillende redes in die saal klim. Die universele fiets het verdwyn en prys het 'n kleiner rol begin speel. Motorfietskopers het bereid geraak om 'n premie vir eksklusiwiteit en 'n sekere lewenstyl te betaal. Daarom sit ons vandag met verskillende kategorieë tweewielgeesdriftiges:

Die pendelaars. Hulle sit regop op hul middelslagfietse, met gewoonlik nie meer as twee silinders nie. Helder glimbaadjies is deel van die toneel. Hulle ry eintlik om geld te spaar, maar beskou hulself steeds, ten regte, as bikers. Hulle ry minstens elke dag, nie net in 'n naweek as die weer mooi is nie.

Sportryers met die beste, nuutste en vinnigste fietse. Jy herken hulle aan die eksotiese leerpakke en maanstewels. Dit sluit die Ducatisti in – fanatici wat net na 'n motorfiets sal kyk as hy 'n V2-enjin het wat in Bologna gebou is. Hulle meng ook nie sommer met sportryers op Japannese fietse nie. Hulle bring baie van hul naweke, en geld, op renbane deur waar hulle aan openbare baandae deelneem en waar jou aansien afhang van wat jy ry en wat jou tyd om die baan is.

Die toerfietsryers. 'n Minderheidsgroep wat net ry as die langpad voor hulle oop lê, met groot fietse met groot vaartskerms en baie pakplek vir Mammie se grimering.

Die avontuurfietsryers. Roetes op grondpaaie en deur die veld is die in ding. Jy moet die beste toerusting én 'n GPS hê, anders is jy uit. En hulle kloek saam in hul eie klein groepies: Daar is die BMW-ryers vs. die KTM-manne, amper soos die Toyota- vs. die Landy-eienaars as dit by 4x4's kom.

Die Harley-ryers. Hulle koop hul fietse met hul tjekboeke, dra net leerklere met "HD" daarop en ry in troppe, onder begeleiding. Leer en chroom; wat nie swart is nie, is blink.

Die bikers, die laaste van die cowboys. Hulle ry enigiets wat hulle kan bekostig en hul fietse is gewoonlik oorgeverf en behang met ekstras wat dit hopelik vinniger sal maak. Hulle behoort tot klubs en kyk hoeveel *rallies* hulle kan bywoon. Hul uniforms is jeans met 'n leerbaadjie en 'n denimbaadjie met afgesnyde moue bo-oor, waarop al hul wapentjies vasgespeld word.

Daar is soveel soorte, dalk het ek iemand vergeet . . . Waarskynlik omdat ek eerder die verlede wil onthou, nie destyds se motorfietse nie, let wel.

Deesdae se rygoed is ongelooflik – jy kry die betroubaarheid van 'n trekker met die kraglewering en hantering waarby slegs eksotiese motors wat miljoene rande kos, kan byhou. Maar moenie verwag iemand anders gaan jou groet op daardie fiets waarop jy so trots is nie. Motorfietsryers groet mekaar lankal nie meer nie, want die broederskap het gesneuwel.

En wat het van my broeder die Soutie geword? Hy het opgehou ry nadat hy een nag met sy Honda RC30 teen die Johannesburg-hospitaal se hek vasgery het. Regtig. Hy was op pad huis toe en het kortpad deur die parkeerterrein gevat. Die paramedici het hom net daar opgetel en met 'n gebreekte been ingedra. Hy het nie weer gery nie. Maar ons durf nie vir hom lag nie. Ek allermins.

In die beginjare het ons twee een keer saam Durban toe gery. Ons was arm en het besluit om met een motorfiets te ry om petrolgeld te spaar. Toe ons by Germiston verbyry, het dit begin reën en by Villiers was ons Yamaha-blou van die koue. By Harrismith trek ons af en koop koffie en 'n klein, plat botteltjie whisky om ons are oop te skop. Met die leë bottel in die asblik ry ons verder – met my aan die stuur.

Dit was nat en mistig en ons het aangekruie. So halfpad teen Van Reenenspas af het hy my op die skouer geklop. Ek wou nie eens omkyk nie en het versigtig van die pad afgetrek.

"Wat's fout?" wou hy agter my weet. "Ry vinniger, man!"

"Hei, ek kan nie sien nie! Kyk die mis . . ."

"Watter mis? Maak oop jou visor. Hy's toegestoom!"

Dit moes die whisky gewees het. Maar die Engelsman was *decent* genoeg om nie vir my te lag nie.

&

DIRK JORDAAN is 'n joernalis by die koerant *Beeld* in Johannesburg. Hy woon in Pretoria en durf elke dag die bedrywigste pad in die land, dié tussen dié twee stede, aan. Daarvoor gebruik hy 'n Kawasaki ER6-f. Naweke ry hy 'n Kawa ZX14R-sportfiets. Hy skryf met sy tweede linkerhand oor motorfietse vir Media24 se dagblaaie en wens elke dag iemand wil hom betaal om dit heeltyds te doen. Sy eerste roman, *Die Jakkalssomer*, het in 2007 verskyn.

Die opkoms en val van die skollieryer

DANIE JORDAAN

Nege jaar gelede is kanker by my gediagnoseer en het ek, in 'n mate fatalisties, besluit om weer aktief motorfiets te ry. Ek was sedert 1984 'n *sleeper*, die naam vir *baby boomers* wat in die sewentiger- en tagtigerjare vanweë die koms van hul kroos opgehou ry het en weer in hul middeljare in die saal geklim het.

In Desember 2000 het ek ná 21 jaar weer 'n *rally* bygewoon, die Lion Rally op my geboortedorp, Cradock. My leerbaadjie en -broek het lankal nie meer gepas nie, en ek moes nuwes koop en "inbreek", want niemand wil uitstaan as 'n *newby* of *wannabe* nie. My vorige *rally* was die Buffalo van 1979 in Port Elizabeth, wat destyds weens die wye mediadekking oor voorvalle van dronkenskap, openbare onsedelikheid, geweld en roekelose jaagtogte 'n redelike opskudding veroorsaak het. Die byeenkoms is daarna vir etlike jare in die Vriendelike Stad verbied.

As 23-jarige student is ek redelik geïntimideer deur die sterk skollie-element by die Buffalo Rally en die gepaardgaande hardhandige optrede deur die polisie. Wat my op Cradock opgeval het, is dat die *patches*, kettings, lapelwapens en "medaljes" – die tipiese insignia van die *outlaw biker* met sy Amerikaanse oorsprong – steeds daar was. 'n Opvallende verskil was die afwesigheid van wapens en vuurwapens.

Ander tipiese dinge van die *outlaw rally* was steeds daar: luide musiek, baie drank en matige ontbloting – ouens wat hul kaal agterstewe vir jou wys, vroue wat meer diskreet is en hul borste wys, die *wet T-shirt*-kompetisies . . . Maar dit was opvallend hoe toeganklik en vriendelik almal was. Ek was nie 'n lid van 'n klub nie en het nie 'n *patch* gedra nie, maar is nogtans verwelkom by gesprekke oor motorfietse, onderdele, *customizing*, ry-ervarings . . . alles aangehelp deur die gees van *Wein, Weib und Gesang*.

Nuut en irriterend, was die deurnag-*revving* van enjins teen maksimum toere, iets wat ek nie uit die sewentigerjare onthou nie. Enjins is wel vroeër ge-*rev*, maar nie so langdurig en teen sulke hoë toere nie. Vir iemand wat lief is vir meganika (ek het my eerste motorfiets op vyftien self opgebou uit die stukke van afgeskryfde fietse), was die verkragting van sulke pragstukke van gevorderde tegnologie eenvoudig sinloos.

Die grootste verskil tussen die twee *rallies* was egter die ingesteldheid van die polisie, verkeerspolisie en die publiek teenoor die bikers. Waar die 1979-*rally* gekenmerk is deur wedersydse minagting tussen die bikers en die wetstoepassers, wat soms tot geweld en arrestasies gelei het, het die polisie en verkeerspolisie op Cradock op die agtergrond gebly. 'n Gedeelte van 'n straat is afgekamp, 'n omheining is aangebring om toeskouers te beskerm, en *rally*-gangers is toegelaat om na hartelus te *drag, wheelie, burnout* en *doughnut*. Verder is verkeerswette nie streng toegepas nie; daar was die ganse naweek geen teken van 'n spoedlokval op die dorp nie.

Sou die manne en vroue by Port Elizabeth en later by Cradock se *rally* weet waar hul insignia vandaan kom en waar hul wortels lê?

Hoewel navorsers nie saamstem oor die sosiologiese "oorsaak" van die verskynsel van die "outlaw biker" nie, word algemeen aanvaar dat die gebeure in 1947 te Hollister, Kalifornië, die historiese begin van die konsep "outlaw biker" was. Die naweek van 4 Julie (die Amerikaanse Onafhanklikheidsdag) het ongeveer 4 000 motorfietsryers in Hollister saamgetrek. Op die drie dae lange byeenkoms het die bikers baie gellings drank weggeslaan, die plaaslike inwoners op allerlei maniere geïntimideer, roekeloos met hul motorfietse deur die strate gejaag en eiendom beskadig. Sowat vyftig mense is in die plaaslike hospitaal behandel, meestal vir ligte beserings. Hollister se polisiemag het sake redelik gou onder beheer gehad; 'n klompie mense is in hegtenis geneem en boetes opgelê, sommige tot negentig dae tronkstraf; in die meeste gevalle weens openbare onsedelikheid en ontbloting.

In die pers is die gebeure as 'n oproer voorgehou. Die tydskrif *Life* het 'n artikel en foto's geplaas wat volgens sommige navorsers 'n "grootskaalse morele paniek in Amerika" begin het. Onder die opskrif "Cyclists' Holiday" was daar 'n foto van 'n bierpens-skollie wat in 'n bierbottel-besaaide straat wydsbeen agteroorlê op sy Harley. Die woeste byeenkoms en die daaropvolgende negatiewe beriggewing daaroor het die American Motorcycle Association (AMA), die borg van die byeenkoms, genoop om hom van die gebeure te distansieer en die bikers se wangedrag toe te skryf aan "een persent van alle motorfietsryers op die saamtrek". Die AMA het aangekondig dat hy sulke "hoodlums and troublemakers" uit die vereniging sou skors ("outlaw").

Outlaw is dus aanvanklik as 'n werkwoord gebruik, maar dis spoedig ook gebruik om na sekere mense te verwys. In die gemoed van die Amerikaanse publiek het dit beelde opgeroep van die kroeks van die Wilde Weste, wat ook *outlaws* genoem is. Maar die een se kroek is die ander se cowboy. Die eenpersent-etiket het vinnig prestige-waarde verkry onder motorfietsklubs wat doelbewus 'n alternatiewe leefwyse nagejaag het. Vandag nog verskyn die "1 percenter"-kenteken op die kleure van klubs en bikers wat hulself as *hard core* beskou.

'n Weerklank hiervan is die Hells Angels wat hulself, vandag nog, "eighty-one percenters" noem. Die syfers 81 verwys na die agste en eerste letter van die alfabet; H en A (vir Hells Angels). Hoewel die Angels steeds die berugte kenteken van 'n gehelmde skedel met vlerke dra, bestaan die skollie-ryer van die sestigs en sewentigs eintlik net as deel van die ryk Angel-mitologie wat voortleef in die bikerstereotipe wat deur die media gevestig is.

Die Hells Angels se beeld berus in 'n groot mate op mediaberiggewing en uitbeeldings in rolprente soos *The Wild One* (1953), *Hells Angels on Wheels* (1967), *Hell's Angels '69* (1969), *Easy Rider* (1969) en *Mad Max* (1984). Onlangs het *Wild Hogs* (2007) met John Travolta in die hoofrol weer dié ou stereotipes afgestof. Volgens een navorser is *The Wild One* met Marlon Brando en Lee Marvin in die hoofrolle "one of the most socioculturally influential films of all time". Op sy beurt het die Angels en ander Amerikaanse *outlaw*-klubs soos die Pagans, Boozefighters en Outlaws se struktuur, gedragskodes en insignia wêreldwyd 'n onmiskenbare invloed gehad op motorfietsklubs en die idee van wat 'n biker is.

In Suid-Afrika is nog min navorsing oor die motorfietskultuur as 'n onderdeel van "materiële kultuur" gedoen en van my geleerde vriende raak die pad skoon byster wanneer dit by motorfietse en hul ryers kom. So het 'n kollega in 'n akademiese artikel gewag gemaak van die sogenaamde doodsverlange van motorfietsryers soos glo geillustreer word deur gewilde selfmoordritte in Kaapstad, ritte wat klaarblyklik 'n stadslegende is. Haar gevolgtrekking is nietemin: "The self-sacrificial act of the dying biker, killed by his machine, and therefore by technology, enables the biker to become one with the machine."

As selfmoordritte so betekenisvol en gewild is, kan dit nie eintlik lank bly bestaan nie, nè?

Die bikers se insignia word deur dié navorser beskou as "a substitute for the jewelry, trophies and crests of a bygone age" en *rallies* word verklaar as "an extension of the colonial need to explore" en as "imperialist nostalgia". Sjoe!

Maar die grofste *psychobabble* is seker die volgende: "The bike, as a machine, plays many roles in the life of a biker; that of mother (soothing, humming, pacifying and transporting the biker around); God and King (worshipped by the biker, and is religiously washed and anointed); companion (interaction with the bike prevents time spent in a human relationship); sexual partner (is caressed, rubbed, ridden, squeezed and for which gifts are bought); child (cared for, fed and pampered) and phallus of the biker (acts as a prosthesis, as an extension of the phallus of the biker, the bigger the bike, the sexier he is, the bigger his phallus is)."

Hiervan moet ek my vrou vertel!

Wat ook oor die afgelope 21 jaar verander het, veral meer onlangs, is die onderskeid wat daar gekom het tussen motorfietsryers en bikers. In Suid-Afrika word die eerste groep hoofsaaklik verbind met die ryers van BMW's en Harley-Davidsons en mense wat gewoonlik tot dié handelsmerke se georganiseerde verenigings behoort. In Suid-Afrika is daar BMW-klubs wat amptelike byeenkomste en ritte reël en deels deur die maatskappy BMW Motorrad gefinansier word, terwyl Harley-

Davidson 'n soortgelyke vereniging, die Harley Owner's Group (H.O.G), het. Die verband met padvarke (*road hogs*) is seker nie toevallig nie, hoewel dit waarskynlik ironiserend bedoel word as 'n mens kyk wie deesdae Harleys ry.

Sedert ongeveer 2003 het die aantal ryk, stedelike motorfietsryers, ook *rubies* ("rich urban bikers") genoem, geweldig toegeneem. So byvoorbeeld het BMW in 1993 (net) 150 motorfietse in Suid-Afrika verkoop voordat die maatskappy in 2003 'n aggressiewe bemarkingsveldtog geloods het wat BMW-fietse as 'n lewenstyl aangebied het. Verkope het opgeskiet tot 2 930 in 2007. Volgens berekeninge is sowat 2 000 motorfietse van alle fabrikate in 1995 in Suid-Afrika verkoop teenoor 17 850 in 2008. BMW was eerste met hierdie leefstylbemarking, maar Harley-Davidson en KTM pas soortgelyke strategieë suksesvol toe.

Die meeste van die nuwe geslag ryers verkies die duur handelsmerke as simbole van 'n lewenstyl, eerder as 'n deel van 'n leefwyse. Soos iemand dit in 'n koerant gestel het: "Most owners of a (BMW) 1200 Adventure have parted with their money for the same reason that people buy Prados and Land Cruiser station wagons. That is, to draw attention as much to their wealth as to their faux outdoor lifestyle."

Toe ek in 2003 my eerste BMW R1150GS gekoop het, het ek byna elke GS-ryer in Port Elizabeth geken, want ons was 'n relatiewe klein groepie wat gereeld lang ritte saam afgelê het. In daardie jaar het 23 van ons oor vyf dae byna 4 000 kilometer afgelê op 'n tog deur Namakwaland en aan die Weskus. Vandag ken ek nie 'n tiende van die eienaars van GS-motorfietse in Port Elizabeth nie, want hulle het omtrent vertienvoudig.

Met die opkoms van die *ruby* het die motorfietskultuur in Suid-Afrika wesenlik verander sodat daar nou duidelik twee identiteite in die motorfietsgemeenskap is. Die meeste bikers beskou die motorfietsryer as iemand wat die kernwaardes van die ware ryer – 'n sterk eenheidsgevoel, onderlinge lojaliteit en 'n streng ongeskrewe gedragskode – verwerp. Die motorfietsryer is in die oë van die biker 'n materialis wat sy ryding as statussimbool en 'n kruk vir sy identiteit gebruik. Daarteenoor is die biker se bike nie 'n toevoeging tot sy lewenstyl nie, maar 'n onmisbare meganisme waarsonder sy *lewenswyse* nie moontlik is nie. Die biker sien homself as deel van 'n hegte broederskap; daarteenoor word die motorfietsleefstyl beskou as 'n modegier en die motorfiets as uitruilbaar met ander rykmanspeelgoed soos jetski's, vierwielfietse, luukse viertrekvoertuie, lugballone en sweeftuie.

Die meeste nuwe toetreders tot die motorfietslewenstyl ken nie die biker-tradisies nie en steur hulle ook nie veel daaraan nie. Gevolglik word hulle nie juis met ope arms deur tradisionele bikers ontvang nie, soos ene "Headbush Scum" van Kempton Park dit in 'n brief aan 'n motorfietstydskrif gestel het: "It seems that the new yuppie must-have item is a BMW bike. This is not the problem though, what is, is that they carry their counterparts' attitude in BMW cars with them. When driving . . . on a backed-up highway, I always move over to allow faster or more agile bikes past . . . Nine times out of ten, these BMW riders never wave or pip hooters to say thanks."

Hy dink daar is een van drie redes vir dié gedrag: "They cannot see properly due to those new coloured poofy jackets dazzling their eyes. They don't want to be associated with bikers in dirty denim colours with skulls on giving them a bad name. They haven't learned to take their hands off the handlebars when riding. Whatever the case may be, get some bloody manners!"

Daar het jy dit: die *outlaws* en die rowwe ouens van 1979 en hul nasate moet nou die materialistiese jappies en *rubies* van vandag maniere leer!

En waar pas ek in die prentjie in? *Ruby*? Motorfietsryer? Biker? Ek weet ek ry my fiets nie as 'n modegier nie, en as 'n relatiewe arm akademikus is ek gelukkig gevrywaar van die aanklag dat my fiets 'n rykmanspeelding is. Maar wat van my kollega se idee van die "self-sacrificial act of the dying biker, killed by his machine, and therefore by technology", wat my in staat stel om een met die fiets te word? Of die kollega wat meen daar is 'n ooreenkoms tussen die sjamaan se beswyming en die euforie van spoed wat die biker ervaar? Is daar dalk 'n fatalistiese element wat ek ontken, en kan my hertoetrede tot *biking* gesien word as die begeerte om 'n kankerdood vry te spring deur die dood op 'n bike tegemoet te ry?

In 2001 het die dokters my as gevolg van kwaadaardige melanoma bietjie meer as twee jaar gegee om te leef. Ná twee jaar van chemoterapie was ek teen die einde van 2003 "skoon" van die melanoma, maar in Maart 2005 is gevorderde follikulêre limfoma by my gediagnoseer, dieselfde siekte waaraan my suster 'n jaar later oorlede is. Dit is ook die maand waarin ek 'n nuwe BMW R1200GS gekoop het, dieselfde fiets wat ek Januarie 2006 ooroptimisties Kaapstad toe gesleep het waar die spesialiste probeer het om met radikale hoëdosischemoterapie die limfoma te oorwin. My seun moes Kaap toe vlieg om die fiets terug te sleep Port Elizabeth toe, en ek het oor 'n tydperk van vier maande geleer wat dit is om te wens om eerder dood te wees.

Maar teen September 2006 was ek gesond genoeg om die BMW GS Challenge naby Ficksburg in die Vrystaat by te woon, en 'n week later met my fiets na Stellenbosch af te sit om 'n referaat op 'n akademiese kongres te lewer. Hoewel die spietkops van Oudtshoorn so 20 kilometer voor die dorp inderhaas 'n padblokkade opgestel het om my voor te keer nadat ek weens 'n misverstand ietwat vinnig verby een van hul kollegas gery het, was daar beslis geen doodsgedagtes in my kop nie. Ook nie nou nie, ná 'n verdere twee jaar van driemaandelikse chemoterapie in 'n poging om die hardnekkige kanker in toom te hou.

Nee, in alle eerlikheid, ek ry nie my dood tegemoet nie. Ek ry omdat ek lewe, en om te lewe.

DANIE JORDAAN is professor in Mediastudies aan die Nelson Mandela Metropolitaanse Universiteit in Port Elizabeth. Motorfietse is sedert die vroeë 1970's in sy bloed, maar hy was 'n *sleeper* gedurende die laat tagtigs en die negentigs. Sy enigste padfiets was 'n 150 cc-Honda, 'n baster-afleweringsfiets waarmee hy in sy jeug die spietkops en grondpaaie van Cradock aangedurf het. Sedert 2000 ry hy BMW-dubbeldoelfietse en sy grootste vrees is dat hy eendag wakker word en daar staan 'n Toyota Tazz waar die Beemer gewoon het.

Dááfi dae was rof

JON MINSTER

Daar's net een sosiale geleentheid wat my ma angsbevange maak. Dis wanneer my pa sy ou motorfietstjomme oornooi vir 'n braai. Hoewel hulle almal deesdae fatsoenlike lede van die samelewing is, weet 'n mens nooit waarop die gesprek sal afstuur wanneer hulle die geheuebank oor die 60's, 70's en 80's begin ontgin nie. My ma verkies om hieroor in die duister te bly, skink daarom liefs vir haar 'n glas sauvignon blanc en kry iets om elders te doen.

Vanaand is geen uitsondering nie. Louis, Dirk en Eddie is hier, en die whisky-bottel is gaandeweg aan't sak namate die vuur laer brand. Nou en dan skiet 'n vonk traag die Hoëveldse nag in.

Louis is aan die praat oor die koudste bike *trip* van sy lewe. Hy's 'n gespierde kêrel met 'n hele lewe op sy gelaat. Taai. Sy ma het in die laat jare vyftig met hom en sy kleinsussie uit die Kongo gevlug toe die Belge uit die land padgegee het en voordat Mobutu Sese Seko sy mes vir die wittes ingekry het. Hulle het die hele pad vanaf Léopoldville na Jo'burg in 'n Peugeot-stasiewa afgelê, met die troetel-jako ('n *African grey*, noem ons Afrikaanse vriende dit) op die agtersitplek. Deur die jare heen het die papegaai net 'n enkele sin baasgeraak, en dié het Louis se ma meedoënloos getrou ge-eggo: "Louis! Het jy al weer gedrink!"

In die 1970's, terwyl hulle in 'n kommune in Yeoville gewoon het, is Louis genooi na 'n troue in Salisbury, hoofstad van die destydse Rhodesië. Dit was die volmaakte verskoning om sy Honda CB750 op die oop pad los te laat. Hy't gereken hy sou nie te lank in Salisbury vertoef nie en het skraps gepak. Eintlik het hy niks ingepak nie. Die uitnodiging het gesê "deftig informeel", so hy't die pad noorde toe gevat in 'n langbroek, aandhemp en aandbaadjie. Met 'n spaarband oor sy skouer, ingeval hy 'n pap wiel sou kry.

"Dit was in die middel van die winter," onthou Louis. "Ek het gedink dit sou warmer word namate ek noord ry, maar dit het nie. Al wat ek kon doen, was om gevoude koerantpapier voor by my hemp in te druk om die aanslag van die ysige wind af te weer. Toe ek twee dae later by die troue opdaag, het ek elke dagblad noord van Pietersburg teen my lyf gehad. Ek moes so hard konsentreer om warm te bly dat ek amper in 'n kameelperd vasgery het wat viervoet in die middel van die pad gestaan het."

"Man, daai dae was rof," sê Dirk. "Daar was nie sulke goeters soos verwarmde handvatsels en GPS'e nie. Die paaie en die bikes was verskriklik, maar die avontuur was groter. Baie groter."

Dirk is middeljarig en bles. Om die waarheid te sê, hy lyk nogal baie na Joshua Doore. Op swart-en-wit foto's uit sy jonger dae pryk hy met 'n snor en die hare in 'n aaklige *mullet*. In sy oë was die kyk van 'n ingehokte dier.

Op sestien wou Dirk ekstra geld verdien. Hy't ingestem om Durban toe te ry op sy 50 cc-bromponie, en terug te ry Jo'burg toe met 'n motor wat sy vriend se pa gekoop het. Sy fiets sou later met die trein terugkom. "Jis," het Dirk gereken, "hoekom nie sommer 'n naweek van die storie maak nie?" So, met R14 vir brandstof, verblyf en kos het hy uit Jo'burg vertrek. Die Transvaal het verbygerol, toe die Oranje-Vrystaat, maar toe die son oor die Natalse Middelland begin sak, begin Dirk se konsentrasie uiteindelik ook die langpad vat. Hy was toe al sewe uur op die pad, teen 'n maksimum snelheid van 63 km/h. Dirk het aan die slaap geraak. Die ponie het van die pad afgeneuk, 'n heining geskraap, maar Dirk het bygekom, weer beheer gekry en die ponie reggeruk, en die voorwiel weer veilig in die rigting van Pietermaritzburg en die see gedruk.

In Durban het Dirk van sy vrinne opgesoek en hulle het vir 'n paar biere in 'n twyfelagtige uithangplek by die dokke bymekaargekom. Die plek het nie 'n saak gehad met ouderdomsperke nie. Die bikes het nou wel patetiese 50 cc-enjintjies gehad, maar in die oë van die drie tieners wat hul rygoed op daardie bedompige aand in die seesproei betrag het, was hulle net so asemrowend soos enigiets waarop Steve McQueen sy hande kon lê. Hoe meer die bier gevloei het, hoe groter die bravade. Heel gou was die enigste moontlike uitweg vir die afsluiting van die aand 'n straatresies al langs Marineparade af, verby al die deftige hotelle met hul portiere en glinsterliggies.

Naby die eindpunt van die Parade was 'n skerp draai, weg van die see af. Hiermee het Dirk hom liederlik misgis. Hy't te laat gerem en die voorwiel het onder hom uitgegly. Fiets en ryer het oor die teerblad geskuif, oor die randsteen gehop, dwarsdeur die deur van 'n hoekkafee gevlieg en in die middel van die gang met blikkieskos tot stilstand geknars.

Die ander twee het 'n omkeer gemaak en teruggejaag, en was net betyds om te sien hoe Dirk opstaan, hom afstof, na die verstomde kassier stap en ongeërg vra: "Een pakkie Lucky Strike, 'seblief."

Dirk het steeds die letsel van die seerplek wat hy met die val opgedoen het. Maande daarna het hy nog stukkies teer uit sy regterboud gehaal. Nou wil hy weer sy wonde wys, maar dit word met 'n luide protes van almal om die vuur begroet. Pleks daarvan maak hy ons glase vol.

Toe Dirk 'n tiener was, was sy oudste broer, Marnus, 'n lid van die Braamiebende, 'n berugte, onheilspellende biker-bende wat die strate van Braamfontein en Hillbrow op horings gehad het. Die Braamiebende het Japannese bikes in dieselfde lig as ballet en blommerangskikkings gesien. Jy't óf 'n Britse óf Amerikaanse bike gery, óf jy was uit. En jou fiets kon enige kleur wees, solank dit swart was.

Marnus was die nieamptelike leier. Jy wou nie met hom in 'n geveg betrokke raak nie. Hy was so sterk, hy kon sy BSA Lightning bokant sy kop optel. Hy't so baie ouens kis geslaan dat die polisie sy vuiste tot dodelike wapens verklaar het. Hy is intussen dood. Op 35 het hy en die BSA met die onderstel van 'n Ford Escort slaags geraak.

'n Wyle sit ons swaarmoedig daar terwyl die naggoggas hulle teen die stoeplig werp. Marnus is nie die enigste nie. Die manne het almal vriende en familielede aan die dood afgestaan – weens bike-ongelukke of siektes wat veroorsaak is deur op die rand van anargie te leef. Wat staan daar op hul gebordeurde leerbaadjies? "Ons is die mense teen wie jou ouers jou gewaarsku het." Geen wonder my ma is so bekommerd nie.

"Onthou julle vir Mal Mike?" vra Eddie ná 'n rukkie. Mal Mike, vertel hy met die hulp van die ander twee, was 'n Kawasaki-man, wat hom nie geliefd sou maak in die Braamiekringe nie, maar teen die laat 1970's, ná Marnus se dood, het hulle lankal ontbind. Japannese bikes het die mark oorstroom en die era van *rallies* het aangebreek, met die Buffalo die grootste van almal.

Toe was die Buff nog rof. Nou speel niemand meer *chicken* nie, maar toe was dit 'n gerespekteerde vorm van mededinging en moed waarin twee bikers uit teenoorgestelde rigtings op mekaar afjaag. Die een wat laaste uitswenk om dood en verwoesting te vermy was die *chicken*. Deesdae het die BMW-ouens en sommige van die Harley-klubs ondersteuningsvoertuie wat die ryers met onderdele en warm koffie volg.

In Mal Mike se dae is die Buffalo 'n paar keer op Bathurst naby Grahamstad gehou. Mike het die dorp in 'n wolk buitebandrook binnegebrul nadat hy op die dorpsplein 'n vet swart *doughnut* gegooi het. Dan het hy sy fiets regop staangemaak en rondgegluur vir uitdagers – enige aap wat gedink het sy Honda, Suzuki of Yamaha kon Mike se oranje-en-rooi Kawasaki Z1 troef. Ná 'n ongemaklike stilte het 'n bebaarde kêrel al waggelend sy Yamaha XS750 deur die skare gestoot. Hy't sy ken vorentoe gedruk en hy en Mike het die krane tegelyk oopgedraai, met die enjins se geluid wat oombliklik tot 'n martelkreet-duet verhef is. Dit het minute lank aangehou, en die inwoners van Bathurst het grootoog na die strate uitgeskuifel, asof hulle op die punt gestaan het om die apokalips te aanskou.

Skielik, met die knars van kleppe wat breek en 'n oorverdowende knal, het die Yamaha se enjin gedisintegreer. Mike het sy bike se toere nog 'n rukkie opgejaag, net om die oorwinning in te vryf. Toe maak hy die kraan toe, haal 'n Texan-filter uit, en steek dit aan die brand op sy Kawasaki se witwarm uitlaatpyp.

Daardie nag, ná nog heelwat brandewyn-en-Coke, het Mike dinge nog 'n stap verder gevoer. Nadat 'n Suzuki se enjin omstreeks eenuur die oggend in nog 'n *revving*-kompetisie die gees gegee het, het Mike 'n besope toeskouer gevra om die Kawasaki se keelgat oop te hou terwyl hy in sy tent gaan rondvroetel het. Hy't teruggekom met 'n rooster en 'n pak wors en vir homself 'n middernaghappie onder die vuurwarm uitlaatpyp gebraai.

"Wat het van Mal Mike geword?" vra Louis.

"WesBank het hom weer op sy voete gehelp," vertel Eddie. "Hulle het sy fiets teruggevat."

Nog stories doen die ronde. Soos hoe Eddie van sy eie huweliksonthaal weggeglip het om naby Barberton te gaan resies jaag. Hoe hulle almal verdwaal het in 'n fratssneeustorm in Lesotho tydens die Dak van Afrika-tydren. Van die ou met epilepsie (wat was sy naam nou weer?) wat so nou en dan teen 140 km/h op sy fiets 'n toeval gekry het.

In daai dae het die blote feit dat jy 'n bike ry, beteken jy is deel van 'n broederskap, in voor- en teëspoed. Dis nou anders. Mense ry bike om die verkeer te troef, om geld te spaar of omdat hulle 'n lewenstyl najaag wat 'n advertensiemaatskappy uitgedink het. Gemak is gewaarborg. Daar's selfs lugversorging en 'n CD-speler in van die groter toerfietse.

Een deel van my is verheug. Ek kan werk toe ry met my bleeksielerige, neonkleurige Dink-baadjie aan en die Braamiebende sal my nie in die parkeergebied voorlê nie. Maar, 'n ander deel is hartseer. Ek't grootgeword in die era van petrolprysverhogings, selfone en Google Earth. Waar's die avontuur deesdae?

"Kyk, Boet," sê Louis. "Jy skep jou eie avontuur. Moenie dat enigiemand jou iets anders vertel nie. Die paaie is steeds daar. Moenie te veel daaroor dink nie. Klim net op jou fiets en ry." Die ander knik instemmend in die lig van die vuur.

Kan ek dit doen? Kan ek regtig net op my ou Yamaha SRX400 klim en 'n gesigseinder kies?

"Koffie vir iemand?" vra my ma ferm uit die kombuis. Dis 'n skimp dat dit tyd is vir my pa se vrinne om huiswaarts te keer en op te hou om my kop vol onsin te praat.

"Jy sal 'n leerbaadjie nodig hê," fluister Louis. "Ek dink my oue sal dalk pas."

JON MINSTER is 26, werk as 'n joernalis en fotograaf vir die reistydskrifte *go!* en *Weg!* en kan ook nie van motorfietse wegbly nie. Sy pa, Tink, het op sy dag met superfietse op die land se renbane gejaag. Van hom het Jon sy eerste motorfiets, 'n Honda QR50-veldfiets, gekry toe hy pas uit die doeke gekom het. Hy is al by 'n hele paar 21ste-verjaardagpartytjies opgemerk in bike-uitrustings uit die sewentigerjare. Hy is gek na klassieke fietse en sal enige tyd sy Yamaha SRX400 vir 'n Triumph Bonneville verruil.

Anderkant die pad

'n Doodskis op wiele

EMILE TERBLANCHE

Ai, my seun kom toe mos vanmiddag hier in. Ja, einste Sarel, jy ken mos die klein stoutgat. Ek was hoeka sy ouderdom toe ek by my pa oor 'n motorfiets begin neul het. En sal ek nou vergeet wat my pa gesê het!

"'n Motorfiets is 'n doodskis op wiele," het hy gesê. Net so. En: "As jy een wil hê, moet dit jy dit maar self koop as jy dit eendag kan bekostig." Stel jou voor. Maar ek het goed geweet dat ek nie met my pa moes stry nie.

Nie dat my motorfietsdrome daar nekomgedraai is nie, glad nie! Maar ek moes lank vasbyt, ou maat. Tot lank ná universiteit. My eerste salarisgeldjies as jong koerantverslaggewer het net-net al die gate toegestop. Dit was in die laat jare sewentig, en jy sal miskien nou nie weet nie, maar Suid-Afrika het daardie jare 'n motorfietsoplewing beleef soos nooit tevore nie. Almal was motorfietsmal. Dit was toe die onbetroubare Britse bikes en daai statige BMW's en Harleys moes plek maak vir die nuwe generasie Japannese motorfietse wat toe ingekom het. Ook my motorfietshart het vinniger geklop. En hoe sê die mense? As jy dit kan droom, kan jy dit doen.

In daardie tyd het ek, soos ek baie daardie dae gedoen het, een middag net ná saktyd 'n draai gemaak by Frans, die ou wat die motorfietswinkel op Kroonstad gehad het. Ek en hy was toe al dik tjommie.

Ek wou sommer net weer na nuwe fietse kyk en oor bikes gesels. Maar Frans, hy't sulke lang sewentiger-slierthare gehad, het beduie ek moet kom kyk. Iets spesiaals het opgedaag, sê hy. En daar in sy deurmekaar werkwinkel vol ou lappe, motorfietskarkasse, en ek onthou nog so 'n half geskeurde poster met Brigitte Bardot daarop, ja daar staan sy pas uit die krat.

Sy het my asem weggeslaan, sê ek jou. Soos 'n model uit *Vogue*, het sy gelyk, met slanke lyne, 'n vaartbelynde agterstewe en twee súlke borste in 'n rooi, rooi pakkie. 'n Moto Guzzi 850 Le Mans, 'n Italiaanse volbloed, die Ferrari van motorfietse.

Al het sy botstil gestaan, het die Guzzi gelyk of sy teen 200 km/h oor die aarde blits. Dit moet seker die maklikste transaksie wees wat Frans ooit gehad het. Ek het eenvoudig voor die Italiaanse skoonheid geswig. Die fynskrif op die huurkoopkontrak het voor my oë gedans en ek het geteken. Sy was myne.

Nou moet jy weet dat my totale motorfietsondervinding toe maar uit 'n paar skelm ritte op vriende se fifties in my skooljare bestaan het. Van 'n rybewys vir motorfietse was daar nie sprake nie. Maar dit het ek vir niemand gesê nie, veral nie vir ou Frans nie.

Die volgende oggend het sy vir my met 'n vol tenk brandstof op die sypaadjie gewag – ek het daai nag niks geslaap nie. Frans het 'n valhelm by die transaksie ingegooi en het mooi verduidelik hoe alles werk. Die aansitter het lui-lui gekarring en die een silinder het gehoes, geproes en skielik het die Le Mans onder my begin lewe met daai kenmerkende geblaf van die dwars V2-enjin en twee Lanfranconi-uitlaatpype. Ek het eerste rat raak geknars en is ruk-ruk die verkeer in, swaai-swaai deur die hoofstraat en oor die Wawielbrug by die dorp uit. Sopnat gesweet van die konsentrasie, want hoewel die Guzzi slank was, was sy maar lomp, ongebalanseerd en moeilik hanteerbaar met die nou en lae stuurstang agter die stroombelynde vaartskerm.

Met die grootpad oop voor my, het ek onbeholpe een van die laer versnellings gehak en die versneller oopgetrek. Mama mia! Die lompe meisie van die sypaadjie het hygend deur die twee filterlose Delorto-vergassers haar longe volgetrek. Ons was in vryvlug, vinniger en vinniger. Skielik was sy 'n ballerina wat deur die draaie gedans en soos 'n volbloedrenperd op my bevele gereageer het.

Jislaaik, Pa, dis seker gevaarlik, maar niks kom hierby nie! Gehoek was ek, erger as van 'n dosis heroïen – 'n motorfiets-*junkie* vir die res van my lewe.

Nie dat ek nie dikwels nog aan my pa se woorde gedink het toe ek hom vir 'n motorfiets gevra het nie. Een van die kere was juis toe die Guzzi nog maar skaars haar staan in die motorhuis gekry het. Ek moes die Sondag werk, en skielik het die huiltjank van 'n motorfiets-enjin wat oopketel in die hoofstraat afkom, die Sondagnagstilte aan stukke geruk. Toe hoor 'n mens die remme wat skreeu, 'n dubbele slag, die gekrys van metaal op teer en 'n doodse stilte.

Dit was my werk om te gaan kyk. By die rivierbrug in die hoof-straat – jy weet mos waar – was daar die sleepmerke, die reuk van warm olie op teer en tussen die bosse op die rivieroewer die ver-skrompelde wrak van 'n groot Suzuki.

Die polisie tel eers 'n handskoen op, later 'n skoen en later nog 'n handskoen. Mense in die omgewing wat die slag gehoor het, word ondervra. Van die motorfietsryer is daar g'n teken nie, geen bloed nie, geen geluid nie. "Seker weggehardloop," hoor ek een van die om-standers sê. "Dalk in die rivier," reken iemand anders. Die polisie gee naderhand moed op, sê hulle sal ligdag verder kom soek.

Daai nag kon ek weer nie slaap nie en is vroegdag saam met die polisie op die toneel. In die oggendskemer kon ons die rem- en sleep-merke duidelik sien. Die motorfiets het 'n reling getref, deur die lug gevlieg en ver teen die rivierbank te lande gekom. En toe sien ek dit: hoog in die mik van een van die bome die lyk van 'n jong man in 'n leerbaadjie.

Dit was met 'n swaar hart dat ek daai dag agter my tikmasjien in-geskuif het om die berig te skryf. Voor ek self 'n motorfiets gehad het, was dit makliker, onpersoonlik. Maar nou was ek een van hulle. Ek het die gevaar verstaan. Ek het gesit en kopkrap oor die twee wie-le in my motorhuis. Is dit die moeite werd?

Maar 'n motorfiets is tog 'n dooie ding wat op sy eie niemand kan kwaad aandoen nie. Stem jy saam? Dis net 'n mengsel van staal, aluminium, plastiek, rubber en olie. Die probleem is dat dit die dier in jou wakker maak. Veral as jy jonk en *bullet proof* is, met meer testosteroon as verstand in jou lyf. Dis 'n dodelike kombinasie, ou maat. Alkohol maak dit nog erger.

'n Paar weke later ry ek saam met 'n kollega en my destydse meisie, nou my vrou, om te gaan verslag doen oor 'n groot motorfietssaamtrek by Parys langs die Vaalrivier. Ons was nou wel in 'n motor, maar met 'n bike in die motorhuis was ek mos nou een van die bebaarde leerbaadjiedraende manne.

En is daai dorp nie vir jou binnegeval nie! Suzuki's, Yamaha's, Kawasaki's, hier en daar 'n BMW, 'n Harley en selfs 'n enkele Norton. Dis 'n geblaf, geknetter en die hoë huilklanke van die Japannese vier- en sessilinders – die musiek van 'n *bike rally*. Motorfietse met nommerplate uit die Vrystaat, orals uit die Transvaal en selfs hier en daar 'n Kapenaar stroom die kampterrein binne. Biertente, kostente, tente vol snuisterye, lapelwapens en motorfietstoebehore hou die skare besig.

Ek onthou hoe ons staan en kyk het hoe so 'n baardbek-biker 'n sigaret uit sy platgedrukte pakkie skud. Hy het sy Suzuki se aansitter gedruk en die versneller vol oopgetrek. Die koue enjin het eers gestotter en toe teen maksimum revolusies geskreeu. Toe die uitlate rooi gloei, het hy sy sigaret teen die uitlaatstuk aangesteek. Niemand het gedink dis snaaks nie.

En jy weet mos hoe dit op hierdie *rallies* gaan. Die bier en hardehout vloei en die meisies ry *topless* agterop die groot motorfietse. My kamera klap. Dis agterbladkos vir die Sondagkoerante. Die sterretjieman gaan weer sy hande vol hê om borste toe te plak. Hoe later hoe kwater, dis *wheelies* en *doughnuts* en is dit boom wat 'n mens hier en daar ruik? Dinge dreig om buite beheer te raak en die organiseerders het hulle hande vol.

Maar toe moet ons ry om ons stories te gaan skryf en foto's te ontwikkel. Spyt dat ons nie kan bly nie, maar werk is nou eenmaal werk, en ons geel Renault 5 sing deur Parys, verby Vredefort en dan die eentonige Pad van die Dood tussen Vredefort en Kroonstad: reguit en smal en berug daarvoor dat dit veral snags slagoffers eis wanneer mense se koppe begin knik.

Dis net daar dat 'n groep motorfietse soos 'n swerm bye by ons verbytrek en in 'n oogwink oor die horison verdwyn. Ons gesels en maak planne vir die aand, jaloers op wat ons alles gaan misloop. Die son steek sy kop weg. Dis die slegste tyd van die dag om op die pad te wees. Jou oë sukkel om aan te pas by die donker pad voor en die helder skemerhemel op die agtergrond.

Skielik is die pad vol rooi ligte, flikkerligte en mense wat met angstige arms waai. 'n Groot Mercedes staan dwars in die pad. Sy lang neus is oopgekloof tot diep in die motor in. Maar van die oorsaak hiervan is daar geen teken nie.

Ek hou stil en gryp my kamera. "Bleddie motorfiets," sê iemand. Dit blyk hy het die Merc reg van voor getref. Die motorfietsryer en die passasier in die motor is op slag dood.

Toe besef ek die motorfietsryer moes lid gewees het van die groep wat pas by ons verby is. Hulle het maklik teen 200 km/h of meer gery. Dis 'n aaklige gesig, sê ek jou. Motorfiets en motor is ineengesmelt in 'n stuk verwronge staal. In die pad lê 'n kombers oor 'n klein bondeltjie. 'n Ambulansman sê hulle het oral stukke van hom opgetel.

Ek kyk liewer nie en stap na die lang gras langs die pad en mik met my kamera vir 'n foto van die toneel. Toe struikel ek oor iets. 'n Wit valhelm. Ek dop dit ingedagte met my voet om, en . . . o my magtag, ek kan nog voel hoe my maag ruk. In die valhelm is 'n bloederige kop.

Daai Maandag aan tafel by die losieshuis vra iemand of ek van die motorfietsongeluk gehoor het. "Die ou het altyd hier saam met ons geëet," vertel een van die ouens. En toe onthou ek die skraal gesig met 'n blonde kuif – die gesig in die valhelm.

Maar nou ja, dis nou byna dertig jaar later en ek ry steeds motorfiets. Die Guzzi staan nog hier in my motorhuis, jy kan kom kyk as jy wil. Maar hoekom het ek nou die hele storie vir jou staan en vertel? My seun, sê jy?

O ja, my seun, ja . . . Kan jy nou meer! Die kêreltjie kom toe mos vanmiddag hier aan en sê hy wil 'n motorfiets hê.

Koffie vir dié wat dors het

TOBIE WIESE

George Lehmann stoot 'n *foamalite*-koppie oor sy groot lessenaar in my rigting. "Kyk, dis wat ons vir die ouens gee – vol koffie, natuurlik. Hulle het dit gewoonlik nodig," sê hy met 'n skewe laggie.

Dis lig en maklik breekbaar soos alle *foamalite*-koppies, maar dis ook anders. In rooi staan daarop geskryf: *Salvation, like the contents of this cup, is provided free*, en onder die CMA-wapen, *but must be received to be of benefit to you*. CMA staan vir Christian Motorcyclists Association, iets waaraan 'n mens oral herinner word hier in pastoor George se kantoor in die nywerheidsgebied van Brackenfell buite Kaapstad. Hy het die CMA-wapen op sy persblou hemp, dis ook op 'n lappie oor sy leerstoel, op die yshouer, die koffiebeker . . . ook op die sypanele van sy tamaaie 1 300 cc-Hyabusa wat hier buite staan.

"Riding for the Son." Almal moet weet.

Wat die koppie ook verkondig, is drie maklike stappe tot die ewige lewe: 1. Besef iemand het jou lief. 2. Besef Christus is die weg, en by punt 3 is daar 'n kort gebed. Verlede jaar is sowat 45 000 van hierdie koppies met koffie by allerlei tweewiel-geleenthede uitgedeel. Jy hoef nie 'n CMA-lid te wees nie, jy hoef nie te betaal nie; jy kan bloot dors wees of op soek na 'n bietjie helderheid vir jou hoenderkop. Die koffiemakers se hoop is dat jy ook op soek is na iets vir jou dieper dors, en dat daardie koffie sal lei na die Bikers Church.

Die kerk is hier in dieselfde pakhuis-ruimte as George se lugverkoelde kantoor wat op 'n vlak tussen die grond en die dak ingerig is. Hy laat gly die venster oop en 'n trog warm lug – buite is dit amper 40 °C – stroom uit die kerk die kantoor binne. Soos 'n regisseur wat die rekwisiete vir 'n opvoering nagaan, noem hy op wat ons daar onder sien: netjiese rye groen plastiekstoele in 'n effense boog, 'n verhoog met orkesinstrumente en 'n klein kateder, 'n gesonke bad wat groot genoeg is om 'n kleuterskool van Khayelitsha af te koel, daar bokant 'n houtkruis; in die hoek links onder ons 'n kroeggedeelte(!)

en regs 'n winkel met allerlei motorfiets-parafernalia. Die fokus van dié toneel is 'n reuse-afbeelding teen die agterste muur, van 'n motorfiets wat laag deur 'n draai swiep en daarby in groot letters: BIKERS CHURCH.

"Ons doen baanbrekerswerk hier in Suid-Afrika. Die meeste bikers wat hierheen kom, is 'ongekerk', want hulle voel nie welkom daar nie en die kerke weet nie wat om met hulle te maak nie. Ons was die eerste wat na die 'motherless, unloved bikers' begin omsien het en ons reik steeds uit na daardie element," vertel George, in sy vorige lewe 'n sinjaal-ingenieur op die Suid-Afrikaanse Spoorweë. Vandag onderteken hy sy SMS'e "Kk". Hy het 'n nuwe lewe en 'n nuwe titel: "King's kid."

Die Bikers Church veroordeel niemand nie, aldus George. Almal, veral Daardie Element, is baie welkom. Selfs nie-bikers.

Dis Sondagaand 7 Desember 2008. (Dié kerk hou geen oggend-dienste nie, want dan jaag die bikers rond op *breakfast runs* of slaap Saterdagaand se roes af.) Die orkes speel dat jou voete jeuk, meestal 'n soort gospel-rock. In een van die voorste rye is 'n klompie tiener-meisies, party in kort rokkies, wat die musiek ook nie kan weerstaan nie. Hulle spring op en af. "Praise the Lord!"

Dis 'n dankofferdiens en George, in 'n gemaklike oorhanghemp, verduidelik dat hy nie gaan preek nie. "Maar ek hét 'n preek voorbe-rei; ek kan julle wys." Hy gee sy skewe laggie en die bikers geniet dié grappie. Hy gaan vanaand net 'n paar gedagtes deel soos die Here dit op sy hart gelê het. Die vernaamste daarvan is: God let nie op die om-vang van die offergawe nie, maar op die hart van die gewer. Hy is nie geïnteresseerd in wat ons *is* nie, maar in wat ons *kan word*. Tog voeg hy later by: "Dít is God se beginsel: As jy gee, sal jy ontvang."

Dis ook 'n aand vir getuienisse. Eddie is eerste aan die beurt. Hy het elke dag gesuip soos 'n vis, bely hy, en het ook vreeslik gerook. Hy was 'n skande vir sy gesin, totdat 'n vriend hom na die Bikers Church gebring het waar hy sy hart vir die Here gegee het. In 'n stadium raak hy baie aangedaan en slaan oor na Afrikaans, waarna hy moed skep en voortgaan. Hy het geen *worries* meer nie; dis alles by God, getuig hy.

Tussendeur lig George die getuienisse toe: "As 'n platanna 'n brul-padda word, het dit iets anders geword, maar hy is nog van dieselfde spesie. Maar wanneer 'n padda 'n kanarie word, het jy 'n heel nuwe spesie . . . en dis wat met Eddie gebeur het." (Eddie lyk matig ingenome.)

Nou is dit Warren se beurt. Hy het ook 'n woeste lewe gehad: gedobbel, talle kortpaaie gevat, geld gemaak en baie gejol. Maar op die ou end was hy sonder 'n werk en aand ná aand het hy in Bothasig in 'n kroeg gesit en sy bekommernisse probeer verdrink. Toe het hy teësinnig saam met 'n CMA-vriend op 'n mannekamp gegaan en dit was die begin van sy nuwe lewe saam met Jesus.

George: "God takes a *mess* and turns it into a *message*. He puts you through a *test* and turns it into a *testimony*."

Dan kom Clinton, George se seun, na vore. Hy het "ernstig gedrink" en in 'n naweek maklik R1 500 aan drank bestee, en gerook soos 'n skoorsteen – dertig per dag vir sewe jaar. Hy het geweet wat die regte dinge is om te doen, sy pa is immers 'n pastoor, maar hy was bang as hy verander, sal hy al sy vriende verloor. Totdat hy nuwe vriende in die Bikers Church ontmoet het. Hy het opgehou rook en drink, maar ernstige asma-aanvalle gekry.

George: Daardie asma . . . dit was God se manier om met Clinton te werk. "Partykeer sit Hy sy voet op jou nek. Maar moenie teen God rebelleer nie. 'n Pak slae is nie lekker nie, maar dis goed vir ons."

Nog 'n getuienis volg, van Mariaan wat Christelik opgevoed is, maar 'n worstelstryd gevoer het voor sy haar aan God oorgegee het. Sy gee 'n insiggewende relaas van haar pogings om te hoor wat Hy vir haar wil sê. Drank en rook kom nie ter sprake nie.

George: Om in 'n Christelike huis groot te word, maak nie van jou 'n Christen nie. "Just as sleeping in McDonald's doesn't make you a burger." 'n Wyle is daar 'n onsekere stilte en toe 'n verligte, luide gelag. Dié George darem!

Later bid hy passievol: "Lord, come and stiiir the hearts of your people! Stiiir the hearts of your people, oh, Lord! Amen and amen."

Dit is tyd vir die nagmaal. George lees 'n paar sinne oor die instelling daarvan uit die Bybel. Toe word die sowat 250 kerkgangers gevra om twee rye te vorm. "Kom vorentoe in die geloof," pleit George – in die rigting van twee bakke voor die kateder waarin die dankofferkoevertjies ('n sigbare ooreenkoms met die hoofstroomkerke) geplaas moet word. Die bikers en biker-genote vloei saam in twee stroompies wat onder George en 'n assistent se wakende oog een vir een hul offer in die bak plaas en dan wegswaai na die eenvoudige nagmaaltafels waar die "brood en wyn" wag.

Is iemand oorgeslaan met 'n koevertjie? wil George weet. Dis haas onmoontlik, want op elke sitplek het een gewag, met dié teksvers: *Not that I am looking for a gift, but I am looking for what may be credited to your account (Fil. 4:17).* Nou kom daar 'n klomp instruksies: Indien jy jou koevertjie vergeet het of vergeet het om dit in te gooi, kan jy dit by die deure ingee. Nie in die *helmet* wat omgestuur word vir die gewone kollekte nie. Jy kan ook 'n elektroniese betaling doen. Indien jy 'n elektroniese betaling doen, dui duidelik aan dis deel van die spesiale dankoffer. Die bankbesonderhede is op die nuusbrief.

Byna ongemerk, terwyl die assistent 'n solonommer gesing het, het George op die agtergrond die nagmaaltekens gebruik. Die ingewydes het dit, soos 'n mens van bikers kan verwag, op hul eie en in hul eie pas nagedoen.

Dit is tyd om te verdaag. Die meeste van die bikers en heelparty enkellopende dames (aanhangers? weduwees?) maal rond in die omgewing van iets wat soos 'n kroeg lyk, ander by die winkeltjie aan die inkomkant van die kerk. My begrip van wat waarneembaar kérk is en wat nié, word uitgedaag, want hier is die winkel en die kroeg en "die kerk" in een ruimte. Soos 'n eenstopwinkel. Getuig dit van disrespek vir wat heilig is, of eerder van 'n eerlike kongruensie van gebrek aan dinge wat ons doen? En moet kroeg nie tussen aanhalingstekens kom nie, want dit bedien geen drank nie?

René Changuion is die vader van die Bikers Church in Suid-Afrika, en met al dié vrae bel ek hom by sy kantoor in Gauteng. Hy's 'n baie besige man: aan die hoof van die "hoofkantoor" in Midrand met twaalf heeltydse personeellede en 'n kerk met sitplek vir 700 mense; volgende week is daar twee begrafnisse, môre vertrek hy na die Impala Rally . . . maar hy maak tyd vir my.

Eerstens wil ek weet hoekom mag 'n mens nie rook of selfs matig drink as jy 'n lid van die CMA wil word nie.

"Alkohol verander 'n mens se gedrag. Baie mense sal sê maar watter verskil sal een bier nou maak? Die probleem is, dit bly nie by een bier nie. En vir al daardie ouens wat nie by één kan hou nie, is dit 'n strik. Ons veroordeel niemand wat rook of drink nie, maar ons weet dit is slegte, afbrekende gewoontes." (In 2007 is veertien motorfietsryers binne veertien dae in Gauteng dood; in dertien gevalle het alkohol 'n rol gespeel, vertel René.)

Dan het hy nog iets teen drank: "Wanneer 'n mens drink, raak jy te slim."

George gee later ook sy siening hieroor: Rook en drank is *vices* wat 'n mens bind en verslaaf. "Dit is moeilik om bevryding te verkondig as jy self nie vry is nie." Wanneer hy by 'n *rally* in die kroeg gaan sit, bestel hy altyd sy Coke in 'n bottel, want as dit in 'n glas kom, kom proe almal daaraan. Want almal weet: CMA-ouens mag nie drink nie. Die ander keer het een van die ouens se "clutch gegly" en hy het 'n dop gesteek. Ander bikers het dit gesien en net daar tug toegepas: Hulle het sy CMA-*patch* van sy leerbaadjie afgesny en dit vir die kerk gestuur.

René en agt vriende het in 1980 die Suid-Afrikaanse CMA begin. Dié vereniging bestaan sedert 1974 in Amerika, waar dit in Arkansas ontstaan het nadat 'n baie bedrywige en uithuisige pastoor, Herb Shreve, besef het hy en sy rebelse seun Herbie dryf uitmekaar. Hy het vir hulle elkeen 'n motorfiets gekoop en hulle het saam op uitstappies gegaan, ook na *rallies*. Daar het Herb op 'n dag na die skare gekyk en vir hulle innig jammer gevoel. Hy het mense gesien wat glad nie deur die kerke bereik word nie en 'n hemelse lewe misloop. Dit was die begin van die CMA.

In Suid-Afrika het René 'n soortgelyke gewaarwording gehad toe hy op 'n dag langs die pad sit en kyk hoe die een biker ná die ander verbyjaag. "Hulle is almal op pad hel toe, want niemand ontferm hom oor hulle nie," het hy vir homself gesê. Dit was die begin van die CMA in Suid-Afrika.

Hy het self nie maklik tot inkeer gekom nie. Op 19 is hy ernstig beseer toe 'n *wheelie* in Krugersdorp verkeerd geloop het. Sy regterbeen is onderkant die knie ernstig beseer en het 'n "hangvoet" geword wat nutteloos rondgeswaai het. Hy was rebels en verbitterd en het Christene as "Jesus freaks" uitgeskel, maar op 'n dag het sy broer Laurent vir hom in sy motorfietswerkswinkel kom bid. Hy het ervaar hoe "die duiwels vlug" en hy "verlos word van verdrukking". 'n Paar dae later is hy na 'n godsdienstige saamtrek waar die Heilige Gees dit aan die pastoor geopenbaar het dat iemand in die gehoor 'n deels verlamde been het. Hy het na vore gehinkepink en daar is kragtig vir hom gebid.

Toe het 'n wonderwerk gebeur: Onder die gebed het 'n warm gloed oor hom gekom en sy hangvoet het langer geword. Die gevoel in die been het teruggekeer. "Ek het by die kerk ingewaggel, maar binne minute ná die genesing kon ek rondhardloop! Dit was 'n wonderwerk."

Kort voor lank het René besef dat wedergebore bikers soos hy 'n geestelike tuiste nodig het, 'n eie kerk waar die atmosfeer en die boodskap sou wees: "Kom nes jy is. Jesus het jou lief, al rook en drink jy." Só het die ironie ontstaan dat vereistes vir lidmaatskap van die kerk ("born-again, Bible-believing Christians") minder streng is as vir die CMA, wat 104 takke en 1 700 aktiewe lede oor die land het. Die kerk het vermoedelik meer lidmate, maar niemand is seker hoeveel nie.

Die CMA is die evangelisasie-arm van die beweging (Hulle is die kavallerie, verduidelik René, wat 'n kapelaan in die Rhodesiese veiligheidsmagte was), terwyl die Bikers Church die "versorgende en herderlike" deel van die bediening is. In die laat tagtigerjare het die eerste gemeente sy deure in Midrand geopen. Vandag is daar twaalf gemeentes oor die land, op plekke soos Secunda, Richardsbaai, Port Elizabeth, Rustenburg, Kimberley en Vereeniging.

My beperkte blootstelling aan die Bikers Church laat my wonder of dit 'n charismatiese, 'n *evangelical* of 'n Pinksterkerk is.

Eintlik al drie, sê René. "Ons is nie in alle opsigte 'n tipiese charismatiese kerk nie. Ons glo in die gawes van die Heilige Gees, maar ons musiek is meestal gospel rock, want dit is waarby die manne aanklank vind. Ons het nie 'n eie teologie nie, maar wel 'n eie karakter. Die boodskap kan nie verander nie, maar die metode om dit oor te dra is onderhandelbaar."

Ook hier geld die beginsel van eenvoud. "Ons glo daaraan om dinge eenvoudig te hou, want die Bybel is eenvoudig. Wanneer ons begin slim raak, het ons God nie meer nodig nie."

('n Dag later kry ek 'n SMS-boodskappie wat afsluit met "Love u. René". Dit laat my nogal skuldig voel. Ek het nog nooit vir 'n vreemdeling gesê dat ek hom liefhet nie.)

Maar wat is 'n beweging sonder 'n boek? Dít het die CMA in Amerika op die plan gebring om vir motorfietsryers 'n eie Bybel uit te bring waarop hul Suid-Afrikaanse kollegas 'n plaaslike weergawe die lig laat sien het. Die *Biker's Bible* en die Afrikaanse weergawe, *Biker Bybel*, bevat die Nuwe Testament, Psalms en Spreuke, maar ook meer as dit. Benewens Matteus, Markus, Lukas en die res is daar ook gewone, gelowige bikers wie se getuienis hierin opgeneem is: Peter Dickman, Gary Furno, Linda Kriedemann, René . . . Hul verhale is soortgelyk aan dié wat ek in die Desemberdiens in Brackenfell gehoor het: ouens en vrouens wat vroeg-vroeg die gatkant van die lewe gesien het, op een of meer maniere gerebelleer het – meestal deur motorfietse, rook en drank (hoe het "sex, drugs and rock 'n' roll" by almal verbygegaan?), laag gedaal het, by 'n keerpunt by die CMA of die kerk betrek is, en toe intens tot bekering gekom het.

Een van hulle, Hennie Dup, was 'n geheime agent vir die ou regime, het talle terroriste in buurlande "uitgehaal" en is in Sentraal-Afrika in die tronk gegooi nadat hy ter dood veroordeel is. Meer as een keer is sy teregstelling uitgestel totdat 'n Rooi Kruis-werkster hom opgespoor het in 'n vergete sel waar 'n pastoor hom daarna gereeld kom besoek het. Uiteindelik was hy terug in Suid-Afrika, waar die regering enige bande met hom ontken het, maar waar hy self 'n pastoor geword het. Hier was hy in 'n nie-ernstige motorfietsongeluk, maar 'n infeksie wat hy in 'n staatshospitaal opgedoen het, het sy lewe geëis. (Nie een van dié mense is dood of het gesterf nie; hulle is "huis toe" of het "gegradueer.")

Op die eerste bladsy van die *Biker Bybel* skuur 'n motorfietsryer onder die opskrif *Vryheid* om 'n draai. En daarby dié waarheid: "Geen ander woord kan beskryf hoe dit voel om reguit na die horison te ry nie. Met die wind in jou gesig, in jou leathers, vervaag jou eksterne gewoel en interne verwarring. Nou maak die lewe sin."

Die boekie (R30 stuk) pas maklik in 'n baadjiesak of in die *tank bag*. Saam met die prediking is dít die bikers se geestelike petrol vir die pad. Ongeraffineer. Miskien met 'n bietjie lood by.

'n Paar weke later is ek terug by die Bikers Church aan die buitewyke van Kaapstad, hier tussen Q Tec Moulding, Alupro en ander besighede. 'n Liedjie van Koos Kombuis oor sy meisie van die bodorp en haar gekultiveerde familie kom by my op: *Jou paspoort is jou ryk, wit vel / Selfs die professore is jou pel / Dis so anders as in Brackenfell.*

In die voorportaal is 'n plaket met 'n heroïese aanspraak: FALLEN BIKERS. En daaronder, in goud, die name van manne wat op die pad gesneuwel het; jy kan maar sê "while riding for the Son": Kenny West van die Easy Riders, Basil (The Shaman) Smith, Spook en Dave van die Arc Warriors, Hein van Wyk van die Barflies . . . altesame 24 in 2008.

Op met die trap na George se bovertrek. Dis 'n ruim en donkerige kantoor met 'n lywige lessenaar vol papiere en dokumente, 'n boekrak met talle model-motorfietsies, 'n hangkas en 'n koffietafel. Die mat is purperrooi, byna dieselfde kleur as die bloedspatsel-plakker op die Hyabusa: "Just one drop of His blood." Onder 'n heldergroen leeslamp lê 'n Bybel oop, die volle een met die Ou Testament.

Teen die een muur is 'n enorme tekening van 'n bekende CMA-beeld: twee mans wat mekaar omhels. Op die een se rug, groot en duidelik, is die CMA-kenteken. Die ander man, met lang hare en 'n baard, is in George se woorde "die rof ou, check sy bandana". Hy kyk verlangend in die niet en 'n yslike traan loop oor sy wang. Vroeër was dié muur deel van die kerkruimte maar later het dit, én die tekening, deel van George se kantoor geword.

Hy trek ook al aan die verkeerde kant van vyftig, soos sy bles en gryserige snor getuig, maar hy beur homself op met: "We don't retire, we only refire." Ons gesels oor sy lewe; oor sy dae op die ou Suid-Afrikaanse Spoorweë en Hawens aan die Rand, oor hoe hy as deel van opleiding voor kollegas begin optree het . . . Daarin sien hy hoe die Hoërhand hom vir die bediening begin voorberei het. Hy is later weg uit die Spoorweë en het sy eie besigheid begin: eers akriel-lappies waarmee 'n mens ruite skoonmaak en toe gespesialiseerde verseëlaars vir deure en vensters. God het hom ryklik geseën en kort voor lank het hy Porsches en Harley-Davidsons gery en by die CMA aangesluit.

Toe sterf die president van die Kaapse CMA, Louis Avenant, in 'n motorfietsongeluk waarin George ook betrokke was. (Sy linkerknie is redelik ernstig beseer en dit het nog nie genees nie.) Teen hierdie tyd was hy reeds as 'n pastoor opgelei en word toe gevra om die bediening in die Kaap oor te neem. Sy maatskappy het R4 miljoen se kontrakte op die boeke gehad, maar hy het die Here se stem duidelik gehoor, die onderneming verkoop en met sy gesin Kaap toe getrek.

Sy salaris was minder as een persent van wat hy aan die Rand verdien het, maar God het hom en sy gesin uitermate geseën: soms is geld naamloos in sy rekening inbetaal, weldoeners het op kritieke tye na vore gekom. Hulle kon later 'n huis bekostig, 'n motor, die Hyabusa het hom ook feitlik niks gekos nie; teen 'n baie billike bedrag en danksy nóg 'n weldoener kon hulle die pakhuis in 'n kerk omskep. Die lidmate het aangegroei van 30 in 1998 tot 380 tien jaar later.

Weet ek hoeveel is nou die aand met die spesiale dankoffer ingesamel? R70 000! George blom.

Hy wys na 'n prent teen die ander muur toe ek hom na sy planne vir die jaar uitvra. Dis van 'n vreesaanjaende leeu wat reg op jou afstap. Onderaan is dié ongewone onderskrif: *I choose to be relentless*. Hy het dit, ná baie gebed, as die gemeente se tema vir die jaar neergelê: Wees so *relentless* soos 'n leeu.

Hoe sou hy dit in Afrikaans stel? Hy het "mee-doen-loos" in die woordeboek gekry, maar dis nie so treffend soos "r-r-relentless" nie. En dit is hoe ons behoort te wees: "r-r-relentless" in ons toewyding, "r-r-relentless" in ons sosiale lewe, "r-r-relentless" in ons huwelike . . .

En wat is die bedoeling met die reuse-afbeelding, in somber kleure, agter hom teen die muur? Dit wys 'n bebloede Christus met die do-ringkroon op sy kop, 'n toneel uit die film *The Passion of the Christ.*

Ja, hy het dit self laat maak en laat blok en hier opgehang. Hy swaai om in sy stoel, kyk op na James Caviezel se gefolterde gesig en lees hardop die teksvers uit Jesaja daarby wat hy uitgekies het: "Maar Hy is ter wille van ons oortredinge deurboor, ter wille van ons ongereg-tighede is Hy verbrysel; die straf wat vir ons die vrede aanbring, was op Hom, en deur sy wonde het daar vir ons genesing gekom."

Ná 'n ruk draai hy terug en gee my nog een van sy spreuke: "He went to *guttermost* so that we can be *uttermost.*"

George kyk met afwagting in my rigting. In die laatmiddag-skeme-ring is sy ligblou oë sonder hul gewone glinstering. Hy lyk skielik weerloos, vasgekeer tussen sy dreigende leeu en die treurige man met die traan en agter hom die verminking van sy Verlosser.

Hy gee onverwags 'n sug. Asof Iemand sy voet op sy nek het.

Drie Bikers in die Groot-Karoo

KOBUS VAN LOGGERENBERG

Drie Bikers het op 'n dag gaan soek na die dorp van bier en bokmelk-kaas. Dit is 'n dorp wat nog dorp is, het hulle gehoor, sonder straat-ligte en hoë mure, met 'n kerktoring en 'n herberg en 'n boekwinkel en 'n donkiekar-taxi. Dis 'n dorp waar kinders nog tot die son sak kaalvoet in die stofstrate speel, en waar 'n mens onder 'n peperboom kan aansit by 'n tafel wat kreun onder skottels vol vetkoek, swaar potte skaapvleisbredie en blikbekers gemmerbier.

Die Drie Bikers het na die sterre en hul kaarte gekyk, swart leer-handskoene styf oor hul vingers getrek en uit die ooste koers gekies. Hulle het oor Lady Grey, Hogsback en Bedford gery. Hulle het net die mooiste rusplekke opgesoek. Op Lady Grey het dorpenaars twee dae lank hul goue valhelms op die stoepmuurtjie van 'n wit huis in die middel van die dorp sien lê. In die kroeg van die Hogsback Inn het die kroegman twee nagte agtereenvolgens vir hulle 'n loopdop geskink uit 'n bottel waarop die woord "waarheid" met 'n purper kokipen ge-skryf is. En by die Ou Waenhuis op Bedford het hulle 'n rukkie die waterverkoelde vierslagenjins van hul motorfietse laat luier onder 'n uithangbordjie met die woorde "Wine, Bread, Life" daarop, en toe byna gelyktydig hul fietse afgeskakel.

Die Drie Bikers het nooit die indruk geskep dat hulle haastig is nie – op grond- sowel as teerpad het hulle 'n gemaklike spoed gehand-haaf en hul bewegings was oorwoë en altyd hoflik. Van Cradock het hulle op die N9 oor die Wapadsbergpas gery tot by die afdraaibordjie na Nieu-Bethesda. Die 30 kilometer grondpad het hulle selfs nog stadiger gery, en toe hulle die kerktoring onder in die vallei kon sien, het die een wat hulle die Ou Wyse noem, sy regterhand gelig en hulle het stilgehou. Omdat hulle geweet het dat daar diegene is wat net sal glo as hulle sien, het hulle foto's geneem.

Onder in die dorp het hulle een keer regs en een keer links gedraai en stilgehou voor 'n wit gebou met 'n wye stoep. 'n Oranje bord met die woord "Outsiders" het by die ingang gehang. Daar is plek vir hulle in die herberg, het die herbergier vriendelik gesê. Hy het ook aangebied om die aand saam met hulle brug te speel, 'n aanbod wat hulle eweneens hoflik aanvaar het.

Die volgende oggend het 'n man met sy donkiekar vir die Drie Bikers voor die wye stoep gewag. Jakob, het hy gesê, is sy naam. Die Drie Bikers het op sy kar geklim en soos hulle deur die stofstrate ry, het hulle na sy stories geluister. Na hoe hy as kind saam met sy maters vir Miesies Helen muise gevang het om vir haar uile te voer, van haar agt tone en van haar getroue vriend, Koos Malgas.

Jakob het 'n wye draai met die Drie Bikers gery, oor die droë rivierlopie tot by die dorp se brouery. In die straat voor die brouery het 'n klomp kinders gespeel. In die brouery het die Drie Bikers gesien hoe water in bier verander en bokmelk in kaas. Die Drie Bikers het die bier en kaas saam met ingelegde olywe en die dorp se salami geniet.

Dit was al donker toe die Drie Bikers stadig met die motorfietse ry na waar Jakob hulle beduie het antie Evelyne woon. Haar huisie is in die township, het hy gesê. Sy bly in die boonste straat van waar jy kan afkyk oor die hele dorp.

Antie Evelyne woon in die klein huisie met haar kinders en die Goeie Herder. Asof sy hulle verwag het, het sy die Drie Bikers soos konings ontvang. In die klein eetkamertjie bied sy vir hulle gemmerbier, maar ook nederigheid aan. Sy gee hulle tuisgebakte brood en bobotie, en ook sagmoedigheid. Hulle kry skaapvleis en pampoen, en dan ook gebakte poeding en dankbaarheid.

Die Drie Bikers het antie Evelyne met warm harte gegroet. Vroegoggend het hulle voor die wye stoep die staanders onder hul motorfietse ingeskop en die reis hervat. Hulle het 'n dorp gesoek en antie Evelyne gekry. En al drie het geweet dat daarvan geen foto's geneem kan word nie.

KOBUS VAN LOGGERENBERG (46) het teologie geswot, maar tot groot verligting van die Kerk nooit die bediening betree nie. Hy is die afgelope vyftien jaar betrokke by die bou van huise in townships. Ten einde stylvol deur 'n nadersluipende middeljarekrisis te seil het hy drie jaar gelede vir hom 'n BMW 1100RT aangeskaf. Bike-ry, brugspeel en bogpraat saam met 'n paar getroue vriende in Bloemfontein besweer vir hom die lewe se pyne. Hy is ook, volgens hom, 'n onskuldige vrygesel en enige mooi vrou wat gemaklik agterop die saal van sy fiets sal pas, is welkom om hom op te soek.

Liefde van later

VAN HEERDEN HEUNIS

Die eerste liefde van my lewe was 'n fopspeen. Ons was onafskeid-
baar, dag en nag. Die tweede was 'n loopring. Aan hom was ek ewe
verknog, en ek was erg omgekrap elke keer wanneer 'n oningeligte
grootmens my uitgetel het vir onnodighede soos soentjies of druk-
kies of, erger nog, doekvervangings. Ek bedoel, as jou sitvlak tuis is
op die lekkerste plek ter wêreld, wat op aarde maak dit saak wat in
jou doek aangaan?

As die fopspeen die embrio was van my verslawing aan sigarette,
dan het die loopring my passie vir rygoed ontsluit. 'n Driewiel met 'n
laaibakkie, 'n swart fietsie met sywieletjies, en 'n rooi Raleigh met
driespoedratte het dit bevestig. 'n Stotterende Solex-help-my-trap het
dit geblus, maar 'n Honda SS50 het dit weer laat ontbrand.

Hoewel tweedehands, was die Honda 'n hemelse heerlikheid. Lief-
lik met elke kykslag, opwindend met elke ryslag. En, nadat sy verpla-
singsinhoud met die hulp van 'n vindingryke vrind tot 'n alleminti-
ge 70 cc verhoog is, was die mooiste wiele op die skoolwerf ook die
vinnigste.

Wen is glo nie alles nie, maar dis ente lekkerder as verloor. Dis
hoekom die Honda se heerskappy in elke onwettige versnelren my ein-
delose genot verskaf het. Maak nie saak hoe lank die nul-tot-honderd-
lopies geduur het nie, dit het gevoel soos vlieg. Red Bull was nog nie
geblik nie, toe't Honda my al vlerke gegee. Die gedagte aan 'n kuiertjie
by my Kaapse kys het skaars posgevat, of die Honda het korte mette
gemaak met die langpad tussen die Strand en Kaapstad. Vroegoggende
bibberend by Jan van Riebeeck se meisieskoshuis in die Tuine gekom;
laatmiddae gloeiend uit die Kaap vertrek. Behaaglik oor die liefde,
genoeglik oor die wiele.

Militêre diensplig het my vlerkies geknip. In die godverlate vlak-
tes en verswelgende ruigtes van die Caprivi het ek week ná week,
maand ná maand, langer as 'n jaar gedroom oor meisies en vry, maar

meestal oor wiele en ry. Hiervoor, meer as enigiets anders, het ek geleef én oorleef. Die welstand van Suid-Afrika en van die volk was beslis nie 'n prioriteit terwyl ek en my makkers in beproewende omstandighede duisende kilometer te perd moes patrolleer nie. Daar was inderdaad net twee prioriteite: wiele en *girls, girls* en wiele.

Binne 24 uur nadat ek uitgeklaar het, het ek wiele gehad. Vier wiele, nie twee nie. En baie gou ander wiele en beter wiele en vinniger wiele en mooier wiele. Motors was my fetisj, en dié fassinering was gevaarlik en vreesloos.

Swaar verdiende geld is gebruik vir die opknapping, verfraaiing of verbetering van die motor-van-die-dag. Beursgeld is gebruik vir bykomstighede soos allooiwiele. Kosgeld is gebruik vir klanktoerusting. Lééfgeld is keer op keer gebruik vir die een of ander lewensnoodsaaklike onnodigheid. Soos sitplekoortreksels, toeretellers en modderflappe.

In my vierde studiejaar, ook my eerste huweliksjaar, het ek die verloëning van my tweewielliefde ietwat getemper deur die aanskaf van 'n rooi Suzuki 250GT. Vet pret vir my, veral op die gruispad na ons kothuis op 'n Koelenhofplaas, maar erge ergenis vir my jong vrou wat haar disnis gewerk het om die pot aan die kook te hou. Boonop het ek meer motor en motorfiets gewas as gestudeer. Dis 'n skande, én 'n feit.

Uit vrees dat ek dalk nie die eerste huweliksherdenking gaan meemaak nie, het ek die Suzi verkoop – én ons pas en pragtig gerestoureerde BMW 2002. En 'n duurder motor gekoop. As ek eers gedink het egskeiding is moontlik, het ek tóé besef moord is waarskynlik. In alle billikheid jeens my vrou: Ek het hoegenaamd geen verweer gehad nie, behalwe 'n geneties geërfde swak vir wiele. Die feit is: Passie, wáre passie, is na sy aard onstuitbaar en onverklaarbaar. Dankie, Pa.

Hierna het 'n jare lange tweewieldroogte ingetree ter behoud van my lewe en my huwelik. Die uitsondering was 'n resiesfiets, wat ek ná jare met 'n rein hart as splinternuut kon verkwansel. 'n Fiets het, vir my, net nie die aantrekkingskrag van 'n motorfiets nie. Hoofsaaklik omdat fietssale ontwerp is deur sadiste, en omdat fietse getrap moet word.

In 1989, toe my oortrokke rekening 'n rekordhoogtepunt bereik en my geldelike posisie 'n rekordlaagtepunt, toe doen ek wat enige normale mens in sulke beklemmende omstandighede sal doen: Ek koop 'n motorfiets, 'n diepblou Honda CB650.

Dit was 'n pragstuk, maar met hom het ek ewe min gery as met die resiesfiets. Hy't brandstof gelek vir 'n vale, en was meestal êrens in 'n werkwinkel waar die een of ander ekspert vergeefs die lekkasie probeer opspoor het. Toe die koste van die tallose mislukte herstelpogings hoër begin raak as die Honda se koopprys, het ek uiteindelik tou opgegooi en hom van die hand gesit. Ek was weer in die moeilikheid. By my bankbestuurder én my vrou. Vreemd genoeg, was nie een van hulle besonder simpatiek nie.

Nie almal leer ewe vinnig uit hul foute nie, het ek myself getroos.

'n Volle vyftien jaar later toe koop ek die eerste keer weer 'n motorfiets. Wéér sonder geld, maar dié keer met my vrou se heelhartige instemming, want die ryding was vir ons jongste seun.

Die knaap het botweg geweier om skool toe te stap of fiets te ry, want dit sou hom laat sweet. Hy't 'n ou Honda Roadmaster present gekry en ons het hom pragtig gerestoureer. Maar die ou ysterperd was voortdurend olik en steeks. Toe, op 'n goeie dag, besluit ek ek moet die jong man help met wiele wat werk. Wie wil nou immers sopnat gesweet by die skool aankom?

Nadat ek my vaderlike vindingrykheid uitgeklaar het met diegene wat my weer kon kruisig, koop ek vir die jongste 'n splinternuwe Honda 125 cc. 'n Rooie.

Ons oudste was nie juis beïndruk nie, en met rede. In sý tienerjare het ek immers viervoet vasgeskop teen die idee van 'n motorfiets. My verweer – dat hy 'n motorfiets ontsê is, maar 'n motor gekry het – het nie juis hond haaraf gemaak nie. Die waarheid is dat ek heimlik vir ons oudste se veiligheid gevrees het, maar nooit vir dié van sy kleinboet nie. Ek het die jongste gebel en gesê hy moet kantoor toe kom.

Sy gesig toe ek die garagedeur oopmaak en hy sy nuwe wiele sien, sal ek in my dag des lewens nooit vergeet nie. Hy was diep geraak. Hy het goed geweet dat ek so iets nie regtig kon bekostig nie. In die dae en weke daarna het hy my telkens 'n dankiedruk gegee, én my geesdriftig vertel hoe bakgat sy bike is. Ek het my verlustig in sy vreugde.

Toe, op 'n Woensdagmiddag sowat vier maande later, kry ek 'n noodoproep: Die skoolbus het onderweg na 'n toneelfees anderkant Richmond in die Karoo omgeslaan. Ons jongste seun was dood.

Op 'n vreemde manier hou die dood van 'n kind die dood lewend. Jou lewe as ouer word 'n lewenslange hartstog – 'n tog van die hart na die een wat dood is. Dit is 'n eensame reis, op 'n pad wat keer op keer doodloop.

Ek het omtrent al sy aardse besittings gehou, dansskoene en skoolskoene ook, maar van die motorfiets het ek net die nommerplaat, sleutelhouer en 'n kannetjie Shell Helix gehou. Oor die wegmaak van sy motorfiets was ek baie gou baie spyt.

Vier verskriklike jare is sedertdien verby; my hart steeds verskeur tussen wat was en wat is. Hartverskeurend, want ek het ons oudste lief met my hele hart en verlang na ons jongste met my hele hart.

In Augustus verlede jaar, kort voor die vierde herdenking van ons Swart Septemberdag, het ek 'n nuwe koers gekies. In 'n sin blindelings maar tog hoopvol. Ek het 'n motorfiets gekoop. Eers besluit op 'n splinternuwe, silwer BMW 650GS en toe, met 'n ligte hart, besef ek soek eintlik 'n perd van 'n ander kleur. 'n Rooie.

As wêreldsgoed ooit 'n greintjie geluk kon bring, dan het 'n motorfiets dit die afgelope maande vir my gedoen. Om hom te sien is pure plesier. Om hom te hoor louter lekkerkry. Om hom te ry eindelose ekstase.

Die aanvanklike plan was dat ek nooit in die reën of wind sou ry nie. Ek sou nét 'n mooiweerryer wees, want die fiets mag nie nat of vuil word nie en dis tog geen plesier om in die wind te ry nie. Maar nou het ek reeds meermale in die reën én wind gery. Ek't nooit gedink ek sou selfs hieroor in vervoering kon raak nie, maar ek het.

Die BMW is ontwerp vir gebruik óp die pad en náás die pad. Dit ten spyt, was die bedoeling nie om ooit modderpaaie en rivierlope aan te durf nie. Ander ouens kan hul motorfietse deur die slote sleep en deur gate trek as hulle wil, maar nie ek nie. 'n Kunswerk moet gekoester word.

So't ek gedink. Tot nou die dag toe ek, onderweg na Barrydale, nie die afrit na die Tradoupas gesien het nie. Toe die teerpad weldra op-raak, meen ek dis 'n ompad weens die jongste vloedskade en ek ry voort: in 'n wonderlike wêreld van vreugde en vrede, met die fiets se dreuning 'n sagte simfonie te midde van die vroegaandstilte.

Toe word die grondpad 'n sloot, die sloot 'n modderbad en die mod-derbad 'n slykdam. En toe's ek in die moeilikheid. Diep in die moei-likheid. Letterlik.

Ek besef my eindbestemming is nie vorentoe nie. En ek sien ook nie kans vir terug nie.

Tog druk ek my pragtige Motorrad-rystewels in die modder en draai my lieflike vuil BMW gly-gly om. Ek trek biddend en swetsend weg, terwyl ek wonder wat die skade gaan wees wanneer ek neerslaan. En watter ledemaat ek gaan breek.

Op 'n plek vat die agterwiel grond, die agterband skop vas en die motorfiets skiet vorentoe in 'n rigting wat ek glad nie gekies het nie. Dit ontsenu 'n mens ietwat as jou ryding jou neem na plekke waar jy nie wou gaan nie. Ons is bo-oor die padskouertjie tot in die gras-sies en bossies langs die modderbad vir 'n pad. Met swaaiende bene wat moes gelyk het soos waaiende jaspante, het ek die slingerende fiets – en myself – wonderbaarlik van 'n katastrofe gered.

'n Ewigheid later was ons weer op vaste grond, die fiets rustig aan't luier en ek onrustig aan't bewe. Ek het die versoeking weerstaan om 'n sigaret aan te steek of die fiets vir 'n boer of plaasarbeider te gee en opnuut die pad gevat. Minute later, in die draaie van die Tradoupas, het ek weer geglimlag. Rondom my was die wêreld weer onuitspreek-lik mooi, en in my hart het ek iets ervaar van die lewensvreugde wat ek lank nie geken het nie.

Ek sal graag keer op keer en weer en weer die pad wil vat. Soms al-leen, na die saligheid van die stilte. En soms saam met vriende, na die heerlikheid van gemeensaamheid met geliefdes. Dis elke keer 'n bron van vreugde. En van troos. Danksy my liefde van later: 'n skarlakenrooi motorfiets.

∽

VAN HEERDEN HEUNIS (52) is 'n voormalige joernalis, tydskrifredakteur, skakelbeampte, direkteur en prokureur van Somerset-Wes. Tans probeer hy 'n bestaan maak uit fotografie en skryf-, vertaal- en proefleeswerk. "Ek ry 'n BMW F650GS, nes my vriend Tobie Wiese. My bike-wens is om saam met hom 'n laaang trip te doen, die wêreld te verken, mense te ontdek, foto's te neem en 'n storie daaroor te skryf. My bike-droom is om hom in Helshoogte heeltemal in sy peetjie te ry. Die wens, glo ek, gaan waar word. Die droom, weet ek, gaan nie."

hoe 'n motorfiets snags verby

GILBERT GIBSON

ek luister in die donker hoe 'n
motorfiets op die N1 verby, die nag
om die geluid gehul soos olie om 'n rat. en
'n pols oor die versneller gebuig, die hand gesper,
die wiele deur hul eie skaduwee gejaag, 'n veraf lyn
uit die horison teen aankomende verkeer geëts, die roete
van hier tot in die verste ewigheid. en die wind kom om die lyf soos 'n
regverdige regter, in die koue van die oop pad geknus. die motorfiets raak
dan stil. en jaag verder uit die voorslaap weg, die stippelstreep in die middel
van die pad gedwaal tot niks. die rooi van die remlig swem in donker lugspieëlings, in
die vals fokus van die onsiende oog. ek luister in die donker. ek luister in die donker, weer.

GILBERT GIBSON (1963) kom van Marquard in die Vrystaat. Hy is 'n internis en
het 'n sagte plek vir Honda-padfietse en BWM-dubbeldoelers. Tans ry hy soos dit
'n gevalle held betaam 'n Nissan-stasiewa; ook hy is nou stadiger en swaarder
op brandstof. Sy naamgenoot Johnny Gibson was in 1956 op 'n Harley die wenner
van die Daytona 200 en meer as honderd ander wedrenne in die VSA. As dit nou
enigsins saak sou maak. Die digbundels *Boomplaats* (2005) en *Kaplyn* (2007) het
uit sy pen verskyn.